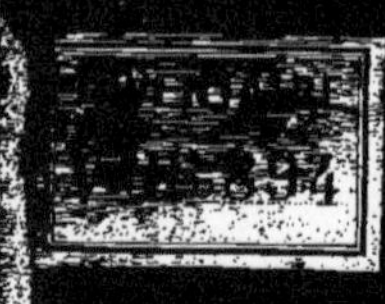

EXTRAIT DU CATALOGUE
DE LEIBER ET FARAGUET,
Rue de Seine, 13, à Paris.

ARNAUDEAU, ingénieur civil, ancien élève de l'École polytechnique. Conférences sur les principales *Difficultés des mathématiques élémentaires*, suivies d'une Instruction sur les règles à calcul. Br. in-4, avec fig. dans le texte.   60 c.

BINET, membre de l'Institut. Mémoire sur les *Intégrales définies eulériennes*, et sur leur application à la théorie des suites, ainsi qu'à l'évaluation des fonctions des grands nombres. 1840. In-4.   5 fr.

— Mémoire sur la *Détermination des orbites des planètes et des comètes.* 1827. Br. in-4, avec pl.   2 fr. 50

— Mémoire sur l'*Intégration des équations linéaires* aux différences finies à une seule variable, d'un ordre quelconque, et à coefficients variables. 1844. In-4.   4 fr.

— *Réflexions sur le problème* de déterminer le nombre de manières dont une figure rectiligne peut être partagée en triangles au moyen de ses diagonales. 1838. Br. in-4. 1 fr.

— Mémoire sur les *Inégalités séculaires des éléments des planètes.* 1840. Br. in-4.   1 fr. 50

— Recherches sur la *Théorie des nombres entiers,* et sur la résolution de l'équation indéterminée du premier degré qui n'admet que des solutions entières. 1841. Br. in-4.   2 fr. 50

— Mémoire sur la formation d'une classe très-étendue d'*Équations réciproques,* renfermant un nombre quelconque de variables; applications diverses de ces relations, particulièrement à l'intégration des équations différentielles élevées du premier ordre à un nombre quelconque de variables, qui ne satisfont pas aux conditions d'intégrabilité. 1843. Br. in-4.   75 c.

— Mémoire sur l'intégration des *Équations linéaires* aux différences finies, d'un ordre quelconque, à coefficients variables. 1843. In-4.   75 c.

— Recherches sur une question de l'*Analyse des probabilités,* relative à une série d'épreuves à chances variables, et qui exige la détermination du terme principal du développement d'une factorielle formée d'un grand nombre de facteurs. 1844. Br. in-4.   75 c.

— Note sur la détermination de l'*Intégrale eulérienne,* binome $\int_0^1 x^{p-1}\,dx\,(1-x)^{q-1}$, dans le cas où l'un des arguments p ou q est un nombre rationnel. 1843. In-4. 50 c.

— Note sur l'*Intégration d'un système d'équations* différentielles du second ordre, entre un nombre quelconque de variables analogues à celles du mouvement d'un point libre autour d'un centre fixe, sollicité par une force fonction de la distance au centre. In-4.   75 c.

— Mémoire sur les *Intégrales eulériennes* et sur leur application à la théorie des suites et à l'évaluation des fonctions des grands nombres. 1839. In-4.   75 c.

— Note sur une *Méthode pour trouver le plus grand commun diviseur* des nombres entiers, ou des polynomes algébriques, et sur l'application de cette méthode aux congruences du premier degré. 1841. In-4.   50 c.

— Observations sur des *Théorèmes de géométrie.* In-4.   50 c.

— Note sur l'*Expression du logarithme de l'intégrale eulérienne* г (p). 1839. In-4.   75 c.

— Note sur les *Inégalités séculaires des éléments des orbites planétaires.* 1840. In-4. 50 c.

CASSANAC (Eugène). *Traité d'arithmétique,* rédigé conformément aux programmes officiels du gouvernement. 1858. 1 vol. in-8.   4 fr.

a

DOSTOR, professeur de mathématiques. Mémoire sur une méthode nouvelle de *Trans-formation des coordonnées* dans le plan et dans l'espace, avec application aux lignes et aux surfaces des deux premiers degrés. 1856. In-8. 2 fr. 50

ENCKE. Nouvelle *Méthode pour calculer les perturbations des planètes,* traduit et annoté par MM. *Terquem* et *Lafon.* 1858. Br. in-8. 2 f. 50

FARAGUET, ancien élève de l'École polytechnique, officier de marine. *Théorie analytique du plan et de la ligne droite dans l'espace.* 1854. In-8, avec pl. 2 fr. 50

FORTOUL (L'abbé J.-C.). Sur les *Oscillations d'un mobile sollicité par plusieurs centres d'attraction fixes.* — Sur les *Figures d'équilibre des liquides planétaires.* Thèses pour le doctorat ès sciences mathématiques, soutenues le 21 février 1859. Br. in-4. 4 fr.

GIRAULT, professeur à la Faculté des sciences de Caen. *Éléments de géométrie* appliquée à la transformation du mouvement dans les machines. 1858. 1 vol. in-8, avec fig. dans le texte. 5 fr.

GUY, sous-directeur de l'École des arts et métiers de Châlons. Instruction sur la *Règle à calcul.* 4e édit. 1859. In-12, avec fig. 75 c.
— *La Règle à calcul en buis.* 6 fr.

HAAN (Biérens de). *Tables d'intégrales définies.* Publiées par l'Académie d'Amsterdam. 1858. 1 fort vol. in-4. 40 fr.
C'est la première fois qu'un travail aussi important est publié. Aussi le recommandons-nous d'une manière toute spéciale à l'attention des mathématiciens et des ingénieurs.

— *Réduction des intégrales définies générales*

$$\int_0^\infty F(x) \frac{\cos.\ pxdx}{q^2+n^2},\ \int_0^\infty F(x) \frac{\sin.\ pxdx}{q^2+x^2},$$

et application de ces formules au cas où $F(x)$ a un facteur de la forme Sin.ᵃ ou cos.ᵃ x 1858. In-4. 8 fr.
— Note sur une méthode pour la *Réduction d'intégrales définies* et sur son application à quelques formules spéciales. 1855. In-4. 4 fr. 50

LOBATTO. Mémoire sur l'*Intégration des équations linéaires* du premier ordre aux différentielles partielles à quatre variables. 1854. In-4 cartonné. 3 fr. 50

MEIER, docteur ès sciences. Exposé d'un *Principe concernant l'intersection des surfaces,* avec application à la recherche des propriétés des surfaces du second ordre. Br. in-4. 4 fr.

MEYER, professeur à l'Université de Liège. Exposé élémentaire de la *Théorie des intégrales définies.* 1851. 1 vol. in-8. 10 fr.
— Manuel d'un cours de *Calcul différentiel.* 1855. 1 vol. in-8. 9 fr.
— Essai sur une exposition nouvelle de la théorie analytique des *Probabilités à posteriori.* 1857. In-4. 6 fr.
— Nouveaux *Éléments de Goniométrie.* 1854. In-8. 2 fr. 50
— Nouveaux *Éléments du calcul des variations.* 1856. In-8. 4 fr.

PRONY (Baron de). *Instruction élémentaire et pratique sur l'usage des tables de logarithmes.* In-18 br. 75 c.

QUÉTELET, secrétaire perpétuel de l'Académie de Bruxelles. Lettres sur la *Théorie des probabilités,* appliquée aux sciences morales et politiques. 1846. 1 vol. gr. in-8. 9 fr.

VERHULST. Traité élémentaire des *Fonctions elliptiques;* ouvrage destiné à faire suite aux Traités élémentaires de calcul intégral. Bruxelles, 1840. 1 vol. in-8. 8 fr.
— *Leçon d'arithmétique* dédiée aux candidats aux écoles spéciales, sur la multiplication abrégée (avec la mesure de l'erreur); le nombre des chiffres du quotient dans la division ordonnée de M. Fourier; la division abrégée de M. Guy; l'extraction de la racine cubique, etc. 1847. Br. in-12. 1 fr. 50

Le Catalogue général de la Librairie est adressé *franco* à toute personne qui en fait la demande.

THÉORIE GÉNÉRALE

DE

L'ÉLIMINATION

TYPOGRAPHIE HENNUYER, RUE DU BOULEVARD, 7, BATIGNOLLES.
Boulevard extérieur de Paris.

THÉORIE GÉNÉRALE

DE

L'ÉLIMINATION

PAR

LE CHEVALIER FRANÇOIS FAÀ DE BRUNO,

DOCTEUR ÈS SCIENCES DE LA FACULTÉ DE PARIS, CAPITAINE HONORAIRE DE L'ÉTAT MAJOR SARDE,
PROFESSEUR LIBRE A L'UNIVERSITÉ DE TURIN.

Omnis sapientia a Domino Deo est.
ECCL., C. I.

———— ❖ ————

PARIS

LIBRAIRIE CENTRALE DES SCIENCES

LEIBER ET FARAGUET,

Rue de Seine-Saint-Germain, n° 13.

1859

ARTHURO CAYLEY

SUMMO GEOMETRÆ

Functionum invariantium inventori

HUMILIS DEDICAT AUCTOR.

PRÉFACE.

L'analyse, soit algébrique, soit infinitésimale, a fait depuis une soixantaine d'années de notables progrès. Grâce au génie des Cauchy, des Gauss et des Jacobi, ces savants qu'on peut regarder, pendant ce laps de temps, comme les triumvirs de la science ; grâce aux travaux mémorables d'autres illustres géomètres, dont les noms sont bien connus, nous possédons actuellement beaucoup plus de moyens de vaincre les diverses difficultés analytiques, que les mathématiques n'en présentaient au temps d'Euler et de Bernoulli. Cependant l'enseignement est loin d'être à la hauteur de la science ; c'est là un défaut qui a été maintes fois signalé par des juges compétents et haut placés. Ainsi, il est à croire que l'on attendra bien longtemps encore avant que les belles théories des déterminants, des invariants, des fonctions elliptiques, etc., viennent reculer les limites entre lesquelles oscillent depuis un demi-siècle les programmes des cours classiques. Si, d'une part, il faut attribuer ce retard à l'accueil très-réservé qu'on fait généralement aux sciences, on doit aussi, de l'autre, en imputer la cause au manque d'ouvrages qui, en traitant méthodiquement les matières, ouvrent une voie sûre et facile à leur étude, et préparent, pour ainsi dire, la rédaction des programmes. On se plaint avec raison que les découvertes analytiques, qui forment ordinairement l'apanage de quelques hommes privilégiés, ne soient pas mises à la portée du plus grand nombre des intelligences ; car il est évident qu'en économisant de la sorte les forces de l'esprit, on en garderait en réserve une plus grande quantité, lesquelles, appliquées à leur tour à la conquête d'autres vérités, augmenteraient dès à présent la somme des connaissances humaines. D'ailleurs, en répandant la science, on en ouvre le champ à un plus grand nombre de recherches, et, par suite, on l'oblige plus facilement à révéler ses secrets. Mais les grands géomètres, sollicités par l'honneur qui est attaché au progrès de la science en lui-même, sont plus soucieux de découvrir que de populariser des théorèmes. Il arrive, en outre, qu'ils les enfouissent dans les journaux scientifiques ou dans les recueils des Académies, que les jeunes étudiants n'ont souvent ni le temps, ni les moyens de consulter. Ce serait donc une œuvre utile que de coordonner sous un seul point de vue tout ce qui se rapporte à une théorie, afin d'éviter aux géomètres la peine de chercher et de lire beaucoup de mémoires, ou de courir le risque d'entreprendre des travaux qui ont été déjà achevés par d'autres avec succès.

Mû par ces considérations, j'ai conçu le projet de publier successivement, sous forme de traités, les diverses théories mathématiques qui sont actuellement assez avancées pour donner lieu à des corps de doctrine séparés. Tel est l'ouvrage sur la *Théorie de l'élimination*, que je présente et que je recommande aujourd'hui à l'indulgence du public savant.

La théorie de l'élimination est très-importante, car elle constitue, pour ainsi dire, l'analyse même. En effet, toute question d'analyse peut être mise sous la forme d'un problème à résoudre. On obtient alors des équations entre certaines quantités, dont les unes sont les données, et les autres les inconnues du problème. Le but de l'analyse est ensuite d'extraire de ces équations les valeurs des inconnues, ou, en d'autres mots, d'*éliminer* les quantités que l'on adopte comme *inconnues*. Selon la nature et le nombre des équations, ces valeurs pourront s'obtenir par des expressions finies ou non, par des formules d'approximation plus ou moins rapides, en nombre égal ou supérieur à celui des inconnues.

Dans le présent traité, nous supposerons que les équations données sont algébriques ; cas auquel tous les autres peuvent se ramener dans les limites d'une approximation fixée d'avance.

L'ouvrage est divisé en trois parties : dans la première, je traite de l'élimination entre deux équations à une variable ; dans la seconde, de l'élimination entre trois équations à deux variables ; dans la troisième, de l'élimination entre un nombre quelconque d'équations à plusieurs variables. J'ai tâché de donner assez d'extension aux matières, pour qu'on puisse plus facilement les comprendre, sans trop augmenter le volume de l'ouvrage. Ainsi, dans l'espoir de mieux fixer les idées du lecteur, en le faisant marcher graduellement du particulier au général, et persuadé qu'il vaut mieux se répéter qu'être moins clair, j'ai préféré traiter préalablement, dans la deuxième partie, ce qui, à la vérité, aurait pu se concentrer dans la troisième, sans que l'ouvrage fût moins complet. Comme je ne vise qu'à l'avantage des autres, je ne me soucie pas de faire remarquer le peu qu'il peut y avoir du mien dans cet ouvrage ; ma thèse de 1856 et les *Annales de Tortolini* pourront, au besoin, le faire connaître. Je me crois en devoir plutôt d'assurer le lecteur qu'il trouvera réuni consciencieusement ici tout ce qui pourra l'intéresser, et tout ce qu'on a écrit de mieux sur ce sujet jusqu'à l'année présente. Plus d'un mémoire, que je pourrais citer, aurait pu être épargné ou mieux rédigé, si l'on avait plus tôt connu les ressources dont l'analyse pouvait déjà disposer !

Puisse ce travail, malgré ses nombreuses imperfections, rencontrer la faveur du public, et témoigner du moins, à défaut de mieux, ma bonne volonté de lui être utile. J'aurai acquis alors la plus précieuse récompense de mes efforts, et le plus noble encouragement à poursuivre le but que je me suis proposé.

ERRATA.

PAGE	LIGNE	AU LIEU DE	LISEZ
1	8	$+am$	$+a\bar{m}$
7	16	$1.2.3\ldots i$ exposants	$1.2.3\ldots i$
»	28	$\dfrac{d\varphi}{ds_{\lambda g}}$	$\dfrac{d\varphi l}{ds_{\lambda g}}$
16	19	$\dfrac{d\varphi}{da_r}=$	$\dfrac{d\varphi}{da_r}+$
18	22	$Da_1{}^2a_5{}^2$	$Da_1{}^2a_3{}^2$
»	23	$Ia_1a_2{}^2a_4$	$Ia_1a_2{}^2a_3$
50	23	αm	α_m
49	3	b^{m-1}	b_{m-1}
54	22	$+a^m$	$+a_m$
58	14	$\begin{cases} \alpha_1{}^{m-1}\alpha_2{}^{m-1}\ldots\alpha_m{}^{m-1} \\ \cdot\ \cdot\ \cdot\ \cdot\ \cdot\ \cdot\ \cdot \\ \alpha_1{}^m\quad \alpha_2{}^m\quad \ldots\alpha_m{}^m \end{cases}$	$\begin{cases} \cdot\ \cdot\ \cdot\ \cdot\ \cdot\ \cdot\ \cdot\ \cdot \\ \alpha_1{}^{m-1}\alpha_2{}^{m-1}\ldots\alpha_m{}^{m-1} \\ \alpha_1{}^m\quad \alpha_2{}^m\quad \ldots\alpha_m{}^m \end{cases}$
68	12	$\psi(x)=3$	$\psi(x)=0$
69	6	$a_0 b_0{}^m$	$a_0{}^m b_0{}^m$
73	1	$\dfrac{dR}{d\lambda r,s-1}=A_{rs}$	$\dfrac{dR}{d\lambda_{r,s-1}}=A_{r,s}$
78	18	§ VIII	§ VIII précédent
82	5	$a_{m-p+1},\ b_{m-p},\ b_{m-p+1},\ +\lambda x$	$a_{m-p-1},\ b_{m-l},\ b_{m-l-1},\ -\lambda x$
»	6, 8	$\dfrac{dR}{da_{m-p+1}}$	$\dfrac{dR}{da_{m-p-1}}$
92	2, 5	$x,\ y_1{}^2$	$x_1,$ ou y_1
»	29	$(mn-gx)$	$mn-gx$
95	10	g	y
96	20	λm	λ_m
98	19	$A_0 A_l$	$A_i A_l$
»	30	sont négatives	deviendront négatives
100	26	$mn-d_x,\ mn-d_y$	$mn-d_y,\ mn-d_x$
107	5	il viendra	il viendra $lim\ \dfrac{\psi(x,y)}{x_n}=\psi_0(\alpha)$ et
112	26	est de degré	est
114	23	(3)	(1, 2)
115	10	y_i	y_l
117	24	ascendantes et descendantes	descendantes
130	15	l^{lm}_{omn}	l^{lm}_{oon}
164	12	$\varphi a=$	$0=$

THÉORIE GÉNÉRALE

DE L'ÉLIMINATION

PREMIÈRE PARTIE.

THÉORIE DE L'ÉLIMINATION ENTRE DEUX ÉQUATIONS.

CHAPITRE I.

SUR LES FONCTIONS SYMÉTRIQUES DES RACINES ET SUR LEURS PROPRIÉTÉS.

Soit l'équation

$$(1) \qquad a_0 x^m + a_1 x^{m-1} + a_2 x^{m-2} + \ldots + a^m = 0,$$

dont noüs désignerons par α_1, $\alpha_2 \ldots$, α_m les racines.

Une fonction donnée des racines est appelée *symétrique,* lorsqu'elle reste la même, quelque échange que l'on opère entre les racines. On conçoit facilement que si cette fonction est entière, elle pourra toujours être décomposée en une somme d'autres fonctions symétriques plus simples, qui seront toutes de la forme

$$(2) \qquad \varphi_l = \Sigma \alpha_1{}^p \alpha_2{}^q \alpha_3{}^r \alpha_4{}^t \ldots,$$

le signe Σ s'étendant à toutes les combinaisons l à l des indices 1, 2, 3..., m, et l désignant le nombre des racines qui figurent dans chaque terme.

Lorsque la fonction φ ne contient qu'une seule racine dans chaque terme, c'est-à-dire lorsqu'on a $\varphi = \Sigma \alpha^p$, elle prend le nom de *somme des puissances semblables des racines,* et on la désigne par le symbole s_p.

1

Comme nous allons voir, ces fonctions, qui jouent un grand rôle dans l'analyse algébrique, sont douées de propriétés remarquables.

Première propriété. *Les sommes des puissances semblables des racines s'expriment en fonction entière des coefficients.*

On a en effet, pour une somme quelconque s_p, les deux formules suivantes, dont la seconde est due à Waring :

$$(3) \qquad s_p = \left(\frac{1}{a_0}\right)^p \begin{vmatrix} a_1 & a_0 & 0 & 0 \ldots 0 \\ 2a_2 & a_1 & a_0 & 0 \ldots 0 \\ 3a_3 & a_2 & a_1 & a_0 \ldots 0 \\ \cdot & \cdot & \cdot & \cdot \\ (p-1)a_{p-1} & a_{p-2} & a_{p-3} & a_{p-4} \ldots a_0 \\ pa_p & a_{p-1} & a_{p-2} & a_{p-3} \ldots a_1 \end{vmatrix}$$

$$(4) \qquad s_p = p\left(-\frac{1}{a_0}\right)^p \sum \frac{(-1)^{\lambda_0}(p-\lambda_0-1)}{(\lambda_1)(\lambda^2)(\lambda_3)\ldots(\lambda_p)} a_0^{\lambda_0} a_1^{\lambda_1} a_2^{\lambda_2} \ldots a_m^{\lambda^m},$$

où (λ) et $(p-\lambda_0-1)$ expriment, pour abréger, les produits $1.2.3\ldots\lambda$ et $1.2.3\ldots(p-\lambda_0-1)$; λ_1, $\lambda_2\ldots\lambda_m$ étant d'ailleurs des nombres entiers assujettis à vérifier les deux équations de condition,

$$(5) \qquad \lambda_0 + \lambda_1 + \lambda_2 + \lambda_3 + \ldots \lambda_m = p,$$
$$(6) \qquad \lambda_1 + 2\lambda_2 + 3\lambda_3 + 4\lambda_4 + \ldots m\lambda_m = p.$$

La première formule se déduit en tirant les valeurs de s_p des relations connues entre les sommes s et les coefficients, à savoir :

$$(7) \qquad \begin{cases} a_0 s_1 + 1.a_1 = 0, \\ a_0 s_2 + a_1 s_1 + 2a_2 = 0, \\ a s_3 + a_1 s_2 + a_2 s_1 + 3a_3 = 0 \quad (^*), \\ \cdot \\ a_0 s_p + a_1 s_{p-1} + a_2 s_{p-2} + \ldots + pa_p = 0, \end{cases}$$

qu'on trouve en comparant les coefficients d'une même puissance de

---

(*) De ces mêmes équations on tire la valeur d'un coefficient exprimé en fonction des sommes s. On aura, en effet,

$$1.2.3\ldots ia_i = \begin{vmatrix} s_1 & 1 & 0 & 0 & 0 \ldots 0 \\ s_2 & s_1 & 2 & 0 & 0 \ldots 0 \\ s_3 & s_2 & s_1 & 3 & 0 \ldots 0 \\ \cdot & \cdot & \cdot & \cdot & \cdot \\ s_i & s_{i-1} & s_{i-2} & s_{i-3} & s_{i-4} \ldots s_1 \end{vmatrix}$$

x dans les dérivées de l'équation $X = 0$, considérée comme fonction des coefficients, ou comme fonction des racines. Dans le premier cas, on a

$$(8) \qquad X' = ma_0 x^{m-1} + (m-1) a_1 x^{m-2} + \ldots + a_{m-1} = 0 ;$$

dans le second,

$$(9) \qquad X' = \frac{X}{x - \alpha_1} + \frac{X}{x - \alpha_2} + \frac{X}{x - \alpha_3} + \ldots + \frac{X}{x - \alpha_m}.$$

Pour démontrer la formule de Waring, nous remarquerons que la (9) donne

$$\frac{X'}{X} = \frac{m}{x} + \frac{s_1}{x^2} + \frac{s_2}{x^3} + \frac{s_3}{x^4} + \ldots + \frac{s_p}{s^{p+1}} + \ldots ;$$

d'où il résulte que s_p est le coefficient de $\dfrac{1}{x^{p+1}}$ dans le développement de la fonction

$$(10) \qquad \frac{X'}{X} - \frac{m}{x} = -\frac{1}{x^2} \frac{a_1 + 2\frac{a_2}{x} + 3\frac{a_3}{x^2} + \ldots + m\frac{a_m}{x^{m-1}}}{a_0 + \frac{a_1}{x} + \frac{a_2}{x^2} + \ldots + \frac{a_m}{x^m}},$$

suivant les puissances ascendantes de $\dfrac{1}{x}$. En posant $\dfrac{1}{x} = y$, la série de Taylor nous fournira pour ce coefficient l'expression

$$(11) \qquad \frac{-1}{1.2.3.(p-1)} D^p . \log (a_0 + a_1 y + a_2 y^2 + \ldots).$$

Or, d'après un théorème que nous avons inséré dans les *Annales de Tortolini*, 1855, cette dérivée se calcule aisément. Étant donnée, en effet, une fonction quelconque φ de la variable x liée avec une autre par une équation de la forme

$$x = \psi(y) ,$$

la dérivée $n^{ième}$ d'ordre quelconque de la fonction φ exprimée en fonction de la nouvelle variable y sera fournie par l'équation

$$(12) \quad D_y^n \varphi = \sum \frac{\pi(n)}{\pi k_1 \pi k_2 \pi k_3 \ldots \pi k_n} [D_x^p \varphi] \left(\frac{\psi'}{1}\right)^{k_1} \left(\frac{\psi''}{1.2}\right)^{k_2} \left(\frac{\psi'''}{1.2.3}\right)^{k_3} \ldots \left(\frac{\psi^{(n)}}{1.2.3.4 \ldots n}\right)^{k_n} ,$$

où le signe Σ s'étend à toutes les valeurs entières et positives de p, k_1, k_2, $k_3 \ldots$, k_n, qui vérifient les équations

$$(13) \quad \begin{cases} p = k_1 + k_2 + k_3 + \ldots + k_n, \\ n = k_1 + 2k_2 + 3k_3 + \ldots + \pi k_n, \end{cases}$$

πl désignant, en général, le produit $1.2.3\ldots l$.

Dans le cas actuel, on a $\varphi = \log x$:

$$\psi(y) = a_0 + a_1 y + a_2 y^2 + \ldots,$$

et en général $\quad [D_x^g \varphi] = -\left(-\dfrac{1}{a_0}\right)^g \Gamma(g), \quad \left(\dfrac{\psi}{1.2.3\ldots g}\right)^\lambda = a_y^\lambda.$

Il n'y aura donc qu'à faire convenablement ces substitutions dans la formule (12) et à la multiplier par $(-1\,\Gamma(p))^{-1}$, pour retrouver la formule (4).

Deuxième propriété. *La fonction quelconque φ peut s'exprimer en fonction des sommes s_p.*

Pour cela, observons qu'on a évidemment

$$\varphi_1 = \Sigma \alpha_1{}^p,$$
$$s_q \Sigma \alpha^p = \Sigma \alpha_1{}^p \alpha_2{}^q + \Sigma \alpha^{p+q};$$

d'où (14)
$$\varphi_2 = \Sigma \alpha_1{}^p \alpha_2{}^q = s_p s_q - s_{p+q};$$
$$s_r \Sigma \alpha_1{}^p \alpha_2{}^q = \Sigma \alpha_1{}^p \alpha_2{}^q \alpha_3{}^r + \Sigma \alpha_1{}^{p+r} \alpha_2{}^q + \Sigma \alpha_1{}^p \alpha_2{}^{q+r};$$

d'où
$$\Sigma \alpha_1{}^p \alpha_2{}^q \alpha_3{}^r = s_r \Sigma \alpha_1{}^p \alpha_2{}^q - \Sigma \alpha_1{}^{p+r} \alpha_2{}^q - \Sigma \alpha_1{}^p \alpha_2{}^{q+r};$$

et, au moyen de la première,

$$(15) \quad \varphi_3 = \Sigma \alpha_1{}^p \alpha_2{}^q \alpha_3{}^r = s_p s_q s_r - s_{p+q} s^r - s_{p+r} s_q - s_{q+r} s_p - 2 s_{p+q+r};$$
$$\varphi_4 = \Sigma \alpha_1{}^p \alpha_2{}^q \alpha_3{}^r \alpha_n{}^t = s_t \Sigma \alpha_1{}^p \alpha_2{}^q \alpha_3{}^r - \Sigma \alpha_1{}^{p+t} \alpha_2{}^q \alpha_3{}^r - \Sigma \alpha_1{}^p \alpha_2{}^{q+t} \alpha_3{}^r - \Sigma \alpha_1{}^p \alpha_2{}^q \alpha_3{}^{r+t},$$

qui, par la précédente, deviendra

$$(16) \quad \varphi_4 = s_p s_q s_r s_t - (s_{p+q} s_r s_t + s_{p+r} s_q s_t + s_{p+t} s_q s_r),$$
$$+ 2(s_{p+q+r} s_t + s_{p+r+t} s_q + \ldots) + (s_{p+q} s_{r+t} + s_{p+r} s_{q+t} + s_{p+t} s_{q+r}),$$
$$- 1.2.3\, s_{p+q+r+t}.$$

De même,

$$(17) \quad \varphi_5 = \Sigma \alpha_1{}^p \alpha_2{}^q \alpha_3{}^r \alpha_4{}^t \alpha_5{}^v = s_p s_q s_r s_t s_v - \Sigma s_{p+q} s_r s_t s_v,$$
$$+ 2 \Sigma s_{p+q+r} s_t s_v,$$
$$+ \Sigma s_{p+q} s_{r+t} s_v,$$
$$- 1.2.3\, \Sigma s_{p+q+r+t} s_v,$$
$$- 2 \Sigma s_{p+q} s_{r+t+v},$$
$$+ 1.2.3.4\, \Sigma s_{p+q+r+t+v},$$

en admettant que le signe Σ s'étende à tous les produits que l'on peut obtenir en combinant ensemble, 2 à 2, 3 à 3, etc., les lettres p, q, r, t, v qui figurent dans les indices.

En général, on obtiendra :

$$(18) \quad \varphi_l = \sum \alpha_1^{\pi_1} \; \alpha_2^{\pi_2} \; \alpha_3^{\pi_3} \dots \alpha_l^{\pi_l} = s_l \sum \alpha_1^{\pi} \quad \alpha_2^{\pi} \dots \alpha_{l-1}^{\pi_l},$$

$$- \sum \alpha_1^{\pi_1 + \pi_l} \alpha_2^{\pi_2} \dots \alpha_{l-1}^{\pi_{l-1}},$$

$$- \sum \alpha_1^{\pi_1} \; \alpha_2^{\pi_2 + \pi_l} \dots \alpha_{l-1}^{\pi_{l-1}},$$

$$- \sum \alpha_1^{\pi_1} \; \alpha_2^{\pi_2} \dots \alpha_{l-1}^{\pi_{l-1} + \pi_l};$$

d'où il suit qu'en supposant connue la fonction

$$\varphi_{l-1} = \sum \alpha_1^{\pi_1} \; \alpha^{\pi_2} \dots \alpha_{l-1}^{\pi_{l-1}},$$

le second membre de l'équation précédente sera déterminé ; car il n'y aura qu'à changer les indices π_1, π_2, π_{l-1}, respectivement, en $\pi_1 + \pi_l$, $\pi_2 + \pi_l$, $\pi_{l-1} + \pi_l$, pour calculer tous les termes qu'il contient. Par la même raison, la détermination de φ_{l-1} dépendra de φ_{l-2}; celle de φ_{l-2} de φ_{l-3}, etc. Il suffira donc de connaître les premières fonctions φ_1, φ_2, φ_3, φ_4, φ_5, que nous avons données ci-dessus, pour en conclure toutes les autres.

De ces simples considérations et de l'inspection de cas particuliers donnés, on peut déduire une formule propre à fournir l'expression de φ en fonction des sommes des puissances semblables des racines.

Appelons λ_g, λ_h, $\lambda_k \dots \lambda_i$, les sommes de g, h, $k \dots i$ exposants quelconques pris parmi les π_1, $\pi_2 \dots$, π_l, sous la condition

$$(19) \qquad g + h + k + \dots + i = l,$$

et désignons par

$$\Sigma s_{\lambda_g} \, s_{\lambda_h} \, s_{\lambda_k} \dots s_{\lambda_i}$$

la somme de tous les produits que l'on aura en combinant dans les indices λ_g, λ_h, $\lambda_k \dots \lambda_i$ tous les g, h, $k, \dots i$ exposants choisis g à g, h à h, k à k, etc., parmi les exposants (π).

Il est clair que φ sera le résultat de l'addition de pareilles sommes multipliées chacune par certains coefficients numériques.

D'ailleurs, on aura pour chaque terme

$$(20) \qquad \lambda_g + \lambda_h + \lambda_k + \ldots + \lambda_i = \pi_1 + \pi_4 + \ldots + \pi_l;$$

car si l'on change les racines α en $\mu\alpha$, il faudra que chaque terme du second membre gagne le facteur $\mu^{\pi_1 + \pi_2 \ldots \pi_l}$, dont se trouvera multiplié le premier, ce qui ne pourra pas arriver à moins de la condition posée ci-dessus.

Il nous reste seulement à trouver les coefficients. A cet effet j'observe que, d'après (18), si μ_{l-1} est le coefficient de

$$s_{\pi_1 + \pi_2 + \ldots \pi_l} \text{ dans la fonction } \varphi_{l-1},$$

celui de terme semblable

$$s_{\pi_1 + \pi_2 + \ldots \pi_l}, \text{ dans la fonction } \varphi_l,$$

sera $\qquad -(l-1)\mu_{l-1}.$

Ce terme est le seul qui ait gagné un exposant à l'indice ; les autres auront au plus le même nombre d'exposants à l'indice que les termes de la fonction φ_{l-1}, et en auront conservé les mêmes coefficients numériques. Par la même raison, tous les termes φ_{l-1} auront des coefficients identiques à ceux de φ_{l-2}, excepté le terme en

$$s_{\pi_1 + \pi_2 + \ldots \pi_{l-1}},$$

dont l'indice contiendra un exposant de plus que les autres, et dont le coefficient sera $-(l-2)$ fois celui de $s_{\pi_1 + \pi_2 + \pi_3 + \ldots \pi_{l-2}}$ dans la fonction φ_{l-2}. En suivant bien ainsi de près la formation des coefficients, on arrivera aux conclusions que voici :

1° Les coefficients varient seulement lors de la variation du nombre des exposants dans un indice, et, au contraire, ils restent les mêmes tant que ce nombre demeure inaltérable ;

2° Le gain d'un exposant dans un indice qui affecte la lettre s et se compose de $p-1$ exposants, ne commence à se faire que lors du passage de la fonction φ_{p-1} à la fonction φ_p. Mais comme, dans ce passage, le coefficient acquiert le facteur $-1 (p-1)$, on peut dire que chaque fois que l'indice gagne un $p^{\text{ième}}$ exposant de plus, le coefficient gagne aussi un facteur $(-1)(p-1)$ de plus.

Il suit de là immédiatement que la lettre s, affectée d'un indice composée de p exposants, aura pour coefficient

$$(-1)^{n-1}(p-1)(p-2)(p-3)\ldots 3.2.1 = (-1)^{p-1}\,\Gamma(p) \text{ fois celui de}$$

$$\varphi_i = s_\pi, \text{ qui est } 1.$$

Donc le terme en

$$s_{\lambda_g}\, s_{\lambda_h}\, s_{\lambda_k} \ldots s_{\lambda_i}$$

aura pour coefficient

$$(-1)^{g-1+h-1+\ldots i-1}\,\Gamma(g)\Gamma(h)\ldots\Gamma(i)\,,$$

et il viendra enfin

$$(21) \qquad \varphi = \sum (-1)^{l-\sigma}\,\Gamma(g)\,\Gamma(h)\ldots\Gamma(i) \sum s_{\lambda_g}\, s_{\lambda_h}\, s_{\lambda_k} \ldots s_{\lambda_i}\,,$$

σ étant le nombre de groupes g, h, k,... i dans lequel l a été partagé. On n'oubliera pas que plusieurs des nombres g, h,... i peuvent être égaux. Dans ce cas, si i exposants deviennent égaux entre eux, chaque terme exprimé en fonction des racines dans les deux nombres de la formule sera répété $1.2.3\ldots i$ fois de trop. Ainsi, pour avoir la juste valeur de φ, il faudra diviser le second membre par $1.2.3\ldots i$ exposants.

Une fois qu'à l'aide de cette formule on aura exprimé φ en fonction des sommes s, on calculera ces diverses sommes au moyen de la formule (4) en fonction des coefficients, et alors la fonction φ se trouvera en dernier lieu exprimée par les coefficients de l'équation proposée. Comme les seconds membres des formules (3) et (4) sont entiers à une puissance près de $\frac{1}{a_0}$, il s'ensuit que, en supposant $a_0 = 1$:

TROISIÈME PROPRIÉTÉ. *Une fonction quelconque entière et symétrique des racines s'exprime par une fonction entière des coefficients.*

Remarque. La formule (21) nous conduit à une relation intéressante : elle donne

$$\frac{d\varphi_l}{ds_{\lambda_g}} = (-1)^{g-1}\,\Gamma(g) \sum (-1)^{l-1-(\sigma-1)}\Gamma(h)\ldots\Gamma(i) \sum s_{\lambda_h} s_{\lambda_k} \ldots s_{\lambda_i}\,,$$

$$(22) \quad \text{c'est-à-dire} \quad \frac{d\varphi}{ds_{\lambda_g}} = (-1)^{g-1}\,\Gamma(g)\,\varphi_{l-g}\,,$$

φ_{l-g} étant ce que devient φ lorsqu'on y néglige les facteurs contenant les exposants qui figurent dans l'indice λ_g. Ainsi, on aura (*voir l'exemple* (17))

$$\frac{d\varphi_5}{ds_{r+t+v}} = 1.2.(s_p s_q - s_{p+q}) = 1.2.\varphi_2 = 2\Sigma\alpha_1{}^p\alpha_2{}^q.$$

Lorsque, par suite de la nature des exposants, il arrivera que deux ou plusieurs des indices λ_g, λ_h, etc., seront numériquement égaux, il faudra ajouter au second membre de la relation (22) autant de termes semblables en φ_{l-h}, etc.

Remarque II. Si l'on proposait de trouver le nombre de termes dans la fonction $\Sigma s_{\lambda_g} s_{\lambda_h} s_{\lambda_k}...s_{\lambda_i}$, ce nombre, en supposant g, h, $k...i$ différents entre eux, sera évidemment

$$N = \frac{(l)}{(g)(l-g)} \times \frac{(l-g)}{(h)(l-g-h)} \times \frac{(l-g-h)}{(k)(l-g-h-k)} \times ... \frac{(l-g-h-k...)}{(i)}$$
$$= \frac{(l)}{(g)(h)(k)...(i)};$$

car la série des indices dans un terme sera une combinaison des exposants pris g à g, suivie d'une combinaison des $(l-g)$ exposants différents des premiers et des seconds pris k à k, et ainsi de suite. Mais lorsque g' nombres g, h, k, etc., deviendront égaux à g, la série des indices λ_g, λ_h, λ_k,.., se trouvera répétée $1.2.3...g'$ fois de trop, et dans ce cas il faudra encore diviser le nombre N par $1.2.3...g'$, pour avoir le nombre correspondant des termes dans la fonction susdite. Supposons ainsi g' groupes d'exposants en nombre g, h' groupes d'exposants en nombre h, etc., dans la série des indices dont la lettre s est affectée, le nombre N sera

$$(23) \qquad N = \frac{(l)}{(g)^{g'}(h)^{h'}...(i)^{i'}(g')(h')...(i')}$$

sous la condition $\qquad g'g + h'h + ...i'i = l.$

Cherchons maintenant ce que devient la formule (21), lorsqu'on suppose tous les exposants égaux à π. Alors, comme dans

$$\sum s_{\lambda_g} s_{\lambda_h} s_{\lambda_k} ... s_{\lambda_i},$$

tous ces termes se réduiront à

$$s_{g\pi}^{g'} s_{h\pi}^{h'} ... s_{i\pi}^{i'},$$

cette fonction se réduira elle-même à

$$\frac{(l)}{(g)^{g'}(h)^{h'}\ldots(i)^{i}(g')(h')\ldots(i')}\, s_{g\pi}^{g'}\, s_{h\pi}^{h'}\ldots s_{i\pi}^{i'}.$$

D'ailleurs, comme nous l'avons déjà observé, il faudra, dans la même hypothèse, diviser le second membre (21) par $1.2.3\ldots l$. On aura donc

$$\sum \alpha_1^{\pi}\, \alpha_2^{\pi}\ldots \alpha_l^{\pi} = \frac{1}{(l)}\sum (-)^{l-\sigma}\frac{(g-1)^{g'}(h-1)^{h'}\ldots(i-1)^{i}(l)}{(g)^{g'}(h)^{h'}\ldots(i)^{i}(g')(h')\ldots(i')}\, s_{g\pi}^{g'}\, s_{h\pi}^{h'}\ldots s_{i\pi}^{i'},$$

ou

$$(24)\qquad \sum \alpha_1^{\pi}\alpha_2^{\pi}\ldots\alpha_l^{\pi} = \sum (-)^{l-\sigma}\frac{1}{(g')(h')\ldots(i')}\left(\frac{s_{g\pi}}{g}\right)^{g'}\left(\frac{s_{h\pi}}{h}\right)^{h'}\ldots\left(\frac{s_{i\pi}}{i}\right)^{i'},$$

sous les conditions

$$\sigma = g'+h'+\ldots+i' \quad\text{et}\quad g'g+h'h+\ldots+i'i=l.$$

Application. Le coefficient a_l d'une équation est égal à

$$(-)^{l}\Sigma\alpha_1\alpha_2\ldots\alpha_l.$$

Posons pourtant $\pi=1$ dans cette dernière formule et supposons, ce qui est toujours permis,

$$g=1,\quad h=2,\ldots i=l$$

et

$$g'=\lambda_1,\quad h'=\lambda_2\ldots i'=\lambda_l;$$

il viendra

$$(25)\qquad a_l = \sum \frac{(-1)^{\lambda_1+\lambda_2+\ldots\lambda_l}}{(\lambda_1)(\lambda_2)\ldots(\lambda_l)}\left(\frac{s_1}{1}\right)^{\lambda_1}\left(\frac{s_2}{2}\right)^{\lambda_2}\ldots\left(\frac{s_l}{l}\right)^{\lambda_l},$$

sous la condition $\qquad \lambda_1 + 2\lambda_2 +\ldots l\lambda_l = l.$

On aura, par exemple,

$$a_4 = \frac{1}{2.3.4}\, s_1^{4} - \frac{1}{2.2}\, s_1^{2}s_2 + \frac{1}{3}\, s_1 s_3 + \frac{1}{2^2.2}\, s_2^{2} - \frac{1}{4}\, s_4.$$

Les formules (4) et (21) cependant, quoiqu'elles conduisent au but désiré, ne cessent pas de donner encore lieu à des calculs assez longs. Il en est ainsi de toute expression qui s'appuie sur les sommes des puissances semblables des racines. Cela dépend de ce que l'on a à tenir compte, dans ces sortes d'expressions, d'une multitude de termes qui, finissant nécessairement par se détruire dans le résultat final, ne servent qu'à prolonger inutilement les calculs. Supposons, pour fixer les idées, qu'on ait à calculer la fonction $\Sigma\alpha^2\beta^2\gamma$, et posons pour un moment $a_0=1$. On aura, d'après ce qui précède,

$$2\sum\alpha^2\beta^2\gamma = s_1 s_2{}^2 - s_1 s_4 - 2s_2 s_3 + 2s_5,$$

$$s_1 = -a_1, \quad s_2 = a_1{}^2 - 2a_1 a, \quad s_3 = -a_1{}^3 + 3a_1 a_2 - 3a_3,$$

$$s_4 = a_1{}^4 - 4a_1{}^2 a_2 + 4a_1 a_3 + 2a_2{}^2 - 4a_4,$$

$$s_5 = -a_1{}^5 + 5a_1{}^3 a_2 - 5a_1 a_2{}^2 - 5a_1{}^2 a_3 + 5a_1 a_4 + 5a_2 a_3 - 5a_5,$$

et l'on trouvera

$$\sum\alpha^2\beta^2\gamma = -a_2 a_3 + 3a_1 a_4 - 5a_5.$$

Ainsi, les quatre premiers termes de s_5, les deux premiers de s_4 et le premier de s_3 étaient étrangers au résultat, et n'ont eu d'autre effet que de rendre le calcul plus pénible. Mais on peut maintenant éviter l'introduction de ces termes et écrire même d'avance la forme littérale de la fonction des coefficients, qui représente une fonction donnée des racines, à l'aide d'un théorème important, dû à M. Cayley et à M. Brioschi, et dont j'ai déjà donné, dans les *Annales de Tortolini* (septembre 1855), une démonstration extrêmement simple. Voici le théorème.

Quatrième propriété. *La fonction des coefficients qui exprime la fonction des racines*

$$(25\ bis) \qquad \varphi = \sum \alpha_1{}^p \alpha_2{}^q \alpha_3{}^r \ldots = \sum C a_1{}^{\lambda_1} a_2{}^{\lambda_2} a_3{}^{\lambda_3} \ldots \quad (^*).$$

est de degré égal au plus grand des exposants p, r…, *et les indices avec les exposants qui figurent dans chaque terme satisfont à l'équation*

$$(26) \quad \lambda_1 + 2\lambda_2 + 3\lambda_3 + \ldots = p + q + r + \ldots = \textit{somme des exposants}.$$

Pour le démontrer, nous partirons de cette remarque aussi simple que féconde, à savoir, que les coefficients de l'équation donnée (1) sont des fonctions linéaires par rapport à une quelconque des racines.

(*) Nous supposons ici, pour plus de simplicité, $a_0 = 1$.

En effet, quel que soit i, le coefficient a_i sera, en général, de la forme

$$(27) \qquad a_i = M_j^{(i)} a_j + N_j^{(i)},$$

$M_j^{(i)}$, $N_j^{(i)}$ désignant les fonctions des autres racines, hormis la racine α_j, choisie arbitrairement parmi les racines α_1, α_2, α_3... Par conséquent, si dans la fonction

$$\varphi = \sum C a_1^{\lambda_1} a_2^{\lambda_2} a_3^{\lambda_3} \ldots a_m^{\lambda_m},$$

on remplace les coefficients α_1, α_2, α_m par leurs valeurs (27), on aura

$$\varphi = \sum \alpha_1^p \alpha_2^q \alpha_3^r \ldots = \sum C (M_j^{(1)} \alpha_j + N_j^{(1)})^{\lambda_1} (M_j^{(2)} \alpha_j + N_j^{(2)})^{\lambda_2} \ldots (M_j^{(m)} \alpha_j + N_j^{(m)})^{\lambda_m},$$

et le plus grand exposant dont sera affectée la racine quelconque α_j sera la plus grande valeur de la somme des exposants,

$$\lambda_1 + \lambda_2 + \lambda_3 + \ldots \lambda_m,$$

qui devra être égale à la valeur maximum des exposants p, q, r..., que nous appellerons, pour plus de clarté, π. D'un autre côté, la somme $\lambda_1 + \lambda_2 + \lambda_3 + \ldots + \lambda_m$ représente précisément le degré de la fonction φ, considérée par rapport aux coefficients ; donc le plus haut degré de ces termes ou, en un mot, le degré de la fonction, sera bien égal au plus haut exposant de la fonction donnée des racines.

L'autre partie du théorème se démontre avec la même facilité. Supposons que les racines α, β, γ,... deviennent respectivement $k\alpha$, $k\beta$, $k\gamma$,..., la fonction φ deviendra $k^{p+q+r+\cdots}.\varphi$; mais en même temps les coefficients de l'équation proposée se seront changés en

$$ka_1, \quad k^2 a_2, \quad k^3 a_3,$$

et ils auront gagné autant de facteurs k qu'il y a d'unités dans leurs indices. Par conséquent, chaque terme de la fonction φ des coefficients aura gagné le facteur

$$k^{\lambda_1 + 2\lambda_2 + 3\lambda_3 + \ldots + m\lambda_m}.$$

Il faudra donc bien, pour que l'égalité (25 *bis*) continue à subsister, que l'exposant de k dans le second membre soit constant et égal précisément à la somme des exposants des racines dans le premier.

Remarque. La fonction $\lambda_1 + 2\lambda_2 + 3\lambda_3 + \ldots + m\lambda_m$, c'est-à-dire la somme des produits des exposants par les indices des coefficients appartenant à un même terme d'une fonction donnée, joue un grand rôle dans l'analyse que nous allons exposer, et en général dans tous les développements réels ou symboliques des fonctions. Il sera donc convenable, pour mieux préciser et faciliter par suite le raisonnement, de lui assigner un nom spécial. Nous l'appellerons le *poids* de la fonction, et quand ce *poids* sera *constant*, nous dirons que la *fonction* est *isobarique*. Ainsi, dans le cas actuel, on dira simplement que *la fonction φ des coefficients est isobarique et de poids $p + q + r + \ldots$* (*). En se rappelant ce que nous avons dit page 6, on en conclurait aussi que la fonction φ des sommes s est *isobarique et de poids* $p + q + r + \ldots$

Application. Prenons, par exemple, la fonction $\Sigma\alpha^2\beta$. Ici, le plus grand exposant est $\pi = 3$, et la somme des exposants $p + q + r + \ldots = 4$. Donc la fonction des coefficients, qui la représente, sera de degré 3, isobarique et de poids 4. Donc elle sera de la forme

$$Aa_1^2 a_2 + Ba_1 a_3 + Ca_2^2 + Da_4.$$

Les coefficients numériques A, B, C, D pourront se déterminer de plusieurs manières. On peut se servir des sommes des puissances semblables, si elles sont connues, en y négligeant tous les termes qui seraient d'un degré supérieur à 3, comme on aurait pu le faire dans le cas de la fonction $\Sigma\alpha^2\beta^2\gamma$ traité ci-dessus, si l'on avait connu le théorème en question. On peut encore employer des équations dont les racines soient connues. Ainsi, les équations

$$x^2 - 1 = 0, \quad x^2 - 2x + 1 = 0, \quad x^3 - 3x^2 + 3x + 1 = 0, \quad x^4 - 2x^2 + 1 = 0$$

nous auraient fourni les équations de condition

$$C = -2, \quad 4A + C = 2, \quad 27A + 3B + 9C = 0, \quad D + 4C = -4;$$

d'où

$$A = 1, \quad B = -1, \quad C = -2, \quad D = 4.$$

(*) Nous appellerons aussi *équipollence* l'état d'une fonction satisfaisant à ces conditions.

Si l'on introduisait de nouveau le coefficient a_0, alors φ deviendrait

$$(28) \qquad \varphi = \left(\frac{1}{a_0}\right)^{\pi} \sum C a_0^{\lambda_0} a_1^{\lambda_1} a_2^{\lambda_2} a_3^{\lambda_3} \ldots a_m^{\lambda_m},$$

et l'on pourrait énoncer le théorème précédent sous cette forme :

La fonction φ, par rapport aux coefficients, est, à une puissance près de a_0, homogène et de degré π, isobarique et de poids $p+q+r\ldots$

M. Cauchy a donné, dans ses *Exercices de Mathématiques*, une méthode très-ingénieuse pour calculer les fonctions symétriques des racines en fonction des coefficients. Elle consiste à éliminer de la fonction proposée φ successivement toutes les racines au moyen des équations qui lient les coefficients d'une équation aux racines, à savoir :

$$(29) \quad \left\{ \begin{aligned} & a_1 + \alpha_1 + \alpha_2 + \alpha_3 + \ldots \alpha_{n-1} + \alpha_n = 0, \\ & a_2 - (\alpha_1 \alpha_2 + \alpha_1 \alpha_3 + \ldots \alpha_2 \alpha_3 + \ldots + \alpha_{n-1} \alpha_n) = 0, \\ & a_3 + (\alpha_1 \alpha_2 \alpha_3 + \alpha_2 \alpha_3 \alpha_4 + \ldots + \alpha_{n-1} \alpha_{n-2} \alpha_n) = 0, \\ & \quad \cdots \cdots \cdots \cdots \cdots \cdots \cdots \\ & a_n \pm \alpha_1 \alpha_2 \alpha_3 \ldots \alpha_n = 0. \end{aligned} \right.$$

A cet effet, en supposant que l'on veuille éliminer successivement les racines dans l'ordre α_n, α_{n-1}, α_{n-2},... α_2, α_1, on prépare les équations susdites, de sorte que les racines

$$\alpha_n, \quad \alpha_n \alpha_{n-1}, \quad \alpha_n \alpha_{n-1} \alpha_{n-2}\ldots, \quad \alpha_n \alpha_{n-1}\ldots \alpha_2$$

s'y trouvent éliminées. Ces équations se transformeront ainsi dans les suivantes :

$$(30) \quad \left\{ \begin{aligned} & a_1' + \alpha_1 + \alpha_2 + \alpha_3 + \ldots \alpha_n = 0, \\ & a_2 + a_1(\alpha_1 + \alpha_2 \ldots + \alpha_{n-1}) + \alpha_1^2 + \alpha_2^2 + \alpha_3^2 + \ldots + \alpha_{n-1}^2 + \alpha_1 \alpha_{n-1} + \ldots \alpha_{n-2} \alpha_{n-1} = 0, \\ & a_3 + a_2(\alpha_1 + \alpha_2 + \ldots \alpha_{n-2}) + a_1(\alpha_1^2 + \alpha_2^2 + \ldots \alpha_{n-2}^2 \ldots) + \alpha_1^3 + \alpha_2^3 + \ldots \alpha_{n-2}^3 = 0, \\ & \quad \cdots \cdots \cdots \cdots \cdots \cdots \cdots \\ & a_n + a_{n-1} \alpha_1 + a_{n-2} \alpha^2 + \ldots \alpha_1^n, \end{aligned} \right.$$

dont la dernière ne sera que $f(\alpha_1) = 0$.

On s'apercevra aisément que ces équations, prises à rebours, sont identiques aux équations

$$(31) \quad \begin{cases} X_1 = X_{\alpha_1} = 0, \\ X_2 = \left(\dfrac{X}{x - \alpha_1} \right)_{\alpha_1} = 0, \\ X_2 = \left\{ \dfrac{X}{(x - \alpha_1)(x - \alpha_2)} \right\}_{\alpha_3} = 0, \\ \cdots \cdots \cdots \cdots \cdots \cdots \\ X_n = \left\{ \dfrac{X}{(x - \alpha_1)(x - \alpha_2)(x - \alpha_3) \ldots (x - \alpha_{n-1})} \right\}_{\alpha_n} = 0, \end{cases}$$

les seconds membres étant ce que deviennent les fonctions sans parenthèse, lorsqu'on y fait successivement

$$x = \alpha_1, \quad x = \alpha_2, \quad x = \alpha_n ;$$

car, les racines pouvant être toujours supposées indépendantes, les équations de même degré entre un même nombre de racines ne peuvent différer entre elles.

Comme les équations (30) mises sous cette forme sont plus faciles à écrire, ce seront elles qui, à partir de la dernière et en remontant, nous serviront à éliminer successivement de la fonction φ toutes les racines.

Une fois, par exemple, qu'on aura éliminé α_n dans la fonction φ au moyen de la dernière équation, qui est linéaire par rapport à α_n, on éliminera α_{n-1} au moyen de l'avant-dernière, qui ne contient plus α_n. La fonction φ sera ainsi transformée dans une autre, indépendante de α_n et de α_{n-1}. On pourra ensuite éliminer α_{n-2}, en ayant recours à l'équation qui précédera les deux dernières, et, en continuant de la sorte, on arrivera à un résultat indépendant des racines, et qui sera la fonction formée. La série des éliminations qu'il faudrait faire présenterait de grandes difficultés, si M. Cauchy n'avait pas trouvé en même temps, dans le théorème qui suit, un moyen de les éviter.

CINQUIÈME PROPRIÉTÉ. *Soit* P *la valeur de* φ *considérée comme fonction d'ordre* p *d'une certaine racine* α *et ordonnée suivant les puissances descendantes de* α. *Soit* Q $= 0$ *une équation quelconque d'ordre* p *ou moindre que* p, *considérée aussi comme fonction de* α. *Si l'on divise* P *par* Q, *le reste sera indépendant de* α.

En effet, si l'on appelle q le quotient et R le reste, on aura

$$P = Qq + R.$$

Mais comme, par hypothèse, $Q = 0$, il faudra que $P = R$. Or, si nous supposons que Q soit de degré p, le reste sera de degré au moins $p - 1$ et de la forme

$$b_0 \alpha^{p-1} + b_1 \alpha^{p-2} + b_2 \alpha^{p-3} + \ldots + b_{p-1} = 0.$$

On aura donc

$$b_0 \alpha^{p-1} + b_1 \alpha^{p-2} + b_2 \alpha^{p-3} + \ldots + (b_{p-1} - P) = 0.$$

Mais P est une fonction symétrique par rapport à toutes les racines; ainsi cette équation subsisterait pour toutes les n racines, pendant qu'elle est seulement de $p - 1$ ordre, ce qui est impossible. Donc les coefficients des diverses puissances de α doivent être nuls. Il viendra donc

$$P = b_{p-1};$$

le reste sera donc indépendant de α; ce qu'il fallait démontrer.

En profitant de ce théorème, on opérera de la manière suivante :

On divisera φ, considéré, par exemple, comme fonction de α_n, par le premier membre de la dernière équation, c'est-à-dire par X_n; on aura un premier reste indépendant de α_n. En divisant ensuite celui-ci, considéré comme une fonction de α_{n-1} par X_{n-1}, on obtiendra un deuxième reste indépendant de α_n et de α_{n-1}. En procédant de la sorte, on arrivera à un reste indépendant de α_n, $\alpha_{n-1}, \ldots \alpha_2$, et en le divisant par X_1, on arrivera enfin à un reste indépendant de α_n, $\alpha_{n-1}, \ldots \alpha_2$, α_1 et, par conséquent, de toutes les racines, et qui sera la fonction cherchée.

Application. Cherchons à calculer par cette méthode la fonction

$$\sum \alpha^2 \beta^2 = \alpha^2 \beta^2 + \alpha^2 \gamma^2 + \alpha^2 \delta^2 + \beta^2 \gamma^2 + \beta^2 \delta^2 + \gamma^2 \delta^2.$$

Il suffira d'abord de considérer l'équation

$$x^4 + a_1 x^3 + a_2 x^2 + a_3 x + a_4 = 0;$$

on aura par suite

$$X_\alpha = \alpha^4 + a\alpha^3 + a_2\alpha^7 + a_3\alpha + a_4 = 0,$$

$$\left(\frac{X}{x-\alpha}\right)_\beta = \beta^3 + (a_1 + \alpha)\beta^2 + (a_2 + a_1\alpha + \alpha_2^2)\beta + a_3 + a_2\alpha + a\alpha_2^2 + \alpha^3,$$

$$\left\{\frac{X}{(x-\alpha)(x-\beta)}\right\}_\gamma = \gamma + (a_1 + \alpha + \beta)\gamma + (a_2 + a_1\alpha + a_1\beta + \alpha\beta + \alpha_2^2 + \beta_2^2)\gamma,$$

$$\left\{\frac{X}{(x-\alpha)(x-\beta)(x-\gamma)}\right\}_\delta = \delta + a_1 + \alpha + \beta + \gamma.$$

Le premier reste, dans ce cas, est

$$\alpha^2\beta^2 + \alpha^2\gamma^2 + \beta^2\gamma^2 + (a_1 + \alpha + \beta + \gamma)^2(\alpha^2 + \beta^2 + \gamma^2)$$
$$= \gamma^4 + 2\gamma^3(a_1\alpha + \beta) + \gamma^2\{(a_1 + \alpha + \beta)^2 + 2\alpha^2 + 2\beta^2\} + \alpha^2\beta^2$$
$$+ (\alpha^2 + \beta^2)(a_1 + \alpha + \beta)^2 + 2\gamma(\alpha^2 + \beta^2)(a_1 + \alpha + \beta),$$

qui, divisé par $\dfrac{X}{(x-\alpha)(x-\beta)}$, en fournit un deuxième,

$$2\beta^3(a_1 + \alpha) + 2\beta^2(a_1 + \alpha)^2 + 2(a_1 + \alpha)\beta(a_2 + a_1\alpha + \alpha_2^2)\beta$$
$$+ (a_2 + a_1\alpha)^2 + \alpha^2(a_1^2 + 2a_1\alpha).$$

On trouvera pareillement, pour troisième reste,

$$-(2\alpha^4 - 2a_1\alpha^3 + 2a_2\alpha^2 + 2a_3\alpha + 2a_1a_3 - a_2^2);$$

et l'on arrivera enfin au quatrième reste, ou à la fonction cherchée :

$$a_2^2 - 2a_1a_3 + a_4.$$

Sixième propriété. *La fonction φ satisfait à l'équation aux dérivées partielles.*

$$(32) \quad \frac{d\varphi}{da_r} = a_1\frac{d\varphi}{da_{r+1}} + a_2\frac{d\varphi}{da_{r+2}} + \ldots + a_{m-1}\frac{d\varphi}{da_m} + r\frac{d\varphi}{ds_r} = 0.$$

Démonstration. D'après la deuxième propriété et la note page 2, φ est une fonction des sommes s, qui à leur tour sont des fonctions des coefficients, et réciproquement. On a donc

$$(33) \quad \frac{d\varphi}{ds_r} = \frac{d\varphi}{da_1}\frac{da_1}{ds_r} + \frac{d\varphi}{da_2}\frac{da_2}{ds_r} + \frac{d\varphi}{da_3}\frac{da_3}{ds_r} + \ldots + \frac{d\varphi}{da_n}\frac{da_n}{ds_r};$$

$$(34) \quad \frac{da_i}{ds_r} = \frac{da_i}{da_1}\frac{da_1}{ds_r} + \frac{da_i}{da_2}\frac{da_2}{ds_r} + \ldots + \frac{da_i}{da_m}\frac{da_m}{ds_r}.$$

D'ailleurs,

$$(35) \qquad \frac{da_i}{d\alpha_l} = -\left(a_{i-1} + a_{i-2}\alpha_l + a_{i-3}\alpha_l + \ldots + a_1\alpha_l^{i-2} + \alpha_l^{i-1}\right);$$

car $\frac{da_i}{d\alpha_l}$ se réduit au coefficient de x^{n-i} dans l'équation $\frac{X}{x - \alpha_l}$ multiplié par -1, produit marqué par le second membre.

Au moyen de cette dernière équation, il viendra

$$-\frac{da_i}{ds_r} = a_{i-1}\sum \frac{d\alpha_h}{ds_r} + a_{i-2}\sum \alpha_h \frac{d\alpha_h}{ds_r} + \ldots + a_{i-r}\sum \alpha_h^{r-1}\frac{d\alpha_h}{ds_r}\ldots,$$

le signe Σ s'étendant à toutes les valeurs entières de h depuis 1 jusqu'à n, ou bien

$$-\frac{da_i}{ds_r} = a_{i-1}\frac{ds_1}{ds_r} + \frac{1}{2}a_{i-2}\frac{ds_2}{ds_r} + \ldots + \frac{1}{r}a_{i-r}\frac{ds_r}{ds_r} + \ldots + \frac{1}{i}\frac{ds_i}{ds_r}.$$

De là on tire évidemment

$$(36) \qquad \left| \begin{array}{c} \frac{da_i}{ds_r} = -\frac{1}{r}a_{i-r} \\ \text{pour } i > r. \end{array} \right. \qquad \left| \begin{array}{c} \frac{da_r}{ds_r} = -\frac{1}{r} \end{array} \right. \qquad \left| \begin{array}{c} \frac{da_i}{ds_r} = 0 \\ \text{pour } i < r. \end{array} \right.$$

En ayant égard à ces valeurs, la (33) deviendra précisément la (32), qu'il s'agissait de démontrer.

Sᴇᴘᴛɪᴇᴍᴇ ᴘʀᴏᴘʀɪᴇᴛᴇ. *En désignant par τ la somme des exposants des racines dans la fonction φ, on a*

$$(37) \qquad (-)^\tau \tau\varphi = \begin{vmatrix} 0 & a_1 & 2a_2 & 3a_3 \ldots \tau a_\tau \\ 1.\frac{d\varphi}{ds_1} & 1 & a_1 & a_2 \ldots a_{\tau-1} \\ 2.\frac{d\varphi}{ds_2} & 0 & 1 & a_1 \ldots a_{\tau-2} \\ 3.\frac{d\varphi}{ds_3} & 0 & 0 & 1 \ldots a_{\tau-3} \\ \cdot & \cdot & \cdot & \cdot \quad \cdot \quad \cdot \\ \cdot & \cdot & \cdot & \cdot \quad \cdot \quad \cdot \\ \cdot & \cdot & \cdot & \cdot \quad \cdot \quad \cdot \\ \tau\frac{d\varphi}{ds_\tau} & 0 & 0 & 0 \ldots 1 \end{vmatrix}$$

Démonstration. Par suite de l'équipollence de la fonction φ, on a

$$(38) \qquad a_1 \frac{d\varphi}{da_1} + 2a_2 \frac{d\varphi}{da_2} + \ldots + \tau a_\tau \frac{d\varphi}{da_\tau} - \tau \varphi = 0,$$

et l'équation (32), en y faisant successivement $r = 1, 2, 3, \ldots \tau$, nous donne

$$(39) \quad \left| \begin{aligned} \frac{d\varphi}{da_1} + a_1 \frac{d\varphi}{da_2} + \ldots + a_{\tau-1} \frac{d\varphi}{da_\tau} + \frac{d\varphi}{ds_1} &= 0, \\ \frac{d\varphi}{da_2} + \ldots + a_{\tau-2} \frac{d\varphi}{da_\tau} + 2 \frac{d\varphi}{ds_2} &= 0, \\ \cdots \cdots \cdots \cdots \cdots \qquad& \\ \frac{d\varphi}{da_\tau} + \tau \frac{d\varphi}{ds_\tau} &= 0, \end{aligned} \right.$$

En éliminant $\dfrac{d\varphi}{da_1}$, $\dfrac{d\varphi}{da_2}$ ..., $\dfrac{d\varphi}{da_\tau}$ de ces équations et de la (38), on obtiendra la formule (37).

Cette formule n'est que l'équation (21) sous une autre forme. Ainsi, elle n'est pas plus propre à faciliter les calculs des fonctions symétriques. Au contraire, la relation (32) et ses semblables, qu'on en déduira en faisant varier l'indice, peuvent utilement servir à déterminer les coefficients numériques de la fonction φ, une fois que sa forme littérale aura été écrite d'après la quatrième propriété. Nous empruntons à ce sujet un exemple au mémoire de M. Brioschi, à qui l'on doit les deux théorèmes ci-dessus.

Application. Soit à calculer la fonction

$$\varphi = \sum \alpha_1^{\,4} \alpha_2^{\,3} \alpha_3,$$

en fonction des coefficients. La forme littérale sera

$$\varphi = Aa_1^{\,3}a_5 + Ba_1^{\,2}a_6 + Ca_1^{\,2}a_2a_4 + Da_1^{\,2}a_3^{\,2} + Ea_1a_7$$
$$+ Fa_1a_2a_5 + Ga_1a_3a_4 + Ia_1a_2^{\,2}a_4 + Ha_2a_6 + Ka_2^{\,2}a_4$$
$$+ La_3a_5 + Ma_2a_3^{\,2} + Na_4^{\,2} + Pa_8.$$

Supposons que les fonctions

$$\frac{d\varphi}{ds_3} = \sum \alpha^4 \alpha_2, \quad \frac{d\varphi}{ds_4} = \sum \alpha_1^{\,3} \alpha_2 - \sum \alpha_1^{\,4}, \quad \frac{d\varphi}{ds_5} = -\sum \alpha_1^{\,3},$$
$$\frac{d\varphi}{ds^7} = -\sum \alpha_1, \quad \frac{d\varphi}{ds_8} = 2$$

soient connues d'avance. Alors les équations que l'on déduira de la (32), à savoir :

$$\frac{d\varphi}{da_3} + a_1\frac{d\varphi}{da_4} + a_2\frac{d\varphi}{da_5} + \ldots + a_B\frac{d\varphi}{da_1} + 3\frac{d\varphi}{ds_3} = 0,$$

$$\frac{d\varphi}{da_4} + a_1\frac{da_5}{d\varphi} + \ldots + a_4\frac{d\varphi}{da_8} + 4\frac{d\varphi}{ds_4} = 0,$$

$$\frac{d\varphi}{da_5} + a_1\frac{da_5}{d\varphi} + \ldots + a_B\frac{d\varphi}{da_8} + 5\frac{d\varphi}{ds_5} = 0,$$

$$\frac{d\varphi}{da_7} + a_1\frac{d\varphi}{da_8} + 7\frac{d\varphi}{ds_7} = 0,$$

$$\frac{d\varphi}{da_8} + 8\frac{d\varphi}{ds_8} = 0,$$

fourniront les équations de condition entre les coefficients indéterminés A, B, C,... propres à les déterminer. En profitant ainsi de ces relations et du tableau page 20, on aura les équations

$$A+C-3=0, \quad 2D+G+B+3=0, \quad I+K+F+9=0,$$
$$2M+4+H-15=0, \quad G+2N+F-3=0, \quad 4+P+15=0,$$

$$\cdots \cdots \cdots \cdots \cdots \cdots \cdots \cdots \cdots \cdots$$

$$E+P+7=0, \quad P+16=0.$$

d'où $\quad$ A$=4$, $\quad$ B$=-9$, $\quad$ C$=-1$, $\quad$ D$=-2$, $\quad$ E$=9$;
$\quad\quad$ F$=-10$, $\quad$ G$=10$, $\quad$ I$=1$, $\quad$ H$=16$, $\quad$ K$=0$,
$\quad\quad$ L$=1$, $\quad$ M$=-1$ $\quad$ M$=-8$, $\quad$ P$=-16$.

C'est à l'aide des diverses méthodes que nous avons exposées jusqu'ici que nous avons calculé les valeurs des quelques fonctions symétriques, que nous réunissons ici dans un seul tableau pour l'avantage des lecteurs.

On a

$$s_1 = -a_1, \quad s_2 = a_1^2 - 2a_2, \quad s_3 = -a_1^3 + 3a_1 a_2 - 3a_3.$$

$$s_4 = a_1^4 - 4a_1^2 a_2 + 4a_1 a_3 - 4a_4 + 2a_2^2,$$

$$s_5 = -a_1^5 + 5a_1^3 a_2 + 5a_1 a_4 - 5a_1^2 a_3 - 5a a_2^2 + 5a_2 a_3 - 5a_5;$$

$$s = a_1^6 - 6a_1^4 a_2 + 6a_1^3 a_3 - 6a_1^2 a_4 - 12a_1 a_2 a_3 + 6a_2 a_4 + 6a_1 a_5 - 6a_6 + 9a_1^2 a_2^2 - 2a_2^3 + 2a_3^2.$$

$$
(40)
\begin{cases}
\sum \alpha^2 \beta = -a_1 a_2 + 3a_3, \\[4pt]
\sum \alpha^2 \beta\gamma = a_1 a_3 - 4a_4, \\[4pt]
\sum \alpha^2 \beta^2 = a_2{}^2 - 2a_1 a_3 + 2a_4, \\[4pt]
\sum \alpha^2 \beta = a_1{}^2 a_2 - a_1 a_3 - 2a_2{}^2 + 4a_4, \\[4pt]
\sum \alpha^3 \beta^2 = -a_1 a_2{}^3 + 2a_1{}^2 a_3 + a_2 a_3 - 5a_1 a_4 + 5a_5, \\[4pt]
\sum \alpha^4 \beta = -a_1{}^3 a_2 + a_2{}^2 a_3 + 3a_1 a_2{}^3 - 5a_2 a_3 - a_1 a_4 + 5a_5, \\[4pt]
\sum \alpha^2 \beta^2\gamma = -a_2 a_3 + 3a_1 a_4 - 5a_5, \\[4pt]
\sum \alpha^3 \beta\gamma = -a_1{}^2 a_3 + 2a_2 a_3 + a_1 a_4, \\[4pt]
\sum \alpha^4 \beta\gamma = a_1{}^3 a_3 - 3a_1 a_2 a_3 + 3a_3{}^2 + 2a_2 a_4 - a_4 a_1{}^2, \\[4pt]
\sum \alpha^2 \beta^2\gamma^2 = a_3{}^2 - 2a_2 a_4 + 2a_1 a_5 - 2a_6, \\[4pt]
\sum \alpha^4 \beta^2 = a_1{}^2 a_2{}^2 - 2a_2{}^3 + 4a_1 a_2 a_3 - 2a_1{}^3 a_3 - 2a_3{}^2 + 2a_2 a_4 - 2a_1{}^2 a_4 - 6a_1 a_5 + 6a_6, \\[4pt]
\sum \alpha^3 \beta^2\gamma = a_1 a_2 a_3 - 3a_3{}^2 + 4a_2 a_4 - 3a_1{}^2 a_4, \\[4pt]
\sum \alpha^3 \beta^3 = a_2{}^3 - 3a_1 a_2 a_3 + 3a_1{}^2 a_4 - 3a_1 a_5 + 3a_3{}^2 - 3a_2 a_4 + 3a_6, \\[4pt]
\sum \alpha^4 \beta^3 = 2a_1 a_2 a_4 - 3a_1{}^3 a_4 - a_1 a_2{}^3 + 3a_1{}^2 a_2 a_3 - 5a_1 a_3{}^2 + a_2{}^2 a_5 + 3a_1{}^2 a_5 + 3a_1 a_6 + 5a_3 a_4, \\[4pt]
\sum \alpha^3 \beta^3\gamma = 2a_1 a_3{}^2 - a_2{}^2 a_3 - 5a_3 a_4 + a_1 a_2 a_4, \\[4pt]
\sum \alpha^3 \beta^2\gamma^2 = 2a_1 a_2 a_4 - a_1 a_3{}^2 + a_3 a_4, \\[4pt]
\sum \alpha^4 \beta^2\gamma = a_1 a_3{}^2 + 2a_2{}^2 a_3 - a_1{}^2 a_2 a_3 + 3a_1{}^3 a_4 + 2a_3 a_4 - 8a_1 a_2 a_4.
\end{cases}
$$

Supposons maintenant qu'on ait à exprimer en fonction des coefficients une fonction entière des racines de la forme

$$(41) \qquad \Psi = \sum \psi(\alpha_1)\psi(\alpha_2)\ldots\psi(\alpha_i),$$

où

$$(42) \qquad \psi(\alpha) = b_0 \alpha^n + b_1 \alpha^{n-1} + b_2 \alpha^{n-2} + \ldots + b_n,$$

α étant toujours une racine de l'équation (1) ; il est évident que la fonction Ψ sera, en vertu du théorème page 10, de degré n au plus et de tous les poids, depuis zéro jusqu'au nombre in, par rapport aux coefficients de l'équation (1). De plus, on voit qu'à chaque produit de la forme $\alpha_1^p \alpha_2^q \alpha_3^r \ldots$ correspond le produit $b_{n-p} b_{n-q} b_{n-r} \ldots$ des coefficients de la fonction ψ, qui sera toujours de degré i et de poids $in - (p+q+r+\ldots)$. Ainsi, chaque somme partielle de la forme

$$b_{n-p} b_{n-q} b_{n-r} \ldots \sum \alpha_1^p \alpha_2^q \alpha_3^r \ldots,$$

qui figure dans la fonction Ψ, sera de poids $in - (p+q+r) + (p+q+r) = in$. Soit π le plus grand des exposants p, q, $r \ldots$, et posons $\sigma = p+q+r+\ldots$, on aura, d'après ce qui précède,

$$\sum \alpha_1^p \alpha_2^q \alpha_3^r \ldots = \left(\frac{1}{a_0}\right)^\pi \sum \alpha_0^{\lambda_0} \alpha_1^{\lambda_1} \alpha_2^{\lambda_2} \ldots \alpha_m^{\lambda_m} ;$$

et la partie $b_{n-p} b_{n-q} b_{n-r} \ldots$, qui l'accompagne dans la fonction ψ, prendra en général la forme

$$b_0^{k_0} b_1^{k_1} b_2^{k_2} \ldots b_n^{k_n},$$

sous les conditions

$$(43) \qquad \begin{cases} k_0 + k_1 + k_2 + \ldots + k_n = i, \\ k_1 + 2k_2 + \ldots + nk_n = in - \sigma. \end{cases}$$

De là résulte que la forme littérale de chaque terme dans la fonction ψ sera

$$(44) \qquad \left(\frac{1}{a_0}\right)^\pi b_0^{k_0} b_1^{k_1} b_2^{k_2} \ldots b_n^{k_n} a_0^{\lambda_0} a_1^{\lambda_1} a_2^{\lambda_2} \ldots a_m^{\lambda_m},$$

sous les conditions (26) et (43).

Cela seul nous suffit pour établir le théorème suivant, auquel nous voulions arriver :

Étant donnée une fonction symétrique des racines de l'équation

$$a_0 x^m + a_1 x^{m-1} + a_2 x^{m-2} + a_m = 0,$$

telle que

$$\Psi = \sum \psi(\alpha_1) \psi(\alpha_2) \psi(\alpha_3) \ldots \psi(\alpha_i),$$

où

$$\psi(x) = b_0 x^n + b_1 x^{n-1} + b_2 x^{n-2} + \ldots + b_n,$$

la fonction des coefficients $(a_0 a_1 a_2 \ldots a_n, \ b_0 b_1 b_2 \ldots, b_n)$, qui la représente, est homogène et de degré n, par rapport aux coefficients (a), homogène et de degré i par rapport aux coefficients (b), isobarique et de poids in par rapport à l'ensemble des coefficients (a) et (b).

CHAPITRE II.

§ I.

Définition et expression de la résultante.

1. Soient les équations

$$(1) \qquad \varphi = a_0 x^m + a_1 x^{m-1} + a_2 x^{m-2} + \ldots + a_m = 0,$$

$$(2) \qquad \psi = b_0 x^n + b_1 x^{n-1} + b_2 x^{n-2} + \ldots + b_n = 0.$$

Si ces équations doivent coexister par hypothèse simultanément, il faudra qu'elles aient au moins une racine commune. Mais, à cet effet, les coefficients des deux équations devront évidemment satisfaire à une certaine condition, sans quoi, les coefficients pouvant être quelconques, la solution commune pourrait toujours être rendue impossible. Or, si par un moyen quelconque on déduit de ces équations une troisième, d'où la variable est disparue, ce sera là la condition à laquelle satisferont les coefficients. Déduire une telle équation de condition s'appelle *éliminer* la variable, et le résultat de cette élimination se nomme *résultante*. La résultante exprime donc et pourrait se définir : *la condition qui doit exister entre les coefficients de deux équations données à une variable, pour qu'une valeur de celle-ci les vérifie simultanément*. Mais remarquons ici qu'il ne s'agit que d'une solution unique ; car, s'il y en avait davantage, de nouvelles conditions définies par le théorème de Lagrange surgiraient entre les coefficients. Par conséquent, dans tout ce qui suit, afin d'obtenir toute la précision et la simplicité désirables, nous supposerons que les équations susdites n'admettent qu'une solution unique.

2. On peut facilement concevoir divers procédés, plus ou moins compliqués, pour trouver cette résultante, et, de quelque manière qu'on y arrive, elle devra s'annuler, dès qu'on suppose aux deux

équations une solution commune. Mais la réciproque ne serait pas généralement vraie, car cette résultante pourrait contenir un facteur étranger, introduit par la nature même du procédé qu'on aurait suivi. Elle pourrait donc s'évanouir, sans que les équations proposées pussent être satisfaites par une même valeur de la variable. Il importe donc, avant tout, de connaître quelle est la fonction des coefficients qui sera la vraie condition, c'est-à-dire qui devra nécessairement s'annuler s'il existe une solution commune et qui, réciproquement, devra révéler l'existence ou la non-existence d'une solution commune, selon qu'elle s'annulera ou qu'elle ne s'annulera pas.

A cet effet, désignons par $\alpha_1\alpha_2\ldots\alpha_m$ et par $\beta_1\beta_2\ldots\beta_n$ respectivement les racines des équations $\varphi = 0$ et $\psi = 0$. On aura

$$(3) \qquad \varphi = a_0(x-\alpha_1)(x-\alpha_2)\ldots(x-\alpha_m) = 0,$$
$$(4) \qquad \psi = b_0(x-\beta_1)(x-\beta_2)\ldots(x-\beta_m) = 0.$$

Il est clair maintenant que si φ et ψ admettent une racine commune, une quelconque des racines (α) et une seule, telle que α_i, pourra et devra être égale à une quelconque et à une seule des racines (β), telle que β_j. Ainsi donc il faut qu'une et une seule des différences quelconques des racines $\alpha_i = \beta_j$ s'annule. Par conséquent, si l'on forme le produit de toutes ces différences, le produit devra s'annuler, puisqu'un de ses facteurs devra nécessairement s'évanouir. Réciproquement, si ce produit s'annule, un des facteurs au moins devra se réduire à zéro et, par conséquent, il y aura au moins une solution commune aux deux équations ; et si aucun de ses facteurs ne s'annule, le produit ne s'annulera pas non plus, ce qui nous suffit. Le produit donc

$$(5) \quad \left\{ \begin{aligned} R = a_0^{\,n} b_0^{\,m}(\alpha_1-\beta_1)(\alpha_2-\beta_1)\ldots(\alpha_m-\beta_1), \\ (\alpha_1-\beta_2)(\alpha_2-\beta_2)\ldots(\alpha_m-\beta_2), \\ (\alpha_1-\beta_3)(\alpha_2-\beta_3)\ldots(\alpha_m-\beta_3), \\ \cdots\cdots\cdots\cdots\cdots\cdots \\ (\alpha_1-\beta_n)(\alpha_2-\beta_n)\ldots(\alpha_m-\beta_n), \end{aligned} \right.$$

qui d'ailleurs est une fonction des coefficients (a), (b), puisqu'il est une fonction symétrique des racines de chaque équation, sera bien la fonction cherchée et définie ci-dessus. Mais à présent, toute fonction des coefficients, telle que R′, qu'on aura trouvée pour le résultat d'élimination par un procédé quelconque, coïncidera-t-elle avec R, ou n'en différera-t-elle que par un facteur, fonction, lui aussi, des coefficients? C'est ce que nous allons examiner.

Il est d'abord évident qu'une résultante R′ quelconque sera bien de la forme QR, Q étant une fonction des coefficients, qui pourra se réduire à l'unité. En effet, comme nous l'avons déjà remarqué, dès que nous supposons une solution commune aux deux équations, R′ et R doivent s'évanouir en même temps. Or, si R′ était distinct de R, de manière à ne pas le contenir en facteur, on pourrait concevoir qu'on extraie de l'équation R′ $=0$ la valeur d'un coefficient en fonction des autres, et qu'on la porte dans R; et comme, par hypothèse, R′ et R ne fourniraient pas pour ce coefficient la même expression, la fonction R, après la substitution, ne serait plus identiquement nulle, et, par conséquent, les deux équations proposées n'admettraient pas une solution commune, ce qui serait contraire à notre hypothèse.

Ce raisonnement ne souffrirait d'exception que lorsqu'on supposerait R décomposable en deux ou plusieurs facteurs, car alors R′ et R pourraient s'annuler simultanément, sans que R′ contienne R en facteur. Mais, comme M. Cauchy l'a démontré (*Exercices d'analyse,* t. Ier, 1840), en supposant aux coefficients toute leur généralité, R ne peut être décomposable en facteurs, fonctions de ces mêmes coefficients.

Car, supposons pour le moment $R = L.P$, L et P étant deux fonctions des coefficients. Comme on doit avoir en même temps $LP = a_0{}^n b_0{}^m \Pi(\alpha_i - \beta_j)$, il faudra que, en posant $\alpha_i = \beta_j$, l'une des deux fonctions, par exemple P, s'annule ; elle contiendra donc le facteur $\alpha_i - \beta_j$. Mais P, étant par hypothèse une fonction entière des coefficients, sera une fonction symétrique des racines (α) et (β), et, par conséquent, elle ne pourra être divisible par $\alpha_i - \beta_j$, à moins de l'être par toutes les différences possibles des racines α et β, c'est-à-dire par toutes les mn différences $\alpha_i - \beta_j$. C'est ce qui arriverait lorsqu'on admettrait des relations entre les racines ou, ce qui revient au même, entre les coefficients. Ainsi la résultante $R = (a_2 - b_2)^2$ des équations $x^2 + a_1 x + a_2 = 0$, $x^2 + b_1 x + b_2 = 0$, pour $a_1 = b_1 = 0$, peut bien se partager en deux facteurs L et P, égaux chacun à $a_2 - b_2$, et P sera fonction symétrique des racines des équations, sans contenir forcément leurs 4 différences en facteurs. Cela s'explique en observant qu'à cause des relations

$$\alpha_1 + \alpha_2 = 0, \quad \beta_1 + \beta_2 = 0,$$

il vient $\quad \alpha_1 - \beta_1 = -(\alpha_2 - \beta_2), \quad \alpha_1 - \beta_2 = -(\alpha_2 - \beta_1),$

et il suffit, par conséquent, que P soit le produit des deux différences pour qu'il soit divisible par toutes. Mais, en laissant les coefficients quelconques, on voit bien que P devra coïncider avec R. En restant donc dans cette hypothèse, R′ sera nécessairement de la forme QR. La vraie condition donc qui annonce la coexistence ou la non-coexistence des équations proposées est l'équation R = 0. Nous sommes conduits par là à en considérer de plus près ses propriétés, comme nous ferons ci-après.

Nous avons dit que R, étant une fonction symétrique des racines, est une fonction entière des coefficients (a), (b). Voici la manière de le démontrer et d'en trouver même la forme. On voit d'abord, selon que l'on considère la fonction R partagée en lignes horizontales ou verticales, qu'elle est indifféremment susceptible des deux expressions suivantes :

$$(6) \qquad R = a_0^{\,n} \psi(\alpha_1)\, \psi(\alpha_2)\ldots \psi(\alpha_m),$$
$$(7) \qquad R = (-)^{mn} b_0^{\,m} \varphi(\beta_1)\, \varphi(\beta_2)\ldots \varphi(\beta_n).$$

Ces deux expressions rentrent dans le cas général contemplé par le théorème page 20, en y posant $i = m$ ou $i = n$, et en choisissant convenablement les fonctions. Par suite donc de ce même théorème, on obtiendra celui-ci :

La fonction R définie par l'équation (5) est une fonction homogène et de degré n *par rapport aux coefficients* (a), *homogène et de degré* m *par rapport aux coefficients* (b), *isobarique et de poids* mn *par rapport en même temps aux coefficients* (a) *et* (b).

Par le théorème précédent nous possédons maintenant un *criterium* pour juger si R′ se réduit à R, ou s'il le contient en facteur. Car, puisque R doit être de degré $m+n$ par rapport à l'ensemble des coefficients des deux équations, toutes les fois que R′ ne sera pas de ce degré, il sera nécessairement de la forme QR, et le facteur Q se trouvera aisément en comparant les degrés et les poids de R′ et de R ; la question posée au n° 2 se trouve résolue, et nous pouvons énoncer ce théorème :

Toute fonction des coefficients de degré $m+$ n, *résultante de l'élimination opérée sur les équations* ϕ *et* ψ *par un procédé quelconque, ne pourra différer de* R *que par un facteur numérique, et, par conséquent, elle pourra être prise pour cette même fonction* R.

La considération seule de l'équation (5) nous offre encore un théorème relatif à la forme de la résultante, qui mérite d'être exposé ici :

En supposant n $=$ m, *les termes de la fonction* R, *qui se déduisent les uns des autres par l'échange des coefficients d'une équation avec ceux correspondants de l'autre* (*), *ou par l'échange des coefficients équidistants des extrêmes appartenant à une même équation, auront les mêmes coefficients numériques, précédés du même signe ou de signe contraire, suivant que* m *sera pair ou impair.*

Il s'ensuit que quand m sera pair, un même coefficient pourra multiplier quatre termes, tous de même signe, et deux positifs et deux négatifs, lorsque m sera impair. Cela ressortira mieux dans les exemples que nous donnerons plus tard.

Démonstration. Changeons α en β, et réciproquement, ce qui équivaut à permuter dans les équations proposées, les coefficients correspondant ensemble ; la différence $\alpha_i - \beta_j$, qui entre dans l'expression (5) de R , deviendra $\beta_i - \alpha_j = -(\alpha_j - \beta_i)$. Par cet échange, chaque différence qui entre dans R sera multipliée par -1, et R acquerra le facteur $(-1)^{m^2}$. Pareillement, changeons α, β en $\frac{1}{\alpha}$, $\frac{1}{\beta}$ respectivement, ce qui équivaut à changer entre eux les coefficients équidistants des extrêmes dans les proposées, la différence $\alpha_i - \beta_j$ se changera en $\frac{\alpha_i - \beta_j}{\alpha_i \beta_j}$; et comme $a_0{}^m b_0{}^m$ se changera en $a_m{}^m b_m{}^m$, la résul-

---

(*) Nous entendons par *coefficients correspondants* ceux qui, dans les deux équations, affectent la même puissance de x.

28   THÉORIE GÉNÉRALE DE L'ÉLIMINATION.

tante R acquerra de même le facteur $(-1)^{m^2}$. Ainsi, dans les deux cas, R deviendra $\pm R$, suivant que m sera pair ou impair.

On peut déjà se servir de ces deux théorèmes pour écrire facilement la forme littérale de la résultante.

Supposons, en effet, qu'on ait écrit sur une première ligne A tous les facteurs en (a) de poids p ; on trouvera tous les autres du poids complémentaire $q = m^2 - p$, en changeant dans les premiers le coefficient quelconque a_i dans son symétrique a_{m-i}, et puis en changeant les coefficients ainsi obtenus dans ceux correspondants en (b) ; on formera ainsi une seconde ligne B contenant tous les facteurs en (b) de poids q. Il est évident que les produits de ces deux lignes fourniront autant de termes de la résultante. Maintenant, si dans ces deux lignes on change respectivement les coefficients (a) dans leurs correspondants (b), et réciproquement, on obtiendra deux nouvelles lignes B′ et A′, la première en (b) de poids p, et l'autre en (a) de poids q, qui, multipliées ensemble, fourniront tous les termes de la résultante de poids p en (b). Les deux premières lignes A et B pourraient occuper les deux côtés contigus d'un tableau, et les deux autres A′, B′, les deux autres côtés ; et en supposant le tableau divisé en autant de lignes et de colonnes que de termes de poids p, les petits carreaux correspondant au produit de deux facteurs (a) et (b) pourraient être remplis par les coefficients numériques respectifs, déterminés ou à déterminer. Alors la résultante se trouverait écrite d'une manière bien abrégée et sous la forme d'une série des tableaux, dont il ne resterait plus qu'à calculer les coefficients. Supposons, par exemple, $m = 3$, $m = 4$. On trouvera, dans le premier cas, pour les termes du poids 4 en (a) et (b) :

Premier cas ($m = 3$) :

A	$b_0 b_2 b_3$	$b_1^2 b_3$	$b_1 b_2^2$	B
$a_0 a_1 a_3$	−1 / 0	−2 / 0	+1 / −1	$b_1^2 b_2$
$a_0 a_2^2$	−2 / 0	+1 / −1	0 / +2	$b_0 b_2^2$
$a_1^2 a_2$	+1 / −1	0 / +2	0 / +1	$b_0 b_1 b_3$
C	$a_1 a_2^2$	$a_1^2 a_3$	$a_0 a_2 a_3$	D

Second cas ($m = 4$) :

A	$b_0 b_4^3$	$b_1 b_3 b_4^2$	$b_2^2 b_4^2$	$b_2 b_3^2 b_4$	b_3^4	B
$a_0 a_4$	−4 / 0	4 / 0	2 / 0	−4 / 0	1	b_1^4
$a_0^2 a_1 a_3$	4 / 0	−1 / 0	−2 / 0	1	0 / −4	$b_0 b_1^2 b_2$
$a_0^2 a_2^2$	2 / 0	−2 / 0	1	0 / −2	0 / 2	$b_0^2 b_2^2$
$a_0 a_1^2 a_2$	−4 / 0	1	0 / −2	0 / −1	0 / 4	$b_0^2 b_1 b_3$
a_1^4	1	0 / −4	0 / 2	0 / 4	0 / −4	$b_0^4 b_4$
C	a_3^4	$a_2 a_3^2 a_4$	$a_2^2 a_4^2$	$a_1 a_3 a_4^2$	$a_0 a_4^3$	D

où les coefficients supérieurs se rapportent aux produits des lignes contiguës au sommet A, et les coefficients inférieurs à ceux des lignes contiguës au sommet D. On remarquera alors que, d'après le théorème (page 27), dans le cas de $m = 3$, les coefficients sont de même signe ou de signe contraire, suivant qu'ils sont symétriquement placés par rapport aux diagonales AD ou BC; tandis que pour $m = 4$ ils sont tous de même signe.

Mieux éclairés à présent sur la nature de la résultante, nous pourrons en toute sûreté passer en revue les différentes méthodes qui ont été proposées pour la trouver.

§ II.

Exposition de différentes méthodes d'élimination fondées sur l'emploi des fonctions symétriques des racines.

1. La première méthode qui naturellement se présente pour calculer R, dont l'expression peut se mettre sous les deux formes :

$$
(1) \quad \left\{ \begin{aligned}
&\mathrm{R} = a_0{}^n(b_0\alpha_1{}^n + b_1\alpha_1{}^{n-1} + b_2\alpha_1{}^{n-2}\ldots + b_n), \\
&\quad (b_0\alpha_2{}^n + b_1\alpha_2{}^{n-1} + b_2\alpha_2{}^{n-2}\ldots + b_n), \\
&\quad \cdots\cdots\cdots\cdots\cdots\cdots\cdots \\
&\quad (b_0\alpha_m{}^n + b_1\alpha_m{}^{n-1} + b_2\alpha_m{}^{n-2}\ldots + b_n),
\end{aligned} \right.
$$

ou

$$
(2) \quad \left\{ \begin{aligned}
&\mathrm{R} = b_0{}^m(a_0\beta_1{}^m + a_1\beta_1{}^{m-1} + a_2b_1{}^{m-2} + \ldots + a_m), \\
&\quad (a_0\beta_2{}^m + a_1\beta_2{}^{m-1} + a_2\beta_2{}^{m-2} + \ldots + a_m), \\
&\quad \cdots\cdots\cdots\cdots\cdots\cdots\cdots \\
&\quad (a_0\beta_n{}^m + a_1\beta_n{}^{m-1} + a_2\beta_n{}^{m-2} + \ldots + a_m),
\end{aligned} \right.
$$

consiste à faire précisément l'un de ces deux produits, et à calculer ensuite, en fonction des coefficients de φ ou de ψ, les diverses fonctions symétriques des racines dont les formes générales seront

$$
\sum \alpha_1{}^p \alpha_2{}^q \alpha_3{}^r \ldots, \quad \text{ou} \quad \sum \beta_1{}^p \beta_2{}^q \beta_3{}^r \ldots,
$$

et que nous avons appris à calculer dans le chapitre Ier.

Mais cette méthode est extrêmement laborieuse, et il faut voir, dans l'*Analyse des lignes courbes* par Cramer, quels pénibles efforts elle a coûté à ce géomètre pour arriver à déterminer de cette manière la fonction R, pour les cas même les plus simples. S'il avait connu les formules et les théorèmes du chapitre Ier, ses calculs auraient été déjà de beaucoup simplifiés. Malgré, cependant, les avantages qu'on pourrait tirer maintenant de tout ce que nous avons dit dans ce chapitre, des simplifications plus importantes et propres à la nature de la fonction R ont été proposées par les géomètres, de manière à constituer pour ainsi dire de nouvelles méthodes.

2. *Méthode logarithmique de Lagrange.* Soient s_{-1}, s_{-2}, s_{-3},... les sommes des puissances 1, 2, 3..., des racines réciproques de l'équation $\varphi = 0$; et σ_1, σ_2, σ_3,... celles des puissances 1, 2, 3,... des racines de l'équation $\psi = 0$, et posons

$$(3) \qquad r = \sigma_1 s_{-1} + \frac{1}{2}\sigma_2 s_{-2} + \frac{1}{3}\sigma_3 s_{-3} + \frac{1}{4}\sigma_4 s_{-4} + \ldots$$

On aura

$$(4) \qquad \frac{1}{a_m{}^n b_0{}^m}R = e^{-r} = 1 - r + \frac{r^2}{1.2} - \frac{r^3}{1.2.3} + \ldots,$$

pourvu que dans les opérations indiquées on néglige les termes dont les dimensions dépasseraient les nombres m ou n, par rapport aux coefficients des équations ψ ou φ.

Il est évident qu'en changeant φ en ψ, et *vice versâ*, on aura une autre expression de r, qui conduira aussi au même résultat.

La formule (4) se démontre aisément en observant qu'on a, d'après l'équation (5) du paragraphe précédent :

$$\log R = \log a_0{}^n b_0{}^m + n \log \alpha_1 \alpha_2 \ldots \alpha^m,$$
$$+ \log\left(1 - \frac{\beta_1}{\alpha_1}\right) + \log\left(1 - \frac{\beta_2}{\alpha_1}\right) + \ldots + \log\left(1 - \frac{\beta_n}{\alpha_1}\right),$$
$$+ \log\left(1 - \frac{\beta_1}{\alpha_2}\right) + \log\left(1 - \frac{\beta_2}{\alpha_2}\right) + \ldots + \log\left(1 - \frac{\beta_n}{\alpha_2}\right),$$
$$\cdot \quad \cdot \quad \cdot \quad \cdot \quad \cdot \quad \cdot \quad \cdot \quad \cdot \quad \cdot \quad \cdot \quad \cdot \quad \cdot \quad \cdot \quad \cdot$$
$$+ \log\left(1 - \frac{\beta_1}{\alpha_m}\right) + \log\left(1 - \frac{\beta_2}{\alpha_m}\right) + \ldots + \log\left(1 - \frac{\beta_n}{\alpha_m}\right),$$

ou

$$\log R = \log a_m{}^n b_0{}^m + \sum \beta \cdot \sum \frac{1}{\alpha} + \frac{1}{2}\sum \beta^2 \sum \frac{1}{\alpha^2} + \ldots$$

Cherchons, par exemple, la résultante des deux équations

$$ax^2 + bx + c = 0,$$
$$a'x^2 + b'x + c' = 0.$$

On aura

$$s_{-1} = -\frac{b}{c}, \qquad \sigma_1 = -\frac{b'}{a'},$$
$$s_{-2} = \frac{b^2}{c^2} - \frac{2a}{c}, \qquad \sigma_2 = \left(\frac{b'}{a'}\right)^2 - \frac{2c'}{a'},$$

et, par la formule ci-dessus,

$$\frac{1}{c^2 a'_2} R = 1 - \sigma_1 s_{-1} + \frac{1}{2}\left(-\sigma_2 s_{-1} + \sigma_2^2 s_{-1}^2 - \sigma_1 s_{-1}\sigma_2 s_{-2}\right)$$
$$- \frac{1}{3}\sigma_3 s_{-3} - \frac{1}{4}\sigma_4 s_{-4} + \frac{1}{8}\sigma_2^2 s_{-2}^2,$$

dont les quatre derniers termes fourniront à chacun un terme utile seulement. On arrivera ainsi, toute réduction faite, à l'expression connue

$$(5) \qquad R = (ac' - a'c)^2 - (ab' - a'b)(bc' - b'c).$$

5. *Méthode de M. Cauchy.* Soient $s_1, s_2, s_3, \ldots$ et $\sigma_1, \sigma_2, \sigma_3, \ldots$ les sommes des puissances semblables des racines des équations $\varphi = 0$ et $\psi = 0$. Posons

$$(6) \qquad S_i = s_i - \frac{i}{1} s_{i-1}\sigma_1 + \frac{i(i-1)}{1.2} s_{i-2}\sigma_2 - \ldots \pm \sigma_i,$$

ou, sous forme symbolique,

$$s_i = (s - \sigma)^i, \quad \text{en supposant } s_0 = \sigma = 1.$$

On aura, sous la forme de déterminant,

$$(7) \quad 1.2.3\ldots(mn-1)mn R = \begin{vmatrix} S_1 & 1 & 0 & 0 \ldots 0 & 0 \\ S_2 & S_1 & 2 & 0 \ldots 0 & 0 \\ S_3 & S_2 & S_1 & 3 \ldots 0 & 0 \\ S_4 & S_3 & S_2 & S_1 \ldots 0 & 0 \\ \cdots & \cdots & \cdots & \cdots \\ \cdots & \cdots & \cdots & \cdots \\ S_{mn-1} & S_{mn-2} & S_{mn-3} & S_{mn-4} \ldots S_1 & mn-1 \\ S_{mn} & S_{mn-1} & S_{mn-2} & S_{mn-3} \ldots S_2 & S_1 \end{vmatrix}$$

En effet, R peut être considéré comme le dernier terme de l'équation aux différences des racines α et β. Mais on sait exprimer un coefficient quelconque au moyen des sommes des puissances semblables (voir la note, page 2), au moyen de cette formule.

Ainsi, la résultante R peut s'exprimer en fonction des sommes des puissances semblables des différences $\alpha - \beta$, dont le type est

$$S_i = \sum(\alpha - \beta)^i = \sum\alpha^i - \frac{i}{1}\sum\alpha^{i-1}\sum\beta + \frac{i(i-1)}{1.2}\sum\alpha^{i-2}\sum\beta^2 \pm \ldots$$

La formule (25), page 9, pourrait encore nous servir, et l'on aurait

$$R = \sum\frac{(-1)^{\lambda_1+\lambda_2+\ldots\lambda_{mn}}}{(\lambda_1)(\lambda_2)\ldots(\lambda_{mn})}\left(\frac{S_1}{1}\right)^{\lambda_1}\left(\frac{S_2}{2}\right)^{\lambda_2}\cdots\left(\frac{S_{mn}}{mn}\right)^{\lambda_{mn}}.$$

En mettant pour les fonctions S leurs valeurs fournies par la (6), R prendra la forme

$$(8) \qquad R = \sum C s_1^{h_1} s_2^{h_2} s_3^{h_3}\ldots s_{mn}^{h_{mn}} \sigma_1^{k_2}\sigma_3^{k_3}\ldots\sigma_{mn}^{k_{mn}},$$

C étant un coefficient numérique variable d'un terme à l'autre, et les exposants (h), (k) étant soumis aux conditions

$$(9) \qquad \begin{cases} h_1 + h_2 + \ldots h_{mn} + k_1 + k_2 + k_{mn} = mn, \\ h_1 + k_1 + 2(h_2 + k_2)\ldots + mn(h_{mn} + k_{mn}) = mn ; \end{cases}$$

d'où il suit que *la résultante est homogène et de degré* mn, *isobarique et de poids* mn *par rapport aux sommes* s *et* σ.

Les calculs cependant qu'exigent ces méthodes, quoique le quatrième théorème (page 10) nous fournisse maintenant le moyen de dégager de ces formules tous les termes inutiles, seront encore bien laborieux.

Il importe donc de voir comment on peut se passer des fonctions symétriques. Ce sera l'objet des paragraphes suivants.

§ III.

Méthodes d'élimination, par lesquelles la recherche de la résultante est réduite à trouver celle d'un système d'équations linéaires.

1. La méthode que nous allons d'abord exposer est celle qu'Euler et Bezout ont donnée les premiers. Soient, comme avant,

$$(1) \qquad \varphi = a_0 x^m + a_1 x^{m-1} + a_2 x^{m-2} + a_3 x^{m-3} + \ldots + a_m = 0,$$

$$(2) \qquad \psi = b_0 x^n + b_1 x^{n-1} + b_2 x^{n-2} + b_3 x^{n-3} + \ldots + b_n = 0,$$

les deux équations entre lesquelles on doit éliminer la variable x. Multiplions la première par un polynome de la forme

$$(3) \qquad \Phi = A_0 x^{n-1} + A_1 x^{n-2} + \ldots + A_{n-1},$$

et la seconde par un autre en x de la forme

$$(4) \qquad \Psi = B_0 x^{m-1} + B_1 x^{m-2} + B_2 x^{m-1} + \ldots + B_{m-1},$$

et composons la fonction $\Phi\varphi + \Psi\psi$, dont le degré sera $m+n-1$. Cette fonction, pour une racine x commune à φ et à ψ, s'évanouira en même temps que les deux fonctions proposées. Or, puisque parmi les coefficients $(A_0, A_1, A_2, \ldots, A_{n-1}; B_0, B_1, B_2, \ldots, B_{m-1})$ il y en a $m+n-1$ arbitraires, on pourra s'en servir pour annuler tous les coefficients des $m+n-1$ puissances de x dans cette nouvelle fonction. Mais la fonction des coefficients, qui restera avec le dernier terme en x^0, conservera encore la propriété de s'évanouir avec φ et ψ; si donc elle est de degré $m+n$, ce sera bien notre résultante dépourvue de tout facteur étranger.

Or, en général, le coefficient de $x^{m+n-1-i}$, dans la fonction

$$\begin{aligned}
\Phi\varphi + \Psi\psi = {}& (A_0 x^{n-1} + A_1 x^{n-2} + \ldots + A_i x^{n-i-1} + \ldots + A_{n-1}) \\
& \times (a_0 x^m + a_1 x^{m-1} + \ldots + a_i x^{m-i} + \ldots + a_m) \\
& + (B_0 x^{m-1} + B_1 x^{m-2} + \ldots + B_i x^{m-i-1} + \ldots + B_{m-1}) \\
& \times (b_0 x^n + b_1 x^{n-1} + \ldots + b_i x^{n-i} + \ldots + b_n),
\end{aligned}$$

sera

$$(5) \qquad \left\{ \begin{aligned}
& A_0 a_i + A_1 A_{i-1} + A_2 a_{i-2} + \ldots + A_i a_0 \\
& + B_0 b_i + B_1 b_{i-1} + B_2 b_{i-2} + \ldots + B_i b_0.
\end{aligned} \right.$$

En faisant donc varier i depuis 0 jusqu'à $m+n-1$, on aura les $m+n-1$ équations

$$(6) \left\{ \begin{aligned}
& A_0 a_0 && + B_0 b_0 && = 0 \\
& A_0 a_1 + A_1 a_0 && + B_0 b_1 + B_1 b_0 && = 0 \\
& A_0 a_2 + A_1 a_1 + A_2 a_0 && + B_0 b_2 + B_1 b_1 + B_2 b_0 && = 0 \\
& A_0 a_3 + A_1 a_2 + A_2 a_1 + A_3 a_0 && + B_0 b_3 + B_1 b_2 + B_2 b_1 + B_3 b_0 && = 0 \\
& \cdots \cdots \cdots \cdots \cdots \cdots && && \\
& A_0 a_i + A_1 a_{i-1} + A_2 a_{i-2} + \cdots && + B_0 b_i + B_1 b_{i-1} + B_2 b_{i-2} + \cdots && = 0 \\
& \cdots \cdots \cdots \cdots \cdots \cdots && && \\
& \qquad A_{n-2} a_m + A_{n-1} a_{m-1} && + B_{m-2} b_n + B_{m-1} b_{n-1} && = 0 \\
& \qquad A_{n-1} a_m && + B_{m-1} b_n && = 0
\end{aligned} \right.$$

Ces $m+n$ équations peuvent être supposées contenir les $m+n$ inconnues $(A_0 A_1, \ldots, A_m ; B_0 B_1, \ldots, B_n)$. Par suite, à l'aide d'un théorème connu, la fonction restante cherchée sera le déterminant

$$
(7) \quad
\begin{vmatrix}
a_0 & 0 & 0 & 0 \ldots & 0 & 0 & b_0 & 0 & 0 & 0 \ldots & 0 & 0 \\
a_1 & a_0 & 0 & 0 \ldots & 0 & 0 & b_1 & b_0 & 0 & 0 \ldots & 0 & 0 \\
a_2 & a_1 & a_0 & 0 \ldots & 0 & 0 & b_2 & b_1 & b_0 & 0 \ldots & 0 & 0 \\
\cdot & \cdot & \cdot & \cdot \ldots & 0 & 0 & \cdot & \cdot & \cdot & \cdot & \cdot & \cdot \\
a_i & a_{i-1} & a_{i-2} & a_{i-3} \ldots & 0 & 0 & b_i & b_{i-1} & b_{i-2} & b_{i-3} \ldots & 0 & 0 \\
\cdot & \cdot & \cdot & \cdot & \cdot & \cdot & \cdot & \cdot & \cdot & \cdot & \cdot & \cdot \\
0 & 0 & 0 & 0 \ldots & a_m & a_{m-1} & 0 & 0 & 0 & 0 \ldots & b_n & b_{n-1} \\
0 & 0 & 0 & 0 \ldots & 0 & a_m & 0 & 0 & 0 & 0 \ldots & 0 & b_n
\end{vmatrix},
$$

et comme il est évidemment de degré $m+n$, il représentera bien la résultante en question.

En faisant faire à ce déterminant un demi-tour et en le retournant sens dessus dessous, on voit que cette résultante est identique à celle fournie par le déterminant suivant :

$$
(8) \quad
\begin{vmatrix}
a_0 & a_1 & a_2 & a_3 \ldots & & & a_{m-1} & a_m & 0 & 0 & 0 \ldots & & & 0 \\
0 & a_0 & a_1 & a_2 \ldots & & & a_{m-2} & a_{m-1} & a_m & 0 & 0 \ldots & & & 0 \\
0 & 0 & a_0 & a_1 \ldots & & & a_{m-3} & a_{m-2} & a_{m-1} & a_m & 0 \ldots & & & 0 \\
0 & 0 & 0 & a_0 \ldots & & & a_{m-4} & a_{m-3} & a_{m-2} & a_{m-1} & a_m & \ldots & & 0 \\
\cdot & \cdot & \cdot & \cdot & \cdot & \cdot & \cdot & \cdot & \cdot & \cdot & \cdot & \cdot & \cdot & \cdot \\
0 & 0 & 0 & 0 \ldots & a_0 & a_1 & a_2 & a_3 & a_4 & a_5 \ldots & a_{m-1} & a_m & 0 \\
0 & 0 & 0 & 0 \ldots & 0 & a_0 & a_1 & a_2 & a_3 & a_4 \ldots & a_{m-2} & a_{m-1} & a_m \\
b_0 & b_1 & b_2 & b_3 \ldots & b_n & 0 & 0 & 0 & 0 & 0 \ldots & 0 & 0 & 0 \\
0 & b_0 & b_1 & b_2 \ldots & b_{n-1} & b_n & 0 & 0 & 0 & 0 \ldots & 0 & 0 & 0 \\
0 & 0 & b_0 & b_1 \ldots & b_{n-2} & b_{n-2} & b_n & 0 & 0 & 0 \ldots & 0 & 0 & 0 \\
0 & 0 & 0 & b_0 \ldots & b_{n-3} & b_{n-2} & b_{n-1} & b_n & 0 & 0 \ldots & 0 & 0 & 0 \\
\cdot & \cdot & \cdot & \cdot & \cdot & \cdot & \cdot & \cdot & \cdot & \cdot & \cdot & \cdot & \cdot & \cdot \\
0 & 0 & 0 & 0 \ldots & b_0 & b_1 & b_2 & b_3 & b_4 & b_5 \ldots & b_{n-1} & b_n & 0 \\
0 & 0 & 0 & 0 \ldots & 0 & b_0 & b_1 & b_2 & b_3 & b_4 \ldots & b_{n-2} & b_{n-1} & b_n
\end{vmatrix},
$$

dont la loi de formation est plus facile et pourrait se formuler ainsi :
1° Écrivez n *suites des coefficients de l'équation de degré* m*; l'une au-dessous de l'autre, en avançant chaque suite d'un rang à droite;
2° après ces* n *suites, et vis-à-vis de la première suite, écrivez* m *suites des coefficients de l'équation de degré* n*, l'une au-dessous de l'autre, en les avançant pareillement à droite d'un rang ; 3° remplissez toutes*

les places vides par des zéros; l'ensemble des lignes constituera le dé-
terminant cherché.

Pour fixer les idées, supposons $m = 4$, $n = 3$, on aura :

$$R = \begin{vmatrix} a_0 & a_1 & a_2 & a_3 & a_4 & 0 & 0 \\ 0 & a_0 & a_1 & a_2 & a_3 & a_4 & 0 \\ 0 & 0 & a_0 & a_1 & a_2 & a_3 & a_4 \\ b_0 & b_1 & b_2 & b_3 & 0 & 0 & 0 \\ 0 & b_0 & b_1 & b_2 & b_3 & 0 & 0 \\ 0 & 0 & b_0 & b_1 & b_2 & b_3 & 0 \\ 0 & 0 & 0 & b_0 & b_1 & b_2 & b_3 \end{vmatrix},$$

qui sera une fonction de troisième degré par rapport aux coefficients
(a) et de quatrième degré par rapport aux coefficients (b), comme
cela devait être.

2. Observons maintenant que si l'on avait éliminé des équations
suivantes :

$$(9) \quad \begin{cases} x^{n-1}\,\varphi = 0 \\ x^{n-2}\,\varphi = 0 \\ x^{n-3}\,\varphi = 0 \\ \quad \cdots \cdots \\ x\,\varphi = 0 \\ \varphi = 0 \\ x^{m-1}\,\psi = 0 \\ x^{m-2}\,\psi = 0 \\ x^{m-3}\,\psi = 0 \\ \quad \cdots \cdots \\ x\,\psi = 0 \\ \psi = 0 \end{cases}$$

les $m + n$ puissances de x,

$$x^{m+n-1}, \quad x^{m+n-2}, \quad x^{m+n-3}, \quad \ldots, \quad x^3, \quad x^2, \quad x^1, \quad x^0,$$

en les considérant comme des inconnues, on aurait obtenu précisément la résultante sous la forme (8). Ces équations, en effet, subsistent en même temps que les proposées, et dès que l'on suppose à

celles-ci une racine commune, il faut, pour qu'elles coexistent sans que x s'annule, que le résultat de l'élimination des puissances x^0, x^1, x^2, ..., x^{m+n-1}, considérées comme des inconnues, s'annule. En les multipliant d'ailleurs par des constantes arbitraires A_0, A_1, etc., et en les ajoutant sous la condition que ces constantes annulent les coefficients des puissances diverses de x, on reproduira les équations (6).

Le procédé d'élimination fondé sur les équations (9) et donné par M. Sylvester n'est ainsi qu'une transformation, et comme un retournement de la méthode d'Euler. Mais l'avantage de ce procédé, c'est de pouvoir s'appliquer avec plus de facilité à un nombre plus grand d'équations à plusieurs inconnues, comme on verra dans la suite.

3. Voici encore une méthode propre à fournir les conditions pour que les deux équations proposées φ et ψ aient une ou plusieurs racines communes. Supposons qu'il ne s'agisse, pour le moment, que d'une seule racine α, et posons $n = m$. Il faudra évidemment que l'on ait

$$(10) \qquad \varphi = (x - \alpha)(p_0 x^{m-1} + p_1 x^{m-2} + \ldots + p_{m-1}),$$
$$(11) \qquad \psi = (x - \alpha)(q_0 x^{m-1} + q_2 x^{m-2} + \ldots + q_{m-1});$$

et alors, en éliminant le facteur $x - \alpha$, il viendra l'équation

$$(a_0 x^m + a_1 x^{m-1} + a_2 x^{m-2} + \ldots + a_{m-1})(q_0 x^{m-1} + q_1^{m-2} + \ldots + q_{m-1})$$
$$= (b_0 x^m + b_1 x^{m-1} + \ldots + b_m)(p_0 x^{m-1} + p_1 x^{m-2} + \ldots + p_{m-1}),$$

qui, devant être identique, fournira les équations de condition

$$(12) \qquad \begin{cases} 0 = q_0 a_0 - p_0 b_0 = 0, \\ 0 = q_0 a_1 + p_0 b_1 - p_1 b_1 - p_1 b_0, \\ 0 = q_0 a_2 + q_1 a_1 + q_0 a_2 - p_0 b_2 - p_1 b_1 - p_0 b_2, \\ \cdot\;\cdot\;\cdot\;\cdot\;\cdot\;\cdot\;\cdot\;\cdot\;\cdot\;\cdot\;\cdot\;\cdot\;\cdot\;\cdot\;\cdot\;\cdot \\ 0 = q_{m-1} a_m - p_{m-1} b_m. \end{cases}$$

Par suite, l'élimination des quantité (p) et (q) conduira à un déterminant de la forme

$$(13) \quad \begin{vmatrix}
a_0 & a_1 & a_2 & a_3 \ldots a_{m-1} & a_m & 0 & 0 & \ldots 0 & 0 \\
b_0 & b_1 & b_2 & b_3 \ldots b_{m-1} & b_m & 0 & 0 & \ldots 0 & 0 \\
0 & a_0 & a_1 & a_2 \ldots a_{m-2} & a_{m-1} & a_m & 0 & \ldots 0 & 0 \\
0 & b_0 & b_1 & b_2 \ldots b_{m-2} & b_{m-1} & b_m & 0 & \ldots 0 & 0 \\
0 & 0 & a_0 & a_1 \ldots a_{m-3} & a_{m-2} & a_{m-1} & a_m & \ldots 0 & 0 \\
0 & 0 & b_0 & b_1 \ldots b_{m-3} & b_{m-2} & b_{m-1} & b_m & \ldots 0 & 0 \\
\cdot & \cdot & \cdot & \cdot \quad \cdot \quad \cdot & \cdot & \cdot & \cdot & \cdot \quad \cdot & \cdot \\
0 & 0 & 0 & 0 \ldots a_0 & a_1 & a_2 & a_3 & \ldots a_{m-1} & a_m \\
0 & 0 & 0 & 0 \ldots b_0 & b_1 & b_2 & b_3 & \ldots b_{m-1} & b_m
\end{vmatrix}$$

plus *mnémonique* en quelque sorte que les précédents, et qui sera la résultante cherchée.

4. C'est à l'aide de ces méthodes que j'ai calculé les résultantes des équations

$$(14) \quad \begin{cases} ax^3 + bx^2 + cx + d = 0, \\ px^3 + qx^2 + rx + s = 0, \end{cases}$$

et

$$(15) \quad \begin{cases} ax^4 + bx^3 + cx^2 + dx + e = 0, \\ px^4 + qx^3 + rx^2 + sx + t = 0, \end{cases}$$

que je rapporterai ici telles que je les ai données dans les *Annales de Tortolini*. En les appelant respectivement R_3, R_4, on a

$$(16) \quad \begin{aligned}
R_3 = {} & as^3 - p^3d^3 + ac^2q^2s - b^2dpr^2 + ad^2q^3 - b^3s^2p + 2(b^3d^2p^2r - a^2cps^2) \\
& + c^3p^2s - r^3a^2d + a^2cr^2s - c^2dp^2r + c^2dp^2q - a^2brs^2 \\
& + ab^2qs^2 - bd^2pq^2 + 3(ad^2p^2s - a^2dps^2) + bcdpqr - abcqrs \\
& + acdpqs - abdprs + 1(abdqr^2 - bc^2pqs + b^2cprs - acdq^2r) \\
& + 2(acdpr^2 - ac^2prs + b^2dpqs - abdq^2s) \\
& + 3(abcps^2 - ad^2pqr + a^2dqrs - bcdp^2s).
\end{aligned}$$

$$(17) \qquad R_4 = 6a^2c^2p^2t^2 + 10abde\,pqst + 4ac^2epr^2t$$

$+1$	$a^4t^4 + p^4e^4$		$+1$	$abcd\,qrst + bcde\,pqrs$
$+1$	$a^2c^2r^2t^2 + c^2e^2p^2r^2$		$+1$	$acd^2prs^2 + b^2ceq^2rt$
$+1$	$ac^2eq^2s^2 + b^2d^2pr^2t$		$+1$	$a^2e^2r^4 + c^4p^2t^2$
$+1$	$abd\,eqr^2s + bc^2d\,pqst$		-1	$a^3bst^3 + de^3p^3q$
$+1$	$a^2cd\,qrt^2 + bce^3p^2rs$		-1	$ade^2p^2qt + a^2be\,pst^2$

-1	$ab^2d\,qs^2t + bd^2epq^2s$	-2	$a^3crt^3 + ce^3p^3r$
-1	$abd\,eq^2s^2 + b^2d^2p\,qst$	-2	$ac^2eq^2rt + acd^2pr^2t$
-1	$a^2bc\,rst^2 + cde^2p^2qr$	$+3$	$a^2d^2q^2t^2 + b^2e^2p^2s^2$
-1	$a^2bd\,qst^2 + bde^3p^2qs$	-3	$a^3dqt^3 + be^3p^3s$
-1	$ac^2dqr^2t + bc^2epr^2s$	$+4$	$a^2e^2q^2rt + acd^2p^2t^2$
-1	$abde\,prs^2 + b^2cep\,qst$	$+4$	$a^2e^2prs^2 + b^2cep^2t^2$
-1	$b^3eps^3 + ad^3q^3t$	-4	$a^3ept^3 + ae^3p^3t$
-1	$ab^2eps^2t + ad^2epq^2t$	-4	$a^2e^2qr^2s + bc^2dp^2t^2$
-1	$abd\,eq^2rt + acd^2pqst$	-4	$ac^2ep^2t^2 + a^2e^2pr^2t$
$+2$	$ace^2p^2rt + a^2ceprt^2$	$+5$	$a^2de\,pqt^2 + abe^2p^2st$
$+2$	$a^2e^2q^2s^2 + b^2d^2p^2t^2$	-8	$abce\,prst + acdepqrt$
$+2$	$abd^2q^2st + pqs^2b^2de$	-8	$a^2e^2p\,qst + abd\,ep^2t^2$
-2	$ac^2eprs^2 + b^2cepr^2t$		

$+1$	$a^2b^2rt^3 + a^3cs^2t^2 + d^2e^2p^3r + ce^3p^2q^2$
$+1$	$a^3es^4 + d^4p^3t^3 + b^4pt^3 + ae^3q^4$
$+1$	$a^2bdrs^2t + cd^2ep^2qs + ab^3cqst^2 + bde^2pq^2r$
$+1$	$ab^2dpst^2 + a^2bcqs^2t + bd^2ep^2qt + ade^2pq^2s$
$+1$	$b^2c^2prt^2 + a^2cer^2s^2 + c^2d^2p^2rt + ace^2q^2r^2$
$+1$	$ac^3q^2t^2 + b^2e^2pr^3 + a^2d^2r^3t + p^2s^2r^3t$
$+1$	$abd^2prst + acd\,pqs^2 + abc\,eq^2st + b^2dep\,qrt$
$+1$	$ac^2d\,pqt^2 + abe^2pr^2s + a^2de\,qr^2t + bc^2ep^2st$
$+1$	$b^3dps^2t + ad^2eq^3s + ab^2eqs^3 + bd^3p^2q^2t$
-1	$a^3ds^3t + d^3ep^3s + ab^3qt^3 + be^3pq^3$
-1	$a^2bers^3 + cd^3p^2qt + b^3cpst^2 + ade^2q^3r$
-1	$abc^2qrt^2 + bce^2pqr^2 + a^2cdr^2st + c^2dep^2rs$
-1	$abd^2qr^2t + bc^2epqs^2 + ac^2dq^2st + b^2depr^2s$
-1	$abce\,qrs^2 + bcd^2pqrt + b^2cdprst + acd\,eq^2rs$
-1	$a^2der^3s + c^3dp^2st + bc^3pqt^3 + abe^2qr^3$
$+2$	$a^2er^2t^2 + c^2e^2p^3t + a^2c^2pt^3 + ae^3p^2r^2$
$+2$	$a^2cdqs^2t + bd^2ep^2rs + ab^2d\,qrt^2 + bce^2pq^2s$
$+2$	$a^2ce\,ps^2t + ad^2ep^2rt + ab^2eprt^2 + ace^2pq^2t$
$+2$	$a^2de\,prst + ac\,dep^2st + abce\,pqt^2 + abe^2pqrt$
$+2$	$abc\,eqr^2t + bc^2epqrt + ac^2dprst + acd\,epr^2s$

$$
\begin{array}{r|l}
-2 & a^2bdr^3t^2 + a^2c^2e^2p^2qs + a^2c^2qst^3 + bde^2p^2r^3 \\
-2 & a^2cer^3t + c^3ep^2rt + ac^3prt^2 + ace^2pr^3 \\
-2 & a^2ceqs^3 + bd^3p^2rt + b^3dprt^2 + ace^2q^3s \\
+3 & a^3drst^2 + cde^2p^3s + a^2bcqt^3 + be^3p^2qr \\
+3 & a^2ber^2st + c^2dep^2qt + abc^2pst^2 + ade^2pqr^2 \\
+3 & a^2d^2ps^2t + ad^2ep^2s^2 + ab^2eq^2t^2 + b^2e^2pq^2t \\
+3 & abceps^3 + ad^3pqrt + b^3eprst + acdeq^3t \\
+3 & a^2deqrs^2 + bcd^2p^2st + b^2cdpqt^2 + abc^2q^2rs \\
-3 & a^2ceq^2t^2 + b^2e^2p^2rt + a^2d^2prt^2 + ace^2p^2s^2 \\
-3 & a^2d^2qrst + bcdep^2s^2 + abcdq^2t^2 + b^2e^2pqrs \\
-3 & a^2beqrst + bcdepq^2t + abcdps^2t + ad^2epqrs \\
-3 & a^2deps^3 + ad^3p^2st + b^3epqt^2 + abe^2q^3t \\
+4 & a^2bdpt^3 + ae^3p^2qs + a^3eqst^3 + bde^2p^2qs \\
+4 & a^2ceqrst + bcdep^2rt + abcdprt^2 + ace^2pqrs \\
-5 & a^2beqrt^2 + bce^2p^2qt + a^2cdpst^2 + ade^2p^2rs \\
-5 & a^2deq^2st + b^2dep^2st + abd^2pqt^2 + abe^2pqs^2.
\end{array}
$$

5. Au moyen de ces mêmes formules et d'un théorème, dont nous parlerons plus tard, nous avons calculé les produits des carrés des différences des racines pour le quatrième et le cinquième degré. Supposons que les équations données soient

$$(18) \qquad ax^4 + 4bx^3 + 6cx^2 + 4dx + e = 0,$$
$$(19) \qquad ax^5 + 5bx^4 + 10cx^3 + 10dx^2 + 5ex + f = 0,$$

et appelons Δ_4, Δ_5 les produits respectifs ; on aura

$$(20) \qquad \Delta_4 = \begin{vmatrix}
a & 3b & 3c & d & 0 & 0 \\
0 & a & 3b & 3c & d & 0 \\
0 & 0 & a & 3b & 3c & d \\
b & 3c & 3d & e & 0 & 0 \\
0 & b & 3c & 3d & e & 0 \\
0 & 0 & b & 3c & 3d & e
\end{vmatrix}$$

$$= a^3e^3 - 64b^3d^3 + 36b^2c^2d^2 - 12a^2bde^2 + 81ac^4e - 180abc^2de$$
$$- 18a^2c^2e^2 - 6ab^2d^2e + 108(abcd^3 + b^3cde) - 27(a^2d^4 + b^4e^2)$$
$$+ 54(ab^3ce^2 + a^2cd^2e) - 54(eb^2c^3 + ac^3d^2).$$

$$(21) \quad \Delta_8 = \begin{vmatrix} a & 4b & 6c & 4d & e & 0 & 0 & 0 \\ 0 & a & 4b & 6c & 4d & e & 0 & 0 \\ 0 & 0 & a & 4b & 6c & 4d & e & 0 \\ 0 & 0 & 0 & a & 4b & 6c & 4d & e \\ b & 4c & 6d & 4e & f & 0 & 0 & 0 \\ 0 & b & 4c & 6d & 4e & f & 0 & 0 \\ 0 & 0 & b & 4c & 6d & 4e & f & 0 \\ 0 & 0 & 0 & b & 4c & 6d & 4e & f \end{vmatrix}$$

$$\begin{aligned}
= {}& a^4 f^4 - 3375 h^4 d^4 - 20 a^3 b e f^3 - 120 a^3 c d f^3 + 2640 a^2 c^2 d^2 f^2 \\
& - 10 a^2 b^2 e^2 f^2 + 1640 a^2 b c d e f^2 + 5120 a^3 c d^3 f - 180 a b^3 e^3 f \\
& + 28480 a b c^2 d^2 e f - 14920 a b^2 c d e^2 f + 9000 b^3 c d e^3 + 2000 b^2 c^2 d^2 e^2 \\
& + 256(a^3 e^5 + b^5 f^3) + 3456(a c^5 f^2 + a^2 d^5 f) + 6400(a c^4 e^3 + b^3 d^4 f) \\
& + 7200(a b^2 c e^4 + b^4 d e^2 f) + 360(a^3 d^2 e f^2 + a^2 b c^2 f^3) \\
& + 160(a^2 c e^2 f^2 + a^2 b^2 d f^3) + 5760(a^2 c d^2 e^3 + b^3 c^2 d f^2) \\
& + 320(a^2 b c e^3 f + a b^3 d e f^2) + 960(a b^2 d^3 e f + a b c^3 e^2 f) \\
& + 7200(a b c e^2 d^3 + b^2 c^3 d e f) + 4480(a^2 c^2 d e^2 f + a b^3 c d^2 f^2) \\
& + 4080(a^2 b d^2 e^2 f + a b^2 c^2 e f^2) + 2560(a^2 c^2 e^4 + b^4 d^2 f^2) \\
& - 4000(b^3 d^4 e^2 + b^2 c^3 e^3) - 640(a^3 d e^3 f + a b^3 c f^3) \\
& - 2160(a^2 d^4 e^2 - b^2 c^4 f^2) - 11520(a b c d^4 f + a c^4 d e f) \\
& - 1920(a^2 b d e^4 + b^4 c e f^2) - 1440(a^2 b d^3 f + a^2 c^3 e f^2) \\
& - 3200(a c^3 d^2 e^2 + b^2 c^2 d^3 f) - 600(a b^2 d^3 e^3 + b^3 c^2 e^2 f) \\
& - 16000(a b c^2 d e^3 + b^3 c d^2 e f) - 10080(a^2 c d^3 e f + a b c^3 d f^2).
\end{aligned}$$

§ IV.

Développement abrégé de la résultante.

1. En disposant les résultantes R_3 et R_4 en une série de tableaux, comme nous avons indiqué page 28, on aurait

$$R_3 = \ \begin{array}{c} a^3 \\ p^3 \end{array}\ \boxed{\begin{array}{c} s^3 \\ d^3 \\ \pm 1 \end{array}}\ + \ \begin{array}{c} a^2 b \\ p^2 q \end{array}\ \boxed{\begin{array}{c} r s^2 \\ c d^2 \\ \mp 1 \end{array}}\ + \cdots$$

<table>
<tr><td></td><td>qs^2
bd^2</td><td>$r^2 s$
$c^2 d$</td></tr>
<tr><td>$a^2 c$
$p^3 r$</td><td>∓ 2</td><td>± 1</td></tr>
<tr><td>ab^2
pq^2</td><td>± 1</td><td></td></tr>
</table>

<table>
<tr><td></td><td>ps^2
ad^2</td><td>qrs
bcd</td><td>r^3
c^3</td></tr>
<tr><td>$a^2 d$
$p^4 s$</td><td>∓ 3</td><td>± 3</td><td>∓ 1</td></tr>
<tr><td>abc
pqr</td><td>± 3</td><td>∓ 1</td><td></td></tr>
<tr><td>b^3
q^3</td><td>∓ 1</td><td></td><td></td></tr>
</table>

Top table:

	$\dfrac{prs}{acd}$	$\dfrac{q^2s}{b^2d}$	$\dfrac{qr^2}{bc^2}$
$\dfrac{abd}{pqs}$	∓ 1	∓ 2	± 1
$+\ \dfrac{ac^2}{pr^2}$	∓ 2	± 1	
$\dfrac{b^2c}{q^2r}$	± 1		

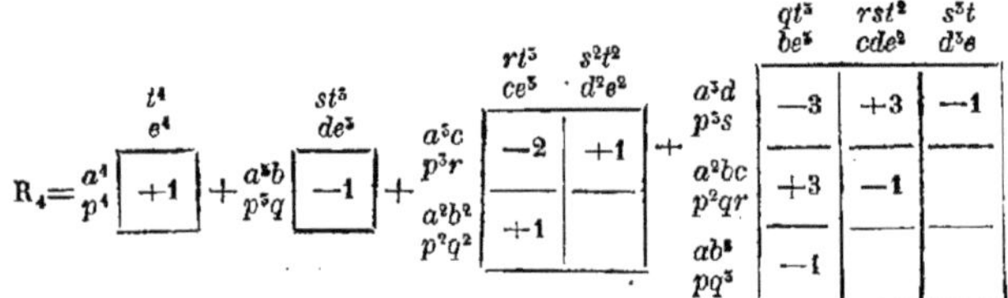

$$R_4 = \frac{a^4}{p^4}\;\boxed{+1}\; +\; \frac{a^3b}{p^3q}\;\boxed{-1}\; +\; \cdots \;+\; \cdots$$

Third group:

	$\dfrac{rt^3}{ce^3}$	$\dfrac{s^2t^2}{d^2e^2}$
$\dfrac{a^3c}{p^3r}$	-2	$+1$
$\dfrac{a^2b^2}{p^2q^2}$	$+1$	

Fourth group:

	$\dfrac{qt^3}{be^3}$	$\dfrac{rst^2}{cde^2}$	$\dfrac{s^3t}{d^3e}$
$\dfrac{a^3d}{p^3s}$	-3	$+3$	-1
$\dfrac{a^2bc}{p^2qr}$	$+3$	-1	
$\dfrac{ab^3}{pq^3}$	-1		

Middle-left table:

	$\dfrac{pt^3}{ae^3}$	$\dfrac{qst^3}{bde^2}$	$\dfrac{r^2t^2}{c^2e^2}$	$\dfrac{rs^2t}{cd^2e}$	$\dfrac{s^4}{d^4}$
$\dfrac{a^3e}{p^3t}$	-4	$+4$	$+2$	-4	$+1$
$\dfrac{a^2bd}{p^2qs}$	$+4$	-1	-2	$+1$	
$+\ \dfrac{a^2c^2}{p^2r^2}$	$+2$	-2	$+1$		
$\dfrac{ab^2c}{pq^2r}$	-4	$+1$			
$\dfrac{b^4}{q^4}$	$+1$				

Middle-right table:

	$\dfrac{pst^2}{ade^2}$	$\dfrac{qrt^2}{bce^2}$	$\dfrac{qs^2t}{bd^2e}$	$\dfrac{r^2st}{c^2de}$	$\dfrac{rs^3}{cd^3}$
$\dfrac{a^2be}{p^2qt}$	-1	-5	$+1$	$+3$	-1
$\dfrac{a^2cd}{p^2rs}$	-5	$+1$	$+2$	-1	
$+\ \dfrac{ab^2d}{pq^2s}$	$+1$	$+2$	-1		
$\dfrac{abc^2}{pqr^2}$	$+3$	-1			
$\dfrac{b^3c}{q^3r}$	-1				

Bottom-left table:

	$\dfrac{prt^2}{ace^2}$	$\dfrac{q^2t^2}{b^2c^2}$	$\dfrac{ps^2t}{ad^2e}$	$\dfrac{qrst}{bcde}$	$\dfrac{r^3t}{c^3e}$	$\dfrac{qs^3}{bd^3}$	$\dfrac{r^2s^2}{c^3d^2}$
$\dfrac{a^2ce}{p^2rt}$	$+2$	-3	$+2$	$+4$	-2	-2	$+1$
$\dfrac{a^2d^2}{p^2s^2}$	-3	$+3$	$+3$	-3	$+1$	0	
$\dfrac{ab^2e}{pq^2t}$	$+2$	$+3$	-1	-3	0	$+1$	
$\dfrac{abcd}{pqrs}$	$+4$	-3	-3	$+1$			
$\dfrac{ac^3}{pr^3}$	-2	$+1$	0				
$\dfrac{b^3d}{q^3s}$	-2	0	$+1$				
$\dfrac{b^2c^2}{q^2r^2}$	$+1$						

Bottom-right table:

	$\dfrac{pqt^2}{abe^2}$	$\dfrac{prst}{acde}$	$\dfrac{q^2st}{b^2de}$	$\dfrac{qr^2t}{bc^2e}$	$\dfrac{ps^3}{ad^3}$	$\dfrac{qrs^2}{bcd^2}$	$\dfrac{r^3s}{c^3d}$
$\dfrac{a^2de}{p^2st}$	$+5$	$+2$	-5	$+1$	-3	$+3$	-1
$\dfrac{abce}{pqrt}$	$+2$	-8	$+1$	$+2$	$+3$	-1	
$\dfrac{abd^2}{pqs^2}$	-5	$+1$	$+2$	-1	0		
$+\ \dfrac{ac^2d}{pr^2s}$	$+1$	$+2$	-1	-1			
$\dfrac{b^3e}{q^3t}$	-3	$+3$	0		-1		
$\dfrac{b^2cd}{q^2rs}$	$+3$	-1					
$\dfrac{bc^3}{qr^3}$	-1						

	p^2t^2	$pqst$	pr^2t	q^2rt	prs^2	q^2s^2	qr^2s	r^4
a^2e^2	$+6$	-8	-4	$+4$	$+4$	$+2$	-4	$+1$
$abde$	-8	$+10$	0	-1	-1	-1	$+1$	
ac^2e	-4	0	$+4$	$+2$	-2	$+1$		
acd^2	$+4$	-1	-2	0	$+1$			
b^2ce	$+4$	-1	-2	$+1$				
b^2d^2	$+2$	-1	$+1$					
bc^2d	-4	$+1$						
c^4	$+1$							

en ayant soin de multiplier seulement ensemble les facteurs littéraux supérieurs d'un côté avec les supérieurs de l'autre, et ainsi de même à l'égard des facteurs inférieurs dans chaque rangée de carreaux horizontale ou verticale. On déduira, par exemple, du septième tableau de R_4 que les produits ab^2eqrst, $bcd\,epq^2t$ ont 3 pour coefficient numérique. Pour R_3, il faudra prendre, au contraire, le signe inférieur lorsqu'on multipliera ensemble les facteurs inférieurs. Ainsi, le quatrième tableau de R_3 donnera $-3a^2dps^2 + 3ad^2p^2s$.

2. Cela posé, on remarque sans peine les propriétés suivantes, qui ont lieu en général :

1° Chaque tableau isobarique est symétrique par rapport à la diagonale NO–SE, au signe près ;

2° Pour m impair, le signe change à l'égard des produits des facteurs inférieurs ;

3° Les coefficients placés symétriquement par rapport à la diagonale fournissent quatre termes de la résultante affectés du même coefficient, au signe près ; ceux sur la diagonale fourniront seulement deux termes.

L'idée de partager la résultante en groupes isobariques par rapport aux coefficients d'une même équation est due à M. Cayley, qui en a

tiré aussi une méthode très-expéditive pour en calculer les coefficients, et dont il a bien voulu me donner une communication som-
maire. Le principe dont, probablement, ce célèbre géomètre est parti
me paraît être le suivant :

3. *Si l'on prend dans une des parties* (a) *ou* (b) *du déterminant* (8)
(page 34) *un déterminant de* m^{ème} *ordre* (*on suppose ici* $m=n$) *formé
avec les colonnes de rang* $r_1, r_2, ..., r_m$, *en allant de gauche à droite,
les termes qu'il contiendra seront tous de poids*

$$r_1 + r_2 + ... + r_m - \frac{m(m+1)}{1.2}.$$

Démonstration. Il est d'abord évident que les différences des indices des éléments (a) des colonnes $r_2, r_3, ..., r_m$, avec ceux des
éléments (a) de la colonne r_1, en supposant pour le moment qu'on ait
remplacé progressivement les 0 par des éléments de la forme $a_{m\pm l}$,
a_{-l}, sauf à les annuler ensuite, seront

$$r_2 - r_1, \quad r_3 - r_1, \quad r_4 - r_1, \quad ..., \quad r_m - r_1.$$

Soit maintenant i l'indice du premier élément de la colonne r_1, les
indices des éléments situés sur la diagonale du déterminant ainsi
formé, que nous appellerons A et que nous désignerons ainsi :

$$A = |r_1, \quad r_2, \quad r_3, \quad ..., \quad r_m|,$$

seront

$$i, \quad i+r-r_1-1, \quad i+r_3-r_1-2, \quad i+r_4-r_1-3, \text{ etc.},$$
$$..., \quad i+r_m-r_1-(m-1).$$

Par conséquent, le poids du produit de ces éléments sera

$$mi+r_1+r_2+r_3+...+r_m-mr_1-(1+2+3+...+m-1);$$

mais on a évidemment $r_1 = i + 1$; donc ce poids sera bien

$$r_1 + r_2 + r_3 + \ldots + r_m - \frac{m(m+1)}{1.2}.$$

Or, si le poids de la diagonale a cette expression, celui des autres lignes quelconques qui passeront par les éléments du déterminant susdit aura encore la même valeur. On s'en convaincra aisément, en observant que, si d'un côté, les indices croissent avec les rangs des colonnes, ils diminuent de la même manière lorsque le rang de lignes augmente.

4. Il suit de là :

1° Que tous les termes en (a) du même poids s'obtiendront en calculant tous les déterminants par lesquels la somme

$$r_1 + r_2 + \ldots + r_m$$

est constante ;

2° Qu'étant connus les coefficients numériques des déterminants formés avec les éléments (a) de poids p, on connaîtra, par cela même, les coefficients des déterminants conjugués B formés avec les éléments (b) de poids $q = m^2 - p$.

En effet, ces éléments (b) doivent être pris dans les colonnes r'_1, $r'_2, r'_3, \ldots, r'_m$, différentes des premières.

D'un autre côté, nous savons (voir page 28) que, pour trouver la partie (b) conjuguée à celle (a), par exemple,

$$a_0^{k_0} a_1^{k_1} \ldots a_m^{k_m}, \quad \begin{cases} k_0 + k_1 + 2k_2 + \ldots + mk_m = p, \\ k_0 + k_1 + k_2 + \ldots + k_m = p, \end{cases}$$

il faut changer a_i en b_{m-i}. Par conséquent, au changement près de a

en b, le déterminant $B = |r'_1 r'_2 \ldots r'_m|$ doit être le même que celui qui résulte du changement de a_i en a_{m-i} dans le déterminant A. Or, par l'échange de a_i en a_{m-i}, le déterminant

$$A = |\,r'_1\, r'_2 \ldots r'_m\,|,$$

deviendra

$$A = |\,2m+1-r'_1,\quad 2m+1-r'_2,\quad \ldots,\quad 2m+1-r'_m\,|,$$

dont le poids sera

$$m(2m+1) - (r'_1 + r'_2 + \ldots + r'_m) - \frac{m(m+1)}{1.2}.$$

Mais on a
$$\Sigma r + \Sigma r' = \frac{2m(2m+1)}{1.2};$$

donc ce poids sera

$$\Sigma r - \frac{m(m+1)}{1.2},$$

c'est-à-dire égal à celui des déterminants A déjà calculés.

Ainsi, les déterminants B conjugués de poids q sont identiques à ceux A de poids p, sauf le changement de a_i en b_{m-i}.

Il faudra seulement remarquer que le produit AB des deux déterminants entre dans la résultante avec le signe $+$ ou $-$, suivant que la série des nombres

$$r_1,\quad r_2,\quad \ldots,\quad r_m,\quad r'_1,\quad r'_2,\quad r'_m$$

requiert un nombre pair ou impair d'échanges pour être restituée à l'ordre naturel $1.2.3 \ldots 2m$.

On voit par là que le développement entier de la résultante se réduira au simple calcul des déterminants A.

Un exemple seul nous servira à bien comprendre et apprécier la méthode. Supposons que nous ayons à calculer le quatrième tableau de R_3, qui, d'après la notation actuelle des coefficients, deviendrait

	$b_0b_3^2$	$b_1b_2b_3$	b_2^3
$a_0^2a_3$	-3	$+3$	-1
$a_0a_1a_2$	$+3$	-1	
a_1^3	-1		

Dans ce cas, la résultante R serait le déterminant

1	2	3	4	5	6
a_0	a_1	a_2	a_3	0	0
0	a_0	a_1	a_2	a_3	0
0	0	a_0	a_1	a_2	a_3
b_0	b_1	b_2	b_3	0	0
0	b_0	b_1	b_2	b_3	0
0	0	b_0	b_1	b_2	b_3

sur lequel nous avons, pour plus de clarté, numéroté les colonnes.

Or, les déterminants A du poids 3 sont évidemment les suivants : (126), (135), (234); et, en réunissant dans un seul tableau les termes qu'ils fournissent, on a

	(126)	(135)	(234)
$a_0^2 a_3$	+1	—1	+1
$a_0 a_1 a_2$		+1	—2
a_1^3			+1

Les déterminants conjugués, pris avec leurs signes convenables, sont —(345), —(246), —(156). Mais, d'après ce que nous avons remarqué ci-dessus, leurs coefficients sont identiques à ceux des déterminants A, —(234), —(135), —(126), sauf le changement de a_i en b_{3-i}. Par conséquent, ces déterminants B donneront

	(234)	(135)	(126)
$b_0 b_3^2$	—1	+1	—1
$b_0 b_1 b_2$	+2	—1	
b_2^3	—1		

où les coefficients sont ceux du tableau précédent, changés de place et de signe. Maintenant il n'y aura plus qu'à multiplier les lignes horizontales ensemble, terme à terme, pour retrouver les coefficients du quatrième tableau de R_3. Ainsi, celui de $a_0^2 a_3 b_0 b_3^2$ sera

$$-3 = (+1)(-1) + (-1)(+1) + (+1)(-1).$$

§ V.

Méthode du plus grand commun diviseur.

Sans entrer ici dans les détails de la théorie du plus grand commun diviseur, qu'on trouve dans tous les Traités ordinaires d'algèbre, il nous suffira de rappeler : 1° qu'étant données les deux fonctions φ et ψ, leur plus grand commun diviseur est égal à celui qui existe entre deux restes consécutifs ; 2° que si un des restes s'annule, le quotient correspondant à la division qui le fournit est le plus grand commun diviseur cherché.

Il est évident qu'en poussant jusqu'au bout les calculs, on arrivera finalement à un reste, qui ne contiendra plus la variable et sera fonction seulement des coefficients. Suivant que cette fonction s'annule ou ne s'annule pas, les deux proposées admettront ou non une racine commune. Par conséquent, d'après ce que nous avons dit au paragraphe Iᵉʳ, ce sera la résultante elle-même. Nous avons donc un autre procédé pour trouver la résultante, qui, dans les cas particuliers, peut être plus expéditif que les autres, et qui a l'avantage en outre de fournir immédiatement les racines communes, s'il y en a, à la seule inspection des quotients.

Il ne sera donc pas inutile qu'à cette occasion nous nous étendions sur l'expression analytique des restes, afin d'avoir un terme de comparaison pour tout calcul numérique.

Les deux fonctions proposées, quelles qu'elles soient, peuvent toujours, avant de les assujettir à la méthode du plus grand commun diviseur, être réduites à deux, une de degré m, l'autre de degré $m-1$. Soient

$$(1) \qquad \left\{ \begin{array}{l} P = a_0 x^m + a_1 x^{m-1} + a_2 x^{m-2} + \ldots + a_m, \\ Q = b_0 x^{m-1} + b_1 x^{m-2} + b_2 x^{m-3} + \ldots + b_{m-1} \end{array} \right.$$

ces fonctions ; et appelons $-R_1$, $-R_2$, etc., les restes, afin d'appliquer au besoin nos formules au théorème de Sturm. On aura

$$(2) \quad \begin{cases} P = q_0 Q - R_1, \\ Q = q_1 R_1 - R_2, \\ R_1 = q_2 R_2 - R_3, \\ R_2 = q_3 R_3 - R_4, \\ \cdots \cdots \cdots \cdots \\ R_{i-1} = q_i R_i - R_{i+1}, \\ R_i = q_{i+1} R_{i+1} - R_{i+2}, \end{cases}$$

q_0, q_1, q_2, etc., étant les quotients successifs. On tire de là

$$R_1 = q_0 Q - P, \quad R_2 = (q_0 q_1 - 1) Q - q_1 P,$$
$$R_3 = \{(q_0 q_1 - 1) q_2 - q_0\} Q - (q_1 q_2 - 1) P,$$

et, en général,

$$(3) \qquad R_i = P_i P + Q_i Q,$$

où R_i, Q_i, P_i sont des fonctions de degré respectivement $m - i - 1$, i, $i - 1$, qui renferment par conséquent $m - i$, $i + 1$, i coefficients. Or, on peut, à l'aide de la méthode des coefficients indéterminés, trouver *à priori* les valeurs de ces coefficients. En effet, comme le second membre doit se réduire à une fonction de $(m - i - 1)^{me}$ degré, en égalant à zéro les coefficients de $m + i - 1 - (m - i - 1) = 2i$ premières puissances de x, on obtiendra $2i$ équations linéaires entre $2i + 1$ coefficients arbitraires, par lesquelles on déterminera leur rapport à l'un des deux pris à volonté. Appelons celui-ci λ_i; on pourra évidemment mettre P_i, Q_i, R_i sous la forme

$$(4) \qquad P_i = \lambda_i (P_i), \quad Q_i = \lambda_i (Q_i), \quad R_i = \lambda_i (R_i),$$

(P_i), (Q_i), (R_i) étant des fonctions entières des coefficients a et b. Alors l'équation (3) deviendra

$$(5) \qquad (R_i) = (P_i) P + (Q_i) Q.$$

Le tout donc se réduit à trouver les valeurs de (P_i), (Q_i), (R_i), λ_i.

Posons

$$(6) \quad \begin{cases} P_i = \gamma_0 x^{i-1} + \gamma_1 x^{i-2} + \gamma_2 x^{i-3} + \ldots + \gamma_{i-1}, \\ Q_i = \delta_0 x^i + \delta_1 x^{i-1} + \delta_2 x^{i-2} + \ldots + \delta_i, \\ R_i = \rho_0 x^{m-i-1} + \rho_1 x^{m-i-2} + \rho_2 x^{m-i-2} + \ldots + \rho_{m-i-1}; \end{cases}$$

on aura

$$R_i = (\gamma_0 x^{i-1} + \gamma_1 x^{i-2} + \gamma_2 x^{i-3} + \ldots + \gamma_{i-1})(a_0 x^m + a_1 x^{m-1} + a_2 x^{m-2} + a_3 x^{m-3} + \ldots + a_m)$$
$$+ (\delta_0 x_i + \delta_1 x^{i-1} + \delta_2 x^{i-2} + \ldots + \delta_i)(b_0 x^{m-1} + b_1 x^{m-2} + b_2 x^{m-3} + \ldots + b^{m-1});$$

et, d'après ce que nous avons dit ci-dessus,

$$(7) \begin{cases} 0 = \gamma_0 a_0 + \delta_0 b_0, \\ 0 = \gamma_0 a_1 + \gamma_1 a_0 + \delta_0 b_1 + \delta_1 b_0, \\ 0 = \gamma_0 a_2 + \gamma_1 a_1 + \gamma_2 a_0 + \delta_0 b_2 + \delta_1 b_1 + \delta_2 b_0, \\ \cdots \cdots \cdots \cdots \cdots \cdots \cdots \cdots \cdots \cdots \cdots \\ 0 = \gamma_0 a_{2i-2} + \gamma_1 a_{2i-3} + \ldots + \gamma_{i-2} a_i + \gamma_{i-1} a_{i-1} + \delta_0 b_{2i-2} + \delta_1 b_{2i-3} + \ldots + \delta_i b_{i-2}, \\ 0 = \gamma_0 a_{2i-1} + \gamma_1 a_{2i-2} + \ldots + \gamma_{i-2} a_{i+1} + \gamma_i a_i + \delta_0 b_{2i-1} + \delta_1 b_{2i-2} + \ldots + \delta_i b_{i-1}. \end{cases}$$

$$(8) \begin{cases} \rho_0 = \gamma_0 a_{2i} + \gamma_1 a_{2i-1} + \ldots + \gamma_{i-1} a_{i+1} + \delta_0 b_{2i} + \delta_1 b_{2i-1} + \ldots + \delta_1 b_i, \\ \rho_1 = \gamma_0 a_{2i+1} + \gamma_1 a_{2i} + \ldots + \gamma_{i-1} a_{i+2} + \delta_0 b_{2i+1} + \delta_1 + \ldots + \delta_1 b_{i+1}, \\ \cdots \cdots \cdots \cdots \cdots \cdots \cdots \cdots \cdots \cdots \cdots \\ \rho_{m-i-1} = \gamma_0 a_{m+i-1} + \gamma_1 a_{m+i-2} + \ldots + \gamma_{i-1} a_m + \delta_0 b_{m+i-1} + \gamma_1 a_{m+i-2} + \ldots + \delta_i b_{m-1}. \end{cases}$$

Les premières $2i$ équations (7) serviront à trouver les valeurs des coefficients γ et δ, qui, portées dans les suivantes, feront connaître celles des coefficients ρ. Nous les écrirons comme il suit :

$$(9) \begin{cases} \begin{array}{ccccccccccc} \gamma_0 & \gamma_1 & \gamma_2 \cdots \gamma_{i-2} & \gamma_{i-1} & \delta_0 & \delta_1 & \delta_2 \cdots \delta_{i-1} & \delta_i \\ \hline a_0 & 0 & 0 \ldots 0 & 0 & b_0 & 0 & 0 \ldots 0 & 0 & = 0 \\ a_1 & a_0 & 0 \ldots 0 & 0 & b_0 & b_1 & 0 \ldots 0 & 0 & = 0 \\ \cdots & \cdots & \cdots & \cdots & \cdots & \cdots & \cdots & \cdots \\ \cdots & \cdots & \cdots & \cdots & \cdots & \cdots & \cdots & \cdots \\ a_{2i-2}\, a_{2i-3}\, a_{2i-4} \ldots a_i & a_{i-1} & b_{2i-2}\, b_{2i-3}\, b_{2i-4} \ldots b_i & b_{i-1} & = 0 \\ a_{2i-1}\, a_{2i-2}\, a_{2i-3} \ldots a_{i+1} & a_i & b_{2i-1}\, b_{2i-2}\, b_{2i-3} \ldots b_{i+2} & b_i & = 0 \end{array} \end{cases}$$

Appelons (γ_l) le déterminant de $(2i-1)^{\text{ième}}$ ordre, que l'on obtient lorsqu'on supprime dans cette matrice les éléments de la colonne γ_l; il est clair que la valeur du coefficient γ_l est proportionnelle à (γ_l). Si donc, dans les équations (8) on substitue (γ_0), (γ_1). (γ_{i-1}), (δ_0), ..., (δ_i), au lieu des coefficients γ_0, γ_1, γ_{i-1}, δ_0, ..., δ_i, on aura les valeurs auxquelles ρ_0, ρ_1, ..., ρ_{n-i-1} sont proportionnelles et, par conséquent, la valeur de (R_i). Ainsi, par exemple, la valeur de (ρ_l) sera

$$(\rho_l) = (\gamma_0)a_{2i+l} + (\gamma_1)a_{2i+l-1} + \ldots + (\gamma_{i-1})a_{i+l+1} + (\delta_0)b_{2i+l} + \ldots + (\delta_i)b_{i+l},$$

ou bien

$$(10) \quad (\rho_l) = \begin{vmatrix} a_0 & 0 & 0 & . \, . \, . & 0 & b_0 & b & . \, . \, . & 0 \\ a_1 & a_0 & 0 & . \, . \, . & 0 & b_1 & b_0 & . \, . \, . & 0 \\ a_2 & a_1 & a_0 & . \, . \, . & 0 & b_2 & b_1 & . \, . \, . & 0 \\ . & . & . & . & . & . & . & . & . \\ a_{2i-1} & a_{2i-2} & a_{2i-3} & . \, . \, . & a_i & b_{2i-1} & b_{2i-2} & . \, . \, . & b_{i-1} \\ a_{2i+l} & a_{2i+l-1} & a_{2i+l-2} & . \, . \, . & a_{i+l+1} & b_{2i+l} & b_{2i+l-1} & . \, . \, . & b_{i+l} \end{vmatrix}$$

Il viendra, par conséquent,

$$(11) \quad (R_i) = \sum_{l=0}^{l=m-i-1} x^{m-i-l-1} \begin{vmatrix} a_0 & 0 & 0 & . \, . \, . & 0 & b_0 & 0 & . \, . \, . & 0 \\ a_1 & a_0 & 0 & . \, . \, . & 0 & b_1 & b_0 & . \, . \, . & 0 \\ a_2 & a_1 & a_0 & . \, . \, . & 0 & b_2 & b_1 & . \, . \, . & 0 \\ . & . & . & . & . & . & . & . & . \\ a_{2i-1} & a_{2i-2} & a_{2i-3} & . \, . \, . & a_i & b_{2i-1} & b_{2i-2} & . \, . \, . & b_{i-1} \\ a_{2i+l} & a_{2i+l-1} & a_{2i+l-2} & . \, . \, . & a_{i+l+1} & b_{2i+l} & b_{i+l-1} & . \, . \, . & b_{i+l} \end{vmatrix}$$

Ainsi, pour $m = 4$, $i = 1$, on trouvera

$$(R_1) = x^2 \begin{vmatrix} a_0 & b_0 & 0 \\ a_1 & b_1 & b_0 \\ a_2 & b_2 & b_1 \end{vmatrix} + x \begin{vmatrix} a_0 & b_0 & 0 \\ a_1 & b_1 & b_0 \\ a_3 & b_3 & b_2 \end{vmatrix} + \begin{vmatrix} a_0 & b_0 & 0 \\ a_1 & b_1 & b_0 \\ a_4 & b_4 & b_3 \end{vmatrix} ;$$

et si l'on suppose

$$P = x^4 - 2x^3 - 7x^2 + 10x + 10,$$
$$Q = 2x^3 - 3x^2 - 7x + 10,$$

il viendra, d'après la formule précédente,

$$(R_1) = -17x^2 - 23x + 45.$$

Il ne nous reste plus qu'à déterminer la valeur de λ_i. A cet effet, observons qu'on a les équations

$$(12) \quad \begin{cases} R_i = P_i P + Q_i Q = q_{i+1} R_{i+1} - R_{i+2}, \\ R_{i+1} = P_{i+1} P + Q_{i+1} Q = q_{i+2} R_{i+2} - R_{i+3}, \\ R_{i+2} = P_{i+2} P + Q_{i+2} Q = q_{i+3} R_{i+3} - R_{i+4}; \end{cases}$$

et si l'on substitue dans la première les valeurs de R_{i+1}, R_{i+2} fournies par les autres, on aura l'équation

$$P_i P + Q_i Q = q_{i+1} (P_{i+1} P + Q_{i+1} Q) - P_{i+2} P - Q_{i+2} Q,$$

ou bien

$$(13) \quad (P_i - q_{i+1} P_{i+1} + P_{i+2}) P + (Q_i - q_{i+1} Q_{i+2} + Q_{i+2}) Q = 0,$$

qui, ayant lieu quelles que soient les fonctions P, Q, fournira les relations

$$(14) \qquad \begin{cases} P_{i+2} = q_{i+1} P_{i+1} - P_i, \\ Q_{i+2} = q_{i+1} Q_{i+1} - Q_i, \end{cases}$$

d'où, en éliminant q_{i+1},

$$(15) \qquad P_{i+2} Q_{i+1} - P_{i+1} Q_{i+2} = P_{i+1} Q_i - P_i Q_{i+1}.$$

Cette équation prouve que la fonction $P_{i+1} Q_i - P_i Q_{i+1}$ est une constante, car elle ne change pas en permutant l'indice i. Pour la déterminer, posons $i = 1$, et calculons la fonction $P_1 Q_0 - P_0 Q_1$; on a

$$R_0 = Q, \quad P_0 = 0; \quad P_1 = -1, \quad Q_0 = 1 \quad Q_1 = q_0;$$

et, par conséquent,

$$(16) \qquad P_{i+1} Q_i - P_i Q_{i+1} = -1.$$

Or, (17) $\quad P_{i+1} Q_i - P_i Q_{i+1} = \lambda_{i+1} \lambda_i \{ (P_{i+1})(Q_1) - (P_i)(Q_{i+1}) \};$

et des équations

$$\begin{aligned} (R_i) &= (P_i) P + (Q_i) Q, \\ (R_{i+1}) &= (P_{i+1}) P + (Q_{i+1}) Q, \end{aligned}$$

on tire

$$(R_{i+1})(Q_i) - (R_i)(Q_{i+1}) = P \{ (P_{i+1})(Q_i) - (P_i)(Q_{i+1}) \};$$

par suite, en ayant égard aux (16) et (17),

$$(18) \qquad (R_{i+1})(Q_i) - (R_i)(Q_{i+1}) = P \frac{-1}{\lambda_i \lambda_{i+1}}.$$

Pour trouver donc $\dfrac{1}{\lambda_i \lambda_{i+1}}$, il suffira de comparer les termes des plus hautes dimensions dans les deux membres; et comme la partie

$(R_i)(Q_{i+1})$ seulement est de $m^{ième}$ degré, il s'ensuit qu'en appelant C_i les coefficients de x^m dans $(R_i)(Q_{i+1})$, il viendra

$$\frac{a_0}{\lambda_i \lambda_{i+1}} = C_i.$$

Comparons maintenant, au moyen des formules générales (8) et (9) les coefficients δ_0 de Q_{i+1} et ρ_0 de R_i; on verra qu'en changeant i en $i+1$ dans la (9) et en y prenant (δ_0), on obtient un déterminant qui est égal au déterminant (10) pour $l=0$, multiplié par a_0. Donc $C_i = (\rho_0)^2 a_0$; donc

$$(19) \qquad \lambda_i \lambda_{i+1} = \frac{1}{(\rho_0^{(i)})^2};$$

où nous avons ajouté l'indice (i) pour distinguer ce premier coefficient de R_i de celui des autres restes. De cette équation on déduit aisément la valeur cherchée de λ_i, à savoir :

$$(20) \qquad \lambda_i = \left\{ \frac{\rho_0^{(i-2)} \rho_0^{(i-4)} \rho_0^{(i-6)}\ldots}{\rho_0^{(i-1)} \rho_0^{(i-3)} \rho_0^{(i-5)}\ldots} \right\}^2.$$

Exemple. On a évidemment $\lambda_0 = 1$, et puisque $R_0 = Q$, il vient $\lambda_0 \lambda_1 = \lambda_1 = \frac{1}{b_0^2}$; ainsi, le vrai reste R_1, par exemple, sera

$$R_1 = \frac{1}{b_0^2}(R_1) = \frac{1}{b_0^2} \left\{ \begin{vmatrix} a_0 & b_0 & 0 \\ a_1 & b_1 & b_0 \\ a_3 & b_3 & b_2 \end{vmatrix} x^{n-2} + \begin{vmatrix} a_0 & b_0 & 0 \\ a_1 & b_1 & b_0 \\ a_2 & b_3 & b_1 \end{vmatrix} x^{n-3} + \ldots \right\},$$

ce qui se vérifie immédiatement.

La formule (20), à laquelle nous sommes arrivés, nous montre que dans l'application du théorème de Sturm à la recherche du nombre des racines réelles, il est inutile de considérer les vrais restes R_1, puisque les autres (R), dont les expressions sont si facilement fournies par notre formule (11), n'en diffèrent que par des facteurs toujours positifs.

§ VI.

Méthode abrégée de Bezout.

Supposons $n = m$, les équations proposées seront

$$(1) \qquad \begin{cases} \varphi = a_0 x^m + a_1 x^{m-1} + a_2 x^{m-2} + \ldots + a_m, \\ \psi = b_0 x^m + b_1 x^{m-1} + b_2 x^{m-2} + \ldots + b_m. \end{cases}$$

Formons la série d'équations

$$(2) \begin{cases} l_0 = a_0 \psi - b_0 \varphi = 0, \\ l_1 = (a_0 x + a_1) \psi - (b_0 x + b_1) \varphi = 0, \\ l_2 = (a_0 x^2 + a_1 x + a_2) \psi - (b_0 x^2 + b_1 x + b_2) \varphi = 0, \\ \quad \cdots \cdots \cdots \cdots \cdots \\ l_r = (a_0 x^r + a_1 x^{r-1} + \ldots + a_r) \psi - (b_0 x^r + b_1 x^{r-1} + \ldots + b_r) \varphi = 0, \\ \quad \cdots \cdots \cdots \cdots \cdots \\ l_{m-1} = (a_0 x^{m-1} + a_1 x^{m-2} + a_2 x^{m-3} + \ldots + a_{m-1}) \psi - (b_0 x^{m-1} + b_1 x^{m-2} + b_2 x^{m-3} + \ldots + b_{m-1}) \varphi = 0, \end{cases}$$

qui seront de la forme

$$(3) \begin{cases} l_0 = \lambda_{0,0} x^{m-1} + \lambda_{0,1} x^{m-2} + \lambda_{0,2} x^{m-3} + \quad \ldots \quad + \lambda_{0,m-1} x^0 = 0, \\ l_1 = \lambda_{1,0} x^{m-1} + \lambda_{1,1} x^{m-2} + \lambda_{1,2} x^{m-3} + \quad \ldots \quad + \lambda_{1,m-1} x^0 = 0, \\ l_2 = \lambda_{2,0} x^{m-1} + \lambda_{2,1} x^{m-2} + \lambda_{2,2} x^{m-3} + \quad \ldots \quad + \lambda_{2,m-1} x^0 = 0, \\ \quad \cdots \cdots \cdots \cdots \cdots \\ l_{m-1} = \lambda_{m-1,0} x^{m-1} + \lambda_{m-1,1} x^{m-2} + \lambda_{m-1,2} x^{m-3} + \ldots + \lambda_{m-1,m-1} x^0 = 0, \end{cases}$$

En éliminant de ces m équations les m puissances de x, x^{m-1}, x^{m-2}, ..., x^1, x^0 considérées comme des inconnues, on obtiendra un déterminant

$$(4) \qquad R = \begin{vmatrix} \lambda_{0,0} & \lambda_{0,1} & \lambda_{0,2} & \ldots & \lambda_{0,m-1} \\ \lambda_{1,0} & \lambda_{1,1} & \lambda_{1,2} & \ldots & \lambda_{1,m-1} \\ \lambda_{2,0} & \lambda_{1,2} & \lambda_{2,2} & \ldots & \lambda_{2,m-1} \\ \cdots & \cdots & \cdots & \cdots & \cdots \\ \lambda_{m-1,0} & \lambda_{m-1,1} & \lambda_{m-1,2} & \ldots & \lambda_{m-1,m-1} \end{vmatrix}$$

qui sera la résultante cherchée.

Ce déterminant est symétrique. En effet, la valeur générale de $\lambda_{r,s}$ serait

$$(5) \quad \begin{cases} \lambda_{r,s} = a_0 b_{r+s+1} + a_1 b_{r+s} + \ldots + a_{r-1} b_{s+2} + a_r b_{s+1}, \\ - (b_0 a_{r+s+1} + b_1 a_{r+s} + \ldots + b_{r-1} a_{s+2} + b_r a_{s+1}). \end{cases}$$

Celle de l'élément conjugué λ_{rs} s'obtiendrait en s'échangeant entre eux les indices r et s dans le second membre de cette équation, et l'on aurait

$$\lambda_{s,r} = a_0 b_{r+s+1} + a_1 b_{r+s} + \ldots + a_{s-1} b_{r+2} + a_s b_{r+1}$$
$$- (b_0 a_{r+s+1} + b_1 a_{r+s} + \ldots + b_{s-1} a_{r+2} + b_s a_{r+1}).$$

Supposons, ce qui est toujours permis, $s > r$, ce second membre contiendra en plus que celui de l'équation (5) les termes

$$a_{r+1} b_s + a_{r+2} b_{s-1} + \ldots + a_{s-1} b_{r+2} + a_s b_{r+1}$$
$$- (b_{r+1} a_s + b_{r+2} a_{s-1} + \ldots + b_{s-1} a_{r+2} + b_s a_{r+1}),$$

qui se détruisent deux à deux. Ainsi on a $\lambda_{r,s} = \lambda_{s,r}$.

On déduit aussi de la forme générale de $\lambda_{r,s}$ que le poids des termes est constant et égal à $r+s+1$.

On peut obtenir, d'après M. Cauchy, les mêmes équations (3) en préparant les équations proposées de cette manière :

$$a_0 x^m + a_1 x^{m-1} + \ldots + a_r x^{m-r} = - (a_{r+1} x^{m-r-1} + \ldots + a_{m-1} x + a_m),$$
$$b_0 x^m + b_1 x^{m-1} + \ldots + b_r x^{m-r} = - (b_{r+1} x^{m-r-1} + \ldots + b_{m-1} x + b_m).$$

En les divisant membre à membre, on trouvera

$$\frac{a_0 x^m + a_1 x^{m-1} + \ldots + a_r x^{m-r}}{b_0 x^m + b_1 x^{m-1} + \ldots + b_r x^{m-r}} = \frac{a_{r+1} x^{m-r-1} + \ldots + a_{m-1} x + a_m}{b_{r+1} x^{m-r-1} + \ldots + b_{m-1} x + b_m};$$

et en faisant disparaître les dénominateurs,

$$(a_0 x^m + a_1 x^{m-1} + \ldots + a_r x^{m-r})(b_{r+1} x^{m-r-1} + \ldots + b_{m-1} x + b_m)$$
$$- (b_0 x^m + b_1 x^{m-1} + \ldots + b_r x^{m-r})(a_{r+1} x^{m-r-1} + \ldots + a_{m-1} x + a_m) = 0.$$

En donnant ensuite à l'indice r les m valeurs $0, 1, 2, 3, \ldots, m-1$, on obtiendra autant d'équations de degré $m-1$, qui coïncideront avec les (3). Il est aisé de voir, en effet, que dans l'équation l_r tous les termes de φ et de ψ, contenant des indices inférieurs à $r+1$, s'entre-détruisent.

Les exemples suivants feront mieux comprendre la formation des éléments λ de déterminant. Soient R_3, R_4, R_6 les résultantes des équations proposées pour $m = 3, 4, 6$. Il viendra

$$R_3 = \begin{vmatrix} a_0b_1-a_1b_0 & a_0b_2-a_2b_0 & a_0b_3-a_3b_0 \\[4pt] a_1b_2-a_2b_0 & \begin{matrix}a_0b_3-a_3b_0\\+a_1b_2-a_2b_1\end{matrix} & a_1b_3-a_3b_1 \\[4pt] a_0b_3-a_3b_0 & a_1b_3-a_3b_1 & a_2b_3-a_3b_2 \end{vmatrix}$$

$$R_4 = \begin{vmatrix} a_0b_1-a_1b_0 & a_0b_2-a_2b_0 & a_0b_3-a_3b_0 & a_0b_4-a_4b_0 \\[4pt] a_0b_2-a_2b_0 & \begin{matrix}a_0b_3-a_3b_0\\+a_1b_2-a_2b_1\end{matrix} & \begin{matrix}a_0b_4-a_4b_0\\+a_1b_3-a_3b_1\end{matrix} & a_1b_4-a_4b_1 \\[4pt] a_0b_3-a_3b_0 & \begin{matrix}a_0b_4-a_1b_0\\+a_1b_3-a_3b_1\end{matrix} & \begin{matrix}a_1b_4-a_4b_1\\+a_2b_3-a_3b_2\end{matrix} & a_2b_4-a_4b_2 \\[4pt] a_0b_4-a_4b_0 & a_1b_4-a_4b_1 & a_2b_4-a_4b_2 & a_3b_4-a_4b_3 \end{vmatrix}$$

$$R_6 = \begin{vmatrix} a_0b_1-a_1b_0 & a_0b_2-a_2b_0 & a_0b_3-a_3b_0 & a_0b_4-a_4b_0 & a_0b_5-a_5b_0 & a_0b_6-a_6b_0 \\[4pt] a_0b_2-a_2b_0 & \begin{matrix}a_0b_3-a_3b_0\\+a_1b_2-a_2b_1\end{matrix} & \begin{matrix}a_0b_4-a_4b_0\\+a_1b_3-a_3b_1\end{matrix} & \begin{matrix}a_0b_5-a_5b_0\\+a_1b_4-a_4b_1\end{matrix} & \begin{matrix}a_0b_6-a_6b_0\\+a_1b_5-a_5b_1\end{matrix} & a_1b_6-a_6b_1 \\[4pt] a_0b_3-a_3b_0 & \begin{matrix}a_0b_4-a_4b_0\\+a_1b_3-a_3b_1\end{matrix} & \begin{matrix}a_0b_5-a_5b_0\\+a_1b_4-a_4b_1\\+a_2b_3-a_3b_2\end{matrix} & \begin{matrix}a_0b_6-a_6b_0\\+a_1b_5-a_5b_1\\+a_2b_4-a_4b_2\end{matrix} & \begin{matrix}a_1b_6-a_6b_1\\+a_2b_5-a_5b_2\end{matrix} & a_2b_6-a_6b_2 \\[4pt] a_0b_4-a_4b_0 & \begin{matrix}a_0b_5-a_5b_0\\+a_1b_4-a_4b_1\end{matrix} & \begin{matrix}a_0b_6-a_6b_0\\+a_1b_5-a_5b_1\\+a_2b_4-a_4b_2\end{matrix} & \begin{matrix}a_1b_6-a_6b_1\\+a_2b_5-a_5b_2\\+a_3b_4-a_4b_3\end{matrix} & \begin{matrix}a_2b_6-a_6b_2\\+a_3b_5-a_5b_3\end{matrix} & a_3b_6-a_6b_3 \\[4pt] a_0b_5-a_5b_0 & \begin{matrix}a_0b_6-a_6b_0\\+a_1b_5-a_5b_1\end{matrix} & \begin{matrix}a_1b_6-a_6b_1\\+a_2b_5-a_5b_2\end{matrix} & \begin{matrix}a_2b_6-a_6b_2\\+a_3b_5-a_5b_3\end{matrix} & \begin{matrix}a_3b_6-a_6b_3\\+a_4b_5-a_5b_4\end{matrix} & a_4b_6-a_6b_4 \\[4pt] a_0b_6-a_6b_0 & a_1b_6-a_6b_1 & a_2b_6-a_6b_2 & a_3b_6-a_6b_3 & a_4b_6-a_6b_4 & a_5b_6-a_6b_5 \end{vmatrix}$$

On pourra ainsi mieux saisir la règle qui suit pour former la résultante en général.

Soient

$$\varphi = a_0x^m + a_1x^{m-1} + a_2x^{m-2} + a_3x^{m-3} + \ldots + a_{m-1}x + a_m = 0,$$
$$\psi = b_0x^m + b_1x^{m-1} + b_2x^{m-2} + b_3x^{m-3} + \ldots + b_{m-1}x + b_m = 0$$

les équations données.

1° Formez tous les déterminants binaires que l'on peut faire avec les coefficients correspondants des deux équations et tels, que dans chaque couple entrent, ou les premiers coefficients $\begin{pmatrix} a_0 \\ b_0 \end{pmatrix}$, ou les derniers $\begin{pmatrix} a_m \\ b_m \end{pmatrix}$; ces déterminants seront de la forme

$$A_i = a_0 b_i - a_i b_0, \quad \text{ou} \quad a_{m+i} = a_i b_m - a_m b_i;$$

ordonnez-les suivant leur poids, depuis 1 jusqu'au nombre $2m-1$, en forme de déterminant symétrique de $m^{ième}$ ordre. Ce déterminant sera

$$\begin{vmatrix} A_1 & A_2 & A_3 & A_4 & \cdots & A_{m-1} & A_m \\ A_2 & A_3 & A_4 & A_5 & \cdots & A_m & A_{m+1} \\ A_3 & A_4 & A_5 & A_6 & \cdots & A_{m+1} & A_{m+2} \\ A_4 & A_5 & A_6 & A_7 & \cdots & A_{m+2} & A_{m+3} \\ \cdots & \cdots & \cdots & \cdots & \cdots & \cdots & \cdots \\ A_m & A_{m+1} & A_{m+2} & A_{m+3} & \cdots & A_{2m-2} & A_{2m-1} \end{vmatrix}$$

2° Faites par la pensée, dans φ et ψ, $a_0 = b_0 = a_m = b_m = 0$, et divisez par x. Répétez la même opération comme avant sur les nouvelles équations, que nous désignerons par les symboles $(m-2)$. Vous aurez un nouveau déterminant symétrique de $(m-2)^{ième}$ ordre, que vous *emboîterez* symétriquement dans le premier, de manière à laisser libres les lignes extérieures du premier déterminant.

3° Faites de même dans les équations $(m-2)$,

$$a_1 = b_1 = a_{m-1} = b_{m-1} = 0;$$

formez le déterminant de $(m-4)^{ième}$ ordre avec les coefficients qui restent, et *emboîtez*-le symétriquement dans celui de $(m-2)^{ième}$ ordre, et ainsi de suite. Le déterminant ainsi formé sera la résultante cherchée.

§ VII.

Autre méthode pour trouver la résultante, en la considérant comme le discriminant (*) d'une fonction de deuxième degré.

Dès que l'on s'aperçoit que la résultante R est un déterminant symétrique, il se présente de suite à l'esprit l'idée de le considérer

____

(*) On appelle *discriminant* la résultante des n dérivées partielles d'une fonction homogène à n variables.

comme le produit de l'élimination des m variables entre m équations linéaires, qui seraient les m dérivées par rapport à chacune de ces variables d'une même équation de deuxième degré. En s'appuyant sur les travaux de Jacobi et d'Hermite, on peut mettre cette propriété bien en évidence.

On tire des équations (2) et (3) du paragraphe précédent celles qui suivent :

$$l_0 x^{m-1} + l_1 x^{m-1} + l_2 x^{m-2} + \ldots + l_{m-1} = \Sigma \lambda_{r,s} x^{m-1-r} x^{m-1-s}$$
$$= \{ m a_0 x^{m-1} + (m-1) a_1 x^{m-2} + (m-2) a_2 x^{m-3} + \ldots + a_{m-1} \} \psi$$
$$- \{ m b_0 x^{m-1} + (m-1) b_1 x^{m-2} + (m-2) b_2 x^{m-2} + \ldots + b_{m-1} \} \varphi;$$

d'où

$$\sum \lambda_{r,s} x^{m-1-r} x^{m-1-s} = \psi(x) \varphi'(x) - \varphi(x) \psi'(x).$$

Or, si dans le premier membre de cette équation on plaçait les exposants $m-1-r$, $m-1-s$ en indices, on obtiendrait une équation de second degré entre les variables x_0, x_1, x_2, ..., x_{m-1}. D'ailleurs, le second membre est la valeur de la fonction

$$\frac{\psi(x) \varphi(y) - \varphi(x) \psi(y)}{y - x},$$

pour $y = x$. Ainsi, pour avoir l'équation du second degré qu'on cherche, il suffira de calculer la fonction

$$\frac{\varphi(\xi) \psi(\xi') - \varphi(\xi') \psi(\xi)}{\xi - \xi'},$$

et de changer ensuite les diverses puissances de ξ, ξ', telles que ξ^i, ξ'^l en x_i, x_l. Cela fait, on formera les dérivées D_{x_0}, D_{x_1}, ..., $D_{x_{m-1}}$ de cette équation, et en éliminant de ces dérivées égales à zéro les m variables x_0, x_1, ..., x_{m-1}, on obtiendra la résultante cherchée sous la forme (4). Il est bien évident qu'en changeant de nouveau, dans ces dérivées, les indices en exposants, on aura précisément les équations (3).

Mais on peut déduire des mémoires de M. Hermite, insérés dans le *Journal de Crelle*, une démonstration plus directe de cette proposition qui se rattache à la considération des racines.

Soit l'équation du second degré à m variables,

$$(1) \quad \begin{cases} F = \dfrac{1}{\psi(\alpha_1)\,\varphi'(\alpha_1)}\,(x + \alpha_1 y + \alpha_1^2 z + \ldots + \alpha_1^{m-1} v)^2, \\[2mm] \quad + \dfrac{1}{\psi(\alpha_2)\,\varphi'(\alpha_2)}\,(x + \alpha_2 y + \alpha_2^2 z + \ldots + \alpha_2^{m-1} v)^2, \\[2mm] \quad + \cdots \cdots \cdots \cdots \cdots \cdots \cdots \cdots \\[2mm] \quad + \dfrac{1}{\psi(\alpha_m)\,\varphi'(\alpha_m)}\,(x + \alpha^m y + \alpha_m^2 z + \ldots + \alpha_m^{m-1} v)^2\,; \end{cases}$$

formons-en les dérivées

$$\frac{1}{2}\frac{dF}{dx}, \quad \frac{1}{2}\frac{dF}{dy}, \quad \frac{1}{2}\frac{dF}{dz}, \quad \cdots \quad \frac{1}{2}\frac{dF}{dv},$$

qui seront des fonctions homogènes et linéaires en $x, y, z, \ldots, v$. Je dis en premier lieu que la résultante de ces fonctions égalées à zéro est l'inverse de la résultante cherchée R. Car leur résultante serait

$$(2) \quad \frac{1}{\varphi'\alpha_1\,\varphi'\alpha_2\ldots\varphi'\alpha_m\,\psi\alpha_1\,\psi\alpha_2\ldots\psi\alpha_m} \begin{vmatrix} 1 & 1 & 1 & \cdots & 1 \\ \alpha_1 & \alpha_2 & \alpha_3 & \cdots & \alpha_m \\ \alpha_1^2 & \alpha_2^2 & \alpha_3^2 & \cdots & \alpha_m^2 \\ \alpha_1^{m-1} & \alpha_2^{m-1} & \alpha_3^{m-1} & \cdots & \alpha_m^{m-1} \\ \cdot & \cdot & \cdot & \cdots & \cdot \\ \alpha_1^m & \alpha_2^m & \alpha_3 & \cdots & \alpha_m^m \end{vmatrix}^2 ,$$

ou, par des théorèmes connus,

$$(3) \quad \frac{1}{\psi\alpha_1\,\psi\alpha_2\ldots\psi\alpha_m} = \frac{1}{R}.$$

Cherchons maintenant une transformée de F telle, que la résultante des nouvelles dérivées soit l'inverse de celle-ci, c'est-à-dire R. Pour y arriver, posons

$$(4) \quad \begin{cases} x + \alpha_1 y + \alpha_1^2 z + \ldots + \alpha_1^{m-1} v = A_1, \\ x + \alpha_2 y + \alpha_2^2 z + \ldots + \alpha_2^{m-1} v = A_2, \\ x + \alpha_3 y + \alpha_3^2 z + \ldots + \alpha_3^{m-1} v = A_3, \\ \cdots \cdots \cdots \cdots \cdots \cdots \cdots \cdots \\ x + \alpha_m y + \alpha_m^2 z + \ldots + \alpha_m^{m-1} v = A_m; \end{cases}$$

on aura

$$(5) \quad F = \frac{A_1^2}{\psi\alpha_1\,\varphi'\alpha_1} + \frac{A_2^2}{\psi\alpha_2\,\varphi'\alpha_2} + \frac{A_3^2}{\psi\alpha_3\,\varphi'\alpha_3} + \ldots + \frac{A_m}{\psi\alpha_m\,\varphi'\alpha_m} = \sum \frac{A^2}{\psi(\alpha)\,\varphi'(\alpha)}.$$

et

$$(6)\quad
\begin{cases}
\dfrac{1}{2}\dfrac{dF}{dx}=\displaystyle\sum\dfrac{A}{\psi(\alpha)\,\varphi'(\alpha)},\\[2mm]
\dfrac{1}{2}\dfrac{dF}{dy}=\displaystyle\sum\dfrac{\alpha A}{\psi(\alpha)\,\varphi'(\alpha)},\\[2mm]
\dfrac{1}{2}\dfrac{dF}{dz}=\displaystyle\sum\dfrac{\alpha^2 A}{\psi(\alpha)\,\varphi'(\alpha)},\\[2mm]
\cdots\cdots\cdots\cdots\cdots\\[2mm]
\dfrac{1}{2}\dfrac{dF}{dv}=\displaystyle\sum\dfrac{\alpha^{m-1} A}{\psi(\alpha)\,\varphi'(\alpha)},
\end{cases}$$

le signe Σ s'étendant à toutes les racines α_1, α_2, ..., α_m.

Exprimons maintenant F en fonction de nouvelles variables X, Y, Z, ..., V, qui seraient liées aux anciennes par les équations

$$(7)\quad
\begin{cases}
X=\dfrac{1}{2}\dfrac{dF}{dx}=\dfrac{A_1}{\psi(\alpha_1)\varphi'(\alpha_1)}+\dfrac{A_2}{\psi(\alpha_2)\varphi'(\alpha_2)}+\ldots+\dfrac{A_m}{\psi(\alpha_m)\varphi'(\alpha_m)},\\[2mm]
Y=\dfrac{1}{2}\dfrac{dF}{dy}=\dfrac{\alpha_1 A_1}{\psi(\alpha_1)\varphi'(\alpha_1)}+\dfrac{\alpha_2^{\,2}A_2}{\psi(\alpha_2)\varphi'(\alpha_2)}+\ldots+\dfrac{\alpha_m A_m}{\psi(\alpha_m)\varphi'(\alpha_m)},\\[2mm]
Z=\dfrac{1}{2}\dfrac{dF}{dz}=\dfrac{\alpha_1^{\,2}A_1}{\psi(\alpha_1)\varphi'(\alpha_1)}+\dfrac{\alpha_2 A_2}{\psi(\alpha_2)\varphi'(\alpha_2)}+\ldots+\dfrac{\alpha_m^{\,2}A_m}{\psi(\alpha_m)\varphi'(\alpha_m)},\\[2mm]
\cdots\cdots\cdots\cdots\cdots\cdots\cdots\cdots\\[2mm]
V=\dfrac{1}{2}\dfrac{dF}{dv}=\dfrac{\alpha^{m-1}A_1}{\psi(\alpha_1)\varphi'(\alpha_1)}=\dfrac{\alpha_2^{\,m-1}A_2}{\psi(\alpha_2)\varphi'(\alpha_2)}+\ldots+\dfrac{\alpha_m^{\,m-1}A^m}{\psi(\alpha_m)\varphi'(\alpha_m)}.
\end{cases}$$

Pour cela, nous tirerons de ces équations les valeurs des quantités

$$A_1,\quad A_2,\quad A_3,\quad \ldots,\quad A_m$$

en fonction de α_1, α_2, ..., α_m et des nouvelles variables X, Y, ..., V.

Rappelons-nous à cet effet que, quand on a un système d'équations tel que

$$(8)\quad
\begin{cases}
p_1+p_2+p_3+\quad\cdots\cdots\quad+p_m=l_0,\\[2mm]
p_1\lambda_1+p_2\lambda_2+p_3\lambda_3+\quad\cdots\cdots\quad+p_m\lambda_m=l_1,\\[2mm]
p_1\lambda_1^2+p_2\lambda_2^2+p_3\lambda_3^2+\quad\cdots\cdots\quad+p_m\lambda^2=l_2,\\[2mm]
\cdots\cdots\cdots\cdots\cdots\cdots\cdots\\[2mm]
p_1\lambda_1^{m-1}+p_2\lambda_m^{m-1}+p_3\lambda_m^{m-1}+\ldots+p_m\lambda_m^{m-1}=l_{m-1},
\end{cases}$$

la valeur de p_i est déterminée par l'équation

$$(9)\qquad f'(\lambda_i)p_i=k_0 l_0+k_1 l_1+k_2 l_2+\ldots+k_{m-1}l_{m-1},$$

k_0, k_1, k_2, ..., k_{m-1} étant les coefficients des puissances λ^0, λ^1, ...,
λ^{m-1} dans la fonction

$$\frac{f(\lambda)}{\lambda - \lambda_i},$$

ou, en d'autres termes, le second membre de (9) étant ce que devient
$\frac{f(l)}{l - \lambda_i}$, après y avoir changé les exposants de l en indices. Par conséquent, en désignant par ζ une indéterminée quelconque, on aura

$$(10) \quad \begin{cases} \dfrac{A_1}{\psi(\alpha_1)} = \dfrac{\varphi(\zeta)}{\zeta - \alpha_1}, \\[2mm] \dfrac{A_2}{\psi(\alpha_2)} = \dfrac{\varphi'(\zeta)}{\zeta - \alpha_2}, \\[2mm] \quad \cdot \quad \cdot \quad \cdot \quad \cdot \quad \cdot \quad \cdot \\[2mm] \dfrac{A_m}{\psi(\alpha_m)} = \dfrac{\varphi(\zeta)}{\zeta - \alpha_m}, \end{cases}$$

pourvu que, la division faite, on change

$$\zeta^0, \ \zeta^1, \ \zeta^2, \ ..., \ \zeta^{m-1},$$

respectivement en

$$X, \ Y, \ Z, \ ..., \ V.$$

A l'aide de ces valeurs, l'expression (5) de F deviendra

$$(11) \quad \mathcal{F} = \sum \frac{\psi(\alpha)}{\varphi'(\alpha)} \frac{\varphi(\zeta)}{\zeta - \alpha} \frac{\varphi(\zeta')}{\zeta' - \alpha},$$

ζ' étant une autre indéterminée, analogue à ζ, dont les puissances
successives

$$\zeta'^0, \ \zeta'^1, \ \zeta'^2, \ \zeta'^{m-1},$$

devront aussi se changer en

$$X, \ Y, \ Z, \ ..., \ V.$$

Mais on a

$$\mathcal{F} = \varphi(\zeta)\varphi(\zeta') \sum \frac{\psi(\alpha)}{\varphi'(\alpha)} \frac{1}{(\zeta - \alpha)(\zeta' - \alpha)}$$

$$= \varphi(\zeta)\varphi(\zeta') \sum \frac{\psi(\alpha)}{\varphi'(\alpha)} \left(\frac{1}{\zeta - \alpha} - \frac{1}{\zeta' - \alpha} \right) \frac{1}{\zeta' - \zeta},$$

ou enfin

$$(12) \quad \mathcal{F} = \frac{\varphi(\zeta)\psi(\zeta') - \psi(\zeta)\varphi(\zeta')}{\zeta - \zeta'};$$

et l'on voit que, sous cette forme symbolique, $\mathscr{F}$ est immédiatement exprimable en fonction des coefficients des deux équations proposées.

Il reste maintenant à démontrer que la résultante des nouvelles dérivées

$$(13) \qquad \frac{1}{2}\frac{d\mathscr{F}}{dX}, \quad \frac{1}{2}\frac{d\mathscr{F}}{dY}, \quad \frac{1}{2}\frac{d\mathscr{F}}{dZ}, \quad \ldots, \quad \frac{1}{2}\frac{d\mathscr{F}}{dV},$$

est l'inverse de celle des dérivées anciennes

$$\frac{1}{2}\frac{dF}{dx}, \quad \frac{1}{2}\frac{dF}{dy}, \quad \frac{1}{2}\frac{dF}{dz}, \quad \ldots, \quad \frac{1}{2}\frac{dF}{dv}.$$

Or, en appelant i l'invariant de la forme quadratique en $x, y, z, \ldots, v$, qu'on peut considérer comme la transformée de celle en $X, Y, Z, \ldots, V$, dont nous désignerons l'invariant par I, on a, d'après un théorème connu,

$$i = \mathrm{I}.\mathrm{S}^2,$$

S étant le déterminant de la substitution (7). Mais on a

$$i = \mathrm{S} = \frac{1}{\mathrm{R}};$$

donc I, ou la résultante des fonctions (13), sera égale à

$$\mathrm{R} = \psi(\alpha_1)\psi(\alpha_2)\psi(\alpha_3)\ldots\psi(\alpha_m).$$

Ainsi, la recherche de cette résultante R est ramenée à celle de la résultante de l'élimination des variables $X, Y, Z, \ldots, V$ entre les dérivées de $\mathscr{F}$; et comme de l'équation (12) on déduit aisément la suivante:

$$\mathscr{F} = \sum_{i=0}^{i=m}\sum_{j=0}^{j=m}(a_i b_j - a_j b_i)(X_{m-i-1}X_{m-j} + X_{m-i-2}X_{m-j+1} + \ldots + X_{m-j+1}X_{m-i}),$$

où, pour rendre la loi de formation plus évidente, on a changé les variables

$$X, \quad Y, \quad Z, \quad \ldots, \quad V,$$

respectivement en

$$X_0, \quad X_1, \quad X_2, \quad \ldots, \quad X_{m-1},$$

on conclura que la résultante R pourra se mettre sous la forme d'un déterminant symétrique, dont chaque élément sera la somme d'un certain nombre de déterminants binaires isobariques $(a_i b_j - a_j b_i)$.

Supposons, pour fixer les idées, $m = 3$, 4 ; on aura successivement

$$\mathscr{F} = (a_0 b_1 - a_1 b_0)X_2{}^2 + 2(a_0 b_2 - a_2 b_0)X_1 X_2 + 2(a_0 b_3 - a_3 b_0)X_0 X_2$$
$$+ \begin{pmatrix} a_0 b_3 - a_3 b_0 \\ a_1 b_2 - a_2 b_1 \end{pmatrix} X_1{}^2 + 2(a_1 b_3 - a_3 b_1)X_0 X_1 + (a_2 b_3 - a_3 b_2)X_0{}^2 ;$$

$$\mathscr{F} = (a_0 b_1 - b_0 b_0)X_3{}^2 + 2(a_0 b_2 - a_2 b_0)X_2 X_3 + 2(a_0 b_3 - a_2 b_0)X_1 X_3$$
$$+ \begin{pmatrix} a_0 b_3 - a_3 b_0 \\ a_1 b_2 - a_2 b_1 \end{pmatrix} X_2{}^2 + 2 \begin{pmatrix} a_0 b_4 - a_4 b_0 \\ a_1 b_3 - a_3 b_1 \end{pmatrix} X_1 X_2 + 2(a_0 b_4 - a_4 b_1)X_0 X_3$$
$$+ \begin{pmatrix} a_1 b_4 - a_4 b_1 \\ a_2 b_3 - a_3 b_2 \end{pmatrix} X_1{}^2 + 2(a_1 b_4 - a_4 b_1)X_0 X_2 + 2(a_2 b_4 - a_4 b_2)X_0 X_1$$
$$+ (a_3 b_4 - a_4 b_3)X_0{}^2 .$$

On peut encore, d'après M. Cayley, obtenir très-simplement la forme (4) (§ VI) de la résultante. Il suffit de remarquer que l'équation $\dfrac{\varphi(x)\psi(y) - \psi(x)\varphi(y)}{x - y} = 0$ a lieu quel que soit y. Alors, en égalant à zéro les coefficients des différentes puissances de y, on a un nombre m d'équations, chacune de $(m-1)^{ième}$ degré en x, qui subsistent en même temps que les proposées ; et dont, en éliminant les puissances x^{m-1}, x^{m-2}, ..., x^1, x^0, traitées comme des inconnues, on obtiendra la forme cherchée.

§ VIII.

Formation des polynômes multiplicateurs.

Nous avons vu, au paragraphe III, comment, par l'introduction des polynomes multiplicateurs, on arrive à trouver la résultante de deux équations données.

Proposons-nous maintenant de trouver en général les fonctions entières Φ, Ψ de degré $m-1$, propres à satisfaire à l'équation

$$(1) \qquad \varphi\Phi + \psi\Psi = U,$$

U étant une fonction entière de degré $2m-1$. Cela pourra toujours avoir lieu, puisque nous pouvons disposer d'un nombre de coefficients arbitraires égal à celui des coefficients donnés dans U. En égalant entre eux les coefficients de la même puissance de x dans les deux membres, on aura une série de $2m$ équations propres à fournir les valeurs des coefficients de Φ et de Ψ. Leur dénominateur commun sera la résultante R; car, évidemment, il ne pourra pas différer de celui que l'on obtiendrait dans le cas de U$=0$ (voir page 33). On pourrait donc supposer U$=$RT, et alors les coefficients de Φ et de Ψ dans l'équation (1) réduite à la forme

$$(2) \qquad \varphi\Phi + \psi\Psi = RT$$

seront des fonctions entières des coefficients de φ, ψ et T.

La détermination des fonctions multiplicatrices Φ, Ψ, dans le cas général de

$$(3) \qquad T = c_0 x^{2m-1} + c_1 x^{2m-2} + \ldots + c_{2m-1},$$

revient à celle de ces mêmes fonctions dans le cas de T$=x^l$, l étant un quelconque des exposants $2m-1$, $2m-2$, ..., 2, 1, 0. Car si l'équation

$$\Phi_l\varphi + \Psi_l\psi = x^l$$

est satisfaite, la suivante

$$c_{2m-l}\Phi_l\varphi + c_{2m-l}\Phi_l\psi = c_{2m-l}x^l$$

le sera encore; et par conséquent, dans le cas général, les fonctions Φ et Ψ seront des sommes des termes tels que

$$c_{2m-l}\Phi_l, \qquad c_{2m-l}\Psi_l.$$

Cela posé, en résolvant les équations (3) (§ VI), comme si les puissances x^{m-1}, x^{m-2}, ..., x^0 étaient des inconnues, on a

$$(4) \begin{cases}
Rx^{m-1} = A_{0,0}l_0 + A_{0,1}l_1 + A_{0,2}l_2 + \ldots + A_{0,m-1}l_{m-1}, \\
Rx^{m-2} = A_{1,0}l_0 + A_{1,1}l_1 + A_{1,2}l_2 + \ldots + A_{1,m-1}l_{m-1}, \\
Rx^{m-3} = A_{2,0}l_0 + A_{2,1}l_1 + A_{2,2}l_2 + \ldots + A_{2,m-1}l_{m-1}, \\
\cdots\cdots\cdots\cdots\cdots\cdots\cdots\cdots\cdots\cdots\cdots \\
Rx_0 = A_{m-1,0}l_0 + A_{m-1,1}l_1 + A_{m-1,2}l_2 + \ldots + A_{m-1,m-1}l_{m-1},
\end{cases}$$

équations qui, à cause de la relation $A_{r,s}=A_{r',s'}$, toutes les fois que $r+s=r'+s'$ (voir chap. III, § I), peuvent encore s'écrire

$$(5) \begin{cases}
Rx^{m-1} = A_0 l_0 + A_1 l_1 + A_2 l_2 + \ldots + A_{m-1}l_{m-1}, \\
Rx^{m-2} = A_1 l_0 + A_2 l_1 + A_3 l_2 + \ldots + A_m l_{m-1}, \\
\cdots\cdots\cdots\cdots\cdots\cdots\cdots\cdots\cdots\cdots\cdots \\
Rx_0 = A_{m-1}l_0 + A_m l_1 + A_{m+1}l_1 + \ldots + A_{2m-1}l^{m-1},
\end{cases}$$

où l'on a en général

$$\mathrm{R}x_{m-r-1} = \mathrm{A}_r l_0 + \mathrm{A}_{r+1} l_1 + \mathrm{A}_{r+2} l_2 + \ldots + \mathrm{A}_{r+m} l_{m-1}.$$

Substituons, dans cette équation, les valeurs de l_0, l_1, ..., tirées des équations (2) (§ VI), il viendra

$$\mathrm{R}x^{m-r-1} = \{ \mathrm{A}_r a_0 + \mathrm{A}_{r+1}(a_0 x + a_1) + \mathrm{A}_{r+2}(a_0 x^2 + a_1 x + a_2) + \ldots \} \psi,$$
$$- \{ \mathrm{A}_r b_0 + \mathrm{A}_{r+1}(b_0 x + b_1) + \mathrm{A}_{r+2}(b_0 x^2 + b_1 x + b_2) + \ldots \} \varphi;$$

et en posant

$$(6) \qquad \Phi_r = \mathrm{A}_r a_0 + \mathrm{A}_{r+1}(a_0 x + a_1) + \mathrm{A}_{r+2}(a_0 x^2 + a_1 x + a_2) + \ldots$$
$$+ \mathrm{A}_{r+m}(a_0 x^{m-1} + a_1 x^{m-2} + \ldots + a_{m-1})$$
$$- \Phi = \mathrm{A}_r b_0 + \mathrm{A}_{r+1}(b_0 x + b_1) + \mathrm{A}_{r+2}(b_0 x^2 + b_1 x + b_2) + \ldots$$
$$+ \mathrm{A}_{r+m}(b_0 x^{m-1} + b_1 x^{m-2} + \ldots + b_{m-1}),$$

nous aurons

$$(7) \qquad \Phi_r \varphi + \Psi_r \psi = \mathrm{R}x^{m-r-1}.$$

Ainsi, dans le cas de $\mathrm{T} = x^{m-r-1}$, on obtient bien aisément les valeurs des fonctions multiplicatrices Φ, Ψ, au moyen des quantités A.

Mais comme, dans le cas général, les exposants qui figurent dans la fonction T peuvent dépasser le nombre $m-1$, il nous reste à faire voir comment on peut de ces mêmes équations tirer les valeurs de Φ et de Ψ correspondantes à une puissance de x supérieure à la $(m-1)^{ième}$.

A cet effet, j'observe que l'on pourra profiter des relations trouvées jusqu'à présent, en permutant x en $\frac{1}{x}$, et en même temps a_r, b_r en a_{m-r}, b_{m-r}; car, par ces deux échanges, les équations proposées $\varphi = 0$, $\psi = 0$ deviennent les mêmes. Alors les fonctions φ, ψ se changent en $x^{-m}\varphi$, $x^{-m}\psi$, et l_r devient

$$l_r = (a_{m-r}x^r + a_{m-r+1}x^{r-1} + \ldots + a_m)\varphi \frac{1}{x^{m+r}}$$
$$- (b_{m-r}x^r + b_{m-r}x^{r-1} + \ldots + b_m)\psi \frac{1}{x^{m+r}},$$

ou bien, en ayant égard aux équations φ et ψ,

$$- l_r = (a_0 x^{m-r-1} + a_1 x^{m-r-2} + \ldots + a_{m-r-1})\frac{\varphi}{x^{m-1}}$$
$$- (b_0 x^{m-r-1} + b_1 x^{m-r-2} + \ldots + b_{m-r-1})\frac{\psi}{x^{m-1}};$$

et, d'après les (2) (§ VI),

$$l_r = -\frac{l_{m-r-1}}{x^{m-1}}.$$

Mais les équations (3) (§ VI) nous donnent

$$l_r = \lambda_{r,0} x^{m-1} + \lambda_{r,1} x^{m-2} + \ldots + \lambda_{r,m-1},$$

$$\frac{l_{m-r-1}}{x^{m-1}} = \lambda_{m-r-1,m-1} \frac{1}{x^{m-1}} + \lambda_{m-r-1,m-2} \frac{1}{x^{m-2}} + \ldots + \lambda_{m-r-1,0}.$$

Ainsi, comme l_r se change en $-\dfrac{l_{m-r-1}}{x^{m-1}}$, la fonction λ_{rs} se changera en $-\lambda_{m-r-1,m-s-1}$.

Or, par l'échange de λ_{rs} en $\lambda_{m-r-1,m-s-1}$, le déterminant (4) (§ VI) reste le même, et A_{rs} se transforme en $A_{m-r-1,m-1-s}$. Par suite, dans le cas actuel, R se changera en $(-1)^m$ et A_{rs} en $(-1)^{m-1} A_{m-1-r,m-1-s}$. En tenant compte de ces échanges, l'équation (7), lorsqu'on change x en $\dfrac{1}{x}$, a_r, b_r en a_{m-r}, b_{m-r}, deviendra

$$\text{(8)} \qquad \Phi_r \varphi + \Psi_r \psi = R x^{m+r},$$

ou

$$\text{(9)} \quad -\Phi_r = A_{2m-2-r} a_m x^{m-1} + A_{2m-3-r}(a_{m-1} x^{m-1} + a_m x^{m-2})$$
$$+ A_{2m-4-r}(a_{m-2} x^{m-1} + a_{m-1} x^{m-1} + a_m x^{m-2}) + \ldots$$
$$\cdots \cdots \cdots \cdots \cdots \cdots \cdots \cdots \cdots$$
$$+ A_{m-r-2}(a_1 x^{m-1} + a_2 x^{m-2} + \ldots + a_m).$$

$$\text{(10)} \quad \Psi_r = A_{2m-2-r} b_m x^{m-1} + A_{2m-3-r}(b_{m-1} x^{m-1} + b_m x^{m-2})$$
$$+ A_{2m-4-r}(b_{m-2} x^{m-1} + b_{m-2} x^{m-1} + b_m x^{m-2}) + \ldots$$
$$+ \cdots \cdots \cdots \cdots \cdots \cdots \cdots \cdots$$
$$+ A_{m-r-2}(b_1 x^{m-1} + b_2 x^{m-2} + \ldots + b_m).$$

En faisant varier r depuis 0 jusqu'à $m-1$, les deux équations (9) et (10), avec les (6), fourniront toutes les valeurs des fonctions Φ et Ψ propres à résoudre l'équation (2).

Remarque. On peut mettre les valeurs de Φ_r, Ψ_r sous la forme

$$\text{(11)} \quad \begin{cases} \Phi_r = \left(\dfrac{A_r}{x^m} + \dfrac{A_{r+1}}{x^{m-1}} + \ldots + \dfrac{A_{r+m}}{x} \right) \varphi \\[2mm] -\Psi_r = \left(\dfrac{A_r}{x^m} + \dfrac{A_{r+1}}{x^{m-1}} + \ldots + \dfrac{A_{r+m}}{x} \right) \psi, \end{cases}$$

$$(12) \quad \begin{cases} -\Phi_r = (A_{2m-2-r}x^{m-1} + A_{2m-3-r}x^{m-2} + \ldots + A_{m-r-2})\varphi \\ \Psi_r = (A_{2m-2-r}x^{m-1} + A_{2m-3-r}x^{m-2} + \ldots + A_{m-r-2})\psi \, . \end{cases}$$

pourvu que l'on rejette les puissances négatives de x dans le premier et celles supérieures à la $(m-1)^{ième}$ dans le second.

§ IX.

Sur les relations entre les éléments λ.

Nous avons vu (page 54) qu'entre les quantités λ il existe la relation $\lambda_{rs} = \lambda_{sr}$. Mais il doit évidemment y en avoir d'autres, car le nombre de ces éléments, en comptant seulement ceux qui sont différents, est $\dfrac{m^2+m}{2}$, et ils ne dépendent que de $2m+2$ coefficients. Le nombre donc de ces relations paraît être, au premier abord, $\dfrac{m^2+m}{2} - 2m - 2 = \dfrac{m(m-5)}{2} - 1$. Mais il faut le diminuer de trois; car la quantité $a_r b_s - a_s b_r$ ne change pas si l'on y substitue $pa_r + qb_r$, $p'a_r + q'b_r$, au lieu de a_r, b_r (en admettant toutefois que les constantes p, q, p', q' soient assujetties à la condition $pq' - p'q = 1$). D'où l'on voit que l'on peut disposer à volonté de trois des coefficients a_r, b_r, a_s, b_s, sans que la valeur de λ soit altérée. Donc les $2n+2$ coefficients donnés se réduisent à $2n-1$, puisque trois d'entre eux peuvent toujours être pris arbitrairement. Par conséquent, le nombre des relations se réduira aussi à $\dfrac{m(m-1)}{2} + 2 = \dfrac{(m-1)(m-2)}{2}$. Parmi ces relations, on peut compter celles fournies par les équations (14) et (15) de la page 73, mais il y en a de plus simples.

Si l'on compare entre elles les valeurs qu'on tire de la formule (5) (§ VI) pour $\lambda_{r-1,s}$ et $\lambda_{r,s-1}$, on obtient

$$(1) \qquad \lambda_{r,s-1} - \lambda_{r-1,s} = a_r b_s - a_s b_r \, ;$$

ou bien, en posant $a_r b_s - a_s b_r = (a_r b_s)$,

$$\lambda_{r,s-1} - \lambda_{r-1,s} = (a_r b_s) \, .$$

Or, par la théorie des déterminants, on sait que (*)

$$(a_r b_s)(a_u b_v) + (a_r b_u)(a_v b_s) + (a_r b_v)(a_s b_u) = 0.$$

Par suite, en ayant égard à la relation $\lambda_{rs} = \lambda_{rs}$, et à la (1), on obtient

$$(2)\quad \left\{ \begin{array}{l} \lambda \begin{vmatrix} r & s \\ u-1 & v-1 \end{vmatrix} + \lambda \begin{vmatrix} r & u \\ v-1 & s-1 \end{vmatrix} + \lambda \begin{vmatrix} r & v \\ s-1 & u-1 \end{vmatrix} \\[2ex] + \lambda \begin{vmatrix} r-1 & s-1 \\ u & v \end{vmatrix} + \lambda \begin{vmatrix} r-1 & u-1 \\ v & s \end{vmatrix} + \lambda \begin{vmatrix} r-1 & v-1 \\ s & u \end{vmatrix} \end{array} \right\} = 0,$$

où, suivant une notation connue, les déterminants, on entend par le symbole $\lambda \begin{vmatrix} r & s \\ r' & s' \end{vmatrix}$ le déterminant $\lambda_{rr'}\lambda_{ss} - \lambda_{rs'}\lambda_{sr'}$. On aura donc là un type d'autant de relations entre les éléments λ qu'il y a de combinaisons distinctes des quatre indices r, s, u, v.

Posons successivement $r = 0$, $r = m$, et observons que les termes avec les indices -1 et m ne peuvent pas exister ; il viendra

$$(3)\quad \left\{ \begin{array}{l} \lambda \begin{vmatrix} m-1 & s-1 \\ u & v \end{vmatrix} + \lambda \begin{vmatrix} m-1 & u-1 \\ v & s \end{vmatrix} + \lambda \begin{vmatrix} m-1 & r-1 \\ s & u \end{vmatrix} = 0, \\[2ex] + \lambda \begin{vmatrix} 0 & s \\ u-1 & v-1 \end{vmatrix} + \lambda \begin{vmatrix} 0 & u \\ v-1 & s-1 \end{vmatrix} + \lambda \begin{vmatrix} 0 & v \\ s-1 & u-1 \end{vmatrix} = 0, \end{array} \right.$$

M. Jacobi, à qui l'on doit ces relations, a aussi démontré (*Journal de Crelle*, tome XV) la suivante, à laquelle nous nous arrêterons et que nous nous contenterons d'indiquer :

$$(4)\quad (-1)^m \lambda \left\{ \begin{vmatrix} r' & r'' \ldots r^{(n-1)} & m-1 \\ s' & s'' \ldots s^{(n-1)} & 0 \end{vmatrix} = \lambda \begin{vmatrix} r'+1 & r''+1 \ldots r^{(n+1)} & 0 \\ s'+1 & s''+1 \ldots s^{(n+1)} & n-1 \end{vmatrix} \right.,$$

$(r', r'' \ldots r^{(n-1)})$ et $(s', s''^{(n-1)})$ étant les nombres choisis respectivement pour les nombres $1, 2, 3, \ldots, m-2$ et $1, 2, 3, \ldots, m-1$. En se rappelant le sens de ces notations, on s'apercevra aisément que les fonctions indiquées dans les deux membres sont des déterminants formés avec les éléments λ affectés de certains indices particuliers.

CHAPITRE III.

PROPRIÉTÉS ET EMPLOI DE LA RÉSULTANTE DANS LA RECHERCHE DES RACINES COMMUNES.

---

§ I.

Propriétés de la résultante.

PREMIÈRE PROPRIÉTÉ. *Si l'équation $\varphi(x)$ est de la forme $\varphi(x) = \theta_1(x)\theta_2(x)\theta_3(x)\ldots$, on aura*

$$R = \Theta_1\Theta_2\Theta_3\ldots,$$

Θ_1, Θ_2, Θ_3 *désignant les résultantes des équations*

$$\begin{cases} \theta_1(x) = 0, \\ \psi(x) = 0, \end{cases} \qquad \begin{cases} \theta_2(x) = 0, \\ \psi(x) = 3, \end{cases} \qquad \begin{cases} \theta_3(x) = 0, \\ \psi(x) = 0, \end{cases}$$

Il suffit, en effet, de se rappeler qu'on a

$$R = \varphi(x_1)\varphi(x_2)\varphi(x_3)\ldots\varphi(x_n),$$

x_1, x_2, ..., x_n étant les racines de l'équation $\psi = 0$. Or, en remplaçant $\varphi(x)$ par le produit des fonctions θ, dans lesquelles nous la supposons décomposable, on aura

$$\begin{aligned}
R = &\; \theta_1(x_1)\,\theta_1(x_2)\ldots\theta_1(x_n), \\
&\; \theta_2(x_1)\,\theta_2(x_2)\ldots\theta_2(x_n), \\
&\; \theta_3(x_1)\,\theta_3(x_2)\ldots\theta_3(x_n), \\
&\; \cdot \cdot \cdot \cdot \cdot \cdot \cdot \cdot \cdot \cdot \cdot
\end{aligned}$$

Mais $\theta_i(x_1)\theta_i(x_2)\ldots\theta_i(x_n)$ n'est autre chose que la résultante Θ_i des équations θ_i et ψ ; donc

$$R = \Theta_1\Theta_2\Theta_3\ldots$$

On concevra aisément ce qu'il arriverait si φ et ψ étaient décomposables en même temps en facteurs.

DEUXIÈME PROPRIÉTÉ. *La résultante R de deux équations quelcon-*

ques de degré m *et* n, *telles que les* φ *et* ψ (page 53), *satisfait à l'équation aux dérivées partielles :*

$$(1) \begin{cases} ma_0\dfrac{d\mathrm{R}}{da_1}+(m-1)a_1\dfrac{d\mathrm{R}}{da_2}+(m-2)a_2\dfrac{d\mathrm{R}}{da_3}+\ldots+a_{m-1}\dfrac{d\mathrm{R}}{da_m} \\ +nb_0\dfrac{d\mathrm{R}}{db_1}+(n-1)b_1\dfrac{d\mathrm{R}}{db_2}+(n-2)b_2\dfrac{d\mathrm{R}}{db_3}+\ldots+b_{n-1}\dfrac{d\mathrm{R}}{db_n} \end{cases}=0.$$

Pour la démontrer, rappelons-nous qu'on a

$$(2) \begin{cases} \mathrm{R}=a_0 b_0{}^m(\alpha_1-\beta_1)(\alpha_2-\beta_1)(\alpha_3-\beta_1)\ldots(\alpha_m-\beta_1) \\ \qquad (\alpha_1-\beta_2)(\alpha_2-\beta_2)(\alpha_3-\beta_2)\ldots(\alpha_m-\beta_2) \\ \qquad (\alpha_1-\beta_3)(\alpha_2-\beta_3)(\alpha_3-\beta_3)\ldots(\alpha_m-\beta_3) \\ \qquad \cdots\cdots\cdots\cdots\cdots\cdots \\ \qquad (\alpha_1-\beta_n)(\alpha_2-\beta_n)(\alpha_3-\beta_n)\ldots(\alpha_m-\beta_n). \end{cases}$$

Or, si dans les équations proposées on posait $x=x'+h$, la résultante R ne changerait pas, car la constante h disparaîtrait dans les différences deux à deux des racines. Appelons donc

$$A_0, \quad A_1, \quad A_2, \quad \ldots, \quad A_m; \quad B_0, \quad B_1, \quad B_2, \quad \ldots, \quad B_n$$

les coefficients des nouvelles équations en x', dont les valeurs seront

$$(3) \begin{cases} A_0=a_0 \\ A_1=a_1+ma_0 h, \\ A_2=a_2+(m-1)a_1 h+\dfrac{m(m-1)}{1.2}a_0 h^2, \\ A_3=a_3+(m-2)a_2 h+\dfrac{(m-1)(m-2)}{1.2}a_1 h^2+\dfrac{m(m-1)(m-2)}{1.2.3}a_0 h^3, \\ \cdots\cdots\cdots\cdots\cdots\cdots \\ A_m=a_m+a_{m-1}h+a_{m-2}h^2+a_{m-3}h^3+\ldots+a_0 h^m, \\ B_0=b_0, \\ B_1=b_1+nb_0 h, \\ B_2=b_2+(n-1)b_1 h+\dfrac{n(n-1)}{1.2}b_0 h^2, \\ B_3=b_3+(n-2)b_2 h+\dfrac{(n-1)(n-2)}{1.2}b_1 h^2+\dfrac{n(n-1)(n-2)}{1.2.3}b_0 h^3, \\ \cdots\cdots\cdots\cdots\cdots\cdots \\ B_n=b_n+b_{n-1}h+b_{n-2}h^2+b_{n-3}h^3+\ldots+b_0 h_n, \end{cases}$$

et supposons qu'on ait

$$(4) \qquad \mathrm{R}=\mathrm{F}(a_0, a_1, a_2, \ldots, a_m, b_0, b_1, b_2, b_n).$$

La nouvelle résultante R' sera

$$(5) \qquad R' = F(A_0, A_1, A_2, \ldots, A_m, B_0, B_1, B_2, \ldots, B_n),$$

ou encore

$$(6) \qquad R' = F \begin{Bmatrix} a_0 + \delta a_0, & a_1 + \delta a_1, & a_2 + \delta a_2, & \ldots, & a_m + \delta a_m \\ b_0 + \delta b_0, & b_1 + \delta b_1, & b_2 + \delta b_2, & \ldots, & b_n + \delta b_n \end{Bmatrix},$$

en désignant par δa_0, δa_1, ..., δb_0, δb_1, ..., les accroissements

$$A_0 - a_0, \quad A_1 - a_1, \quad \ldots, \quad A_m - a_m, \quad B_0 - b_0, \quad B_1 - b_1, \quad \ldots, \quad B_n - b_n,$$

qui résultent des égalités (3). En développant alors R' suivant le théorème de Taylor étendu à plusieurs variables, on aura

$$(7) \quad R' = R + \begin{Bmatrix} m a_0 \dfrac{dR}{da_1} + (m-1) a_1 \dfrac{dR}{da_2} + (m-2) a_2 \dfrac{dR}{da_3} + \ldots + a_{m-1} \dfrac{dR}{da_m} \\ n b_0 \dfrac{dR}{db_1} + (n-1) b_1 \dfrac{dR}{db_2} + (n-2) b_2 \dfrac{dR}{db_3} + \ldots + b_{n-1} \dfrac{dR}{db_n} \end{Bmatrix} h + \ldots$$

Mais R' doit coïncider avec R ; h d'ailleurs est quelconque ; donc tous les coefficients des diverses puissances de h, et en particulier celui de la première, devront s'annuler ; ce qu'il fallait démontrer.

Supposons donc que la forme littérale de la résultante R soit connue, ce qui sera facile à l'aide du théorème donné dans le n° 4 du § 2 joint à la remarque qui suit, et qu'on représente les coefficients numériques par des coefficients indéterminés A, B, C, D, ... En substituant cette expression de R dans l'équation (1), le résultat devra être identiquement nul ; par conséquent, tous les coefficients des nouveaux termes qui se formeront devront se réduire à zéro, et fourniront ainsi autant d'équations de condition, par lesquelles on assignera la valeur de coefficients indéterminés A, B, C, D, ...

Soient, par exemple, les équations

$$a_0 x^2 + a_1 x + a_2 = 0,$$
$$b_0 x^2 + b_1 x + b_2 = 0;$$

la forme littérale de leur résultante sera

$$A(a_0^2 b_2^2 + a_2^2 b_0^2) + B(a_0 a_1 b_1 b_2 + a_1 a_2 b_0 b_1)$$
$$+ C(a_0 a_2 b_1^2 + a_1^2 b_0 b_2) + D a_0 a_2 b_0 b_2,$$

et l'équation aux dérivées partielles (1) deviendra

$$2\left(a_0\frac{dR}{da_1}+b_0\frac{dR}{db_1}\right)+a_1\frac{dR}{da_2}+b_1\frac{dR}{db_2}=0,$$

dont on tirera les équations de condition

$$A+B=0, \quad B+C=0, \quad 2B+nC+D=-0,$$

et comme un des coefficients peut toujours être pris arbitrairement, il s'ensuit, en prenant $A=1$, que

$$B=1, \quad C=1, \quad D=-2,$$

et alors la résultante sera

$$(a_0b_2-a_2b_0)^2-(a_0b_1-a_1b_0)(a_1b_2-a_2b_1).$$

Troisième propriété. *En appelant* x *la valeur commune aux deux équations proposées, on aura*

$$(8)\quad\begin{cases}1:x:x^2:x^3:\ldots:x^m::\dfrac{dR}{da_m}:\dfrac{dR}{da_{m-1}}:\dfrac{dR}{da_{m-2}}:\ldots:\dfrac{dR}{da_0},\\[2mm]1:x:x^2:x^3:\ldots:x^n::\dfrac{dR}{db_n}:\dfrac{dR}{db_{n-1}}:\dfrac{dR}{db_{n-2}}:\ldots:\dfrac{dR}{db_0}.\end{cases}$$

Supposons, en effet, que les coefficients a_l, a_p reçoivent les accroissements δa_l, δa_p, les proposées admettront encore une relation commune, si l'on a

$$\delta a_l x^{m-l}+\delta a_p x^{m-p}=0 ;$$

et comme dans ce cas la résultante doit encore s'annuler, il faudra que l'on ait aussi

$$\delta a_l\frac{dR}{da_l}+\delta a_p\frac{dR}{da_p}=0;$$

ces deux équations nous fournissent immédiatement la proportion

$$(9)\quad\frac{dR}{da_l}:\frac{dR}{da_p}::x^{m-l}:x^{m-p},$$

laquelle continuera à subsister lorsqu'on changera a en b. De là, le passage aux proportions (8) est de soi-même évident.

Corollaire 1. De la proportion (9) et de son analogue en b on déduit la suivante :

$$(10)\quad\frac{dR}{da_l}:\frac{dR}{da_p}::\frac{dR}{db_l}:\frac{dR}{db_p}.$$

Corollaire 2. Puisque l'on a $x^l x^p = x^{p+l}$, il s'ensuit que

$$(11) \qquad \frac{d\mathrm{R}}{da_m} \cdot \frac{d\mathrm{R}}{da_{m-p-l}} - \frac{d\mathrm{R}}{da_{m-p}} \cdot \frac{d\mathrm{R}}{da_{m-l}} = 0,$$

et le premier membre, d'après ce que nous avons dit au § I, chapitre II, devra être divisible par R. Ainsi, pour $m = 2$ il viendra

$$\frac{d\mathrm{R}}{da_2} \frac{d\mathrm{R}}{da_0} - \left(\frac{d\mathrm{R}}{da_1}\right)^2 = -b_0 b_2 \mathrm{R}.$$

Corollaire 3. Remplaçons dans l'équation ψ les puissances de x par les dérivées de R prises par rapport aux coefficients de φ qui leur sont proportionnelles, il viendra

$$b_0 \frac{d\mathrm{R}}{da_{m-n}} + b_1 \frac{d\mathrm{R}}{da_{m-n+1}} + b_2 \frac{d\mathrm{R}}{da_{m-n+2}} + \ldots + b_n \frac{d\mathrm{R}}{da_m} = 0.$$

Cette équation a lieu dès que l'on suppose une racine commune aux deux équations proposées; elle devrait donc s'évanouir avec R. Mais elle n'est pas divisible par R, car elle est de degré $n-1$ seulement par rapport aux coefficients a; donc elle doit s'annuler identiquement. Supposons, par exemple, $m = n$, on aura les deux équations identiques

$$a_0 \frac{d\mathrm{R}}{db_0} + a_1 \frac{d\mathrm{R}}{db_1} + a_2 \frac{d\mathrm{R}}{db_2} + \ldots + a_m \frac{d\mathrm{R}}{db_m} = 0,$$

$$b_0 \frac{d\mathrm{R}}{da_0} + b_1 \frac{d\mathrm{R}}{da_1} + b_2 \frac{d\mathrm{R}}{da_2} + \ldots + b_m \frac{d\mathrm{R}}{da_m} = 0.$$

Quatrième propriété. *En appelant* x *la valeur commune aux deux équations proposées* (1) *page* 53, *on aura*

$$(12) \qquad 1 : x : x^2 : \ldots : x^{m-1} :: \frac{d\mathrm{R}}{d\lambda_{r,m-1}} : \frac{d\mathrm{R}}{d\lambda_{r,m-2}} : \frac{d\mathrm{R}}{d\lambda_{r,m-3}} \cdots \frac{d\mathrm{R}}{d\lambda_{r,0}},$$

λ *étant les éléments du déterminant* (4) *page* 53.

Si, en effet, dans les équations qui suivent dans la même page, on supprime la ligne r, on pourra, avec les $m-1$ équations restantes, tirer les valeurs des $m-1$ quantités x^{m-1}, x^{m-2}, ..., x^1, considérées comme des inconnues. Il viendra alors, par des théorèmes connus,

$$(13) \qquad \frac{d\mathrm{R}}{d\lambda_{r,m-1}} x^{m-i} = \frac{d\mathrm{R}}{d\lambda_{r,i-1}},$$

et de là la proportion énoncée.

Posons
$$\frac{dR}{d\lambda_{r,s-1}} = A_{rs},$$

la relation (13) deviendra
$$A_{r,m}x^{m-r'} = A_{r,r'}.$$

On aura pareillement
$$A_{r,m}x^{m-s'} = A_{r,s'}.$$

Mais si, au lieu de la ligne r, on avait supprimé la ligne r', on aurait obtenu
$$A_{r',m}x^{m-r} = A_{r',r},$$
$$A_{r',m}x^{m-s} = A_{r',s}.$$

De ces relations on tire
$$x^{s'} : x^{r'} = A_{rr'} : A_{rs'},$$
$$x^{s} : x^{r} = A_{r's} : A_{r's};$$

d'où
$$\frac{x^{r+s'}}{x^{r'+s}} = \frac{A_{r',s}}{A_{r,s'}};$$

par conséquent, toutes les fois que $r' + s = r + s'$, il faudra que
$$(14) \qquad A_{r',s} = A_{r,s'}.$$

Ainsi, toutes les quantités A, dont les indices forment une somme égale, sont égales entre elles. C'est pour cela que nous avons écrit dans le § VIII les équations (4) composées avec les éléments A sous la forme (5).

Corollaire. On déduit des relations (9) et (13) la suivante :
$$(15) \qquad \frac{dR}{d\lambda_{r,m-1}} : \frac{dR}{d\lambda_{r,l-1}} \cdots \frac{dR}{da_m} : \frac{dR}{da_l}.$$

Cinquième propriété. *La résultante satisfait à l'équation aux dérivées partielles*
$$(16) \qquad \sum_{0}^{m-1} \lambda_{rs}\frac{dR}{da_{s+1}} = (m-r)b_r R,$$

r *étant un des nombres quelconques* $1, 2, 3, \ldots, m-1$.

En effet, si dans une des équations (3) (§ VI), dont le type général est
$$(17) \qquad \lambda_{r0}x^{m-1} + \lambda_{r1}x^{m-1} + \lambda_{r2}x^{m-2} + \ldots + \lambda_{r,m-1} = 0,$$

on substitue, d'après la propriété (9), $\dfrac{\frac{d\mathrm{R}}{da_l}}{\frac{d\mathrm{R}}{da_m}}$, au lieu de x^{m-l}, on aura

$$\sum \lambda_{rs} \frac{d\mathrm{R}}{da_{s+1}} = 0.$$

Le premier membre de cette équation constitue une fonction des coefficients de deux équations proposées φ et ψ, qui doit s'évanouir en même temps que la résultante R, et la contenir, par conséquent, en facteur. (Voir page 25.)

On aura donc

$$(18) \qquad \sum \lambda_{rs} \frac{d\mathrm{R}}{da_{s+1}} = q.\mathrm{R},$$

q étant un facteur à déterminer. Mais q est évidemment de la forme

$$q = q' b_r,$$

où q' désigne un coefficient numérique. Car le premier membre est de degré $2m+1$ par rapport aux coefficients b, et de degré $2m$ seulement par rapport aux coefficients a; d'ailleurs, le poids est

$$r+s+1+m^2-(s+1)=m^2+r.$$

D'autre part, le second membre contient la fonction R qui est de degré $2m$ et de poids m^2; ainsi, q ne pourra pas différer de la forme indiquée.

Que l'on se reporte ensuite à l'équation (5) du § VI, et l'on verra que le coefficient b_r figurera dans le premier membre (18) autant de fois que l'on fait varier l'indice s, à cause de la présence de b_r dans la seconde ligne, moins tous les b_r qu'on trouvera dans la première en faisant varier s de 0 à $r-1$. Donc $q' = m-r$. On est redevable à M. Brioschi de ce beau théorème ; mais on trouvera peut-être sa démonstration moins simple que celle-ci. (Voir le *Journal de Crelle*, tome LIII.)

Corollaire 1. Changeons a en b et réciproquement, on aura

$$(19) \qquad \sum_{0}^{m-1} \lambda_{rs} \frac{d\mathrm{R}}{db_{s+1}} = (m-r)a_r\mathrm{R}.$$

Corollaire 2. En supposant que l'on ait écrit les m équations qui résultent de la (16) par la variation de l'indice r, on pourra en déduire la valeur d'une dérivée quelconque $\dfrac{dR}{da_{s+1}}$ par la méthode de la résolution des équations linéaires à plusieurs inconnues. On aura ainsi, grâce à l'équation

$$0 = \sum_{1}^{m-1}{}_{s} \lambda_{rs} \frac{dR}{d\lambda_{rs'}} = \sum_{1}^{m-1}{}_{s} \lambda_{sr} \frac{dR}{d\lambda_{rs'}},$$

qui aura lieu, d'après la théorie des déterminants, pour toutes les valeurs de r, r', différentes entre elles, les deux équations qui suivent :

$$(20) \quad \left\{ \begin{array}{l} -\dfrac{dR}{da_{s+1}} = mb_0 \dfrac{dR}{d\lambda_{s,0}} + (m-1)b_1 \dfrac{dR}{d\lambda_{s,1}} + \ldots + b_{m-1}\dfrac{dR}{d\lambda_{s,m-1}} \\[2mm] \dfrac{dR}{db_{s+1}} = ma_0 \dfrac{dR}{d\lambda_{s,0}} + (m-1)a_1 \dfrac{dR}{d\lambda_{s,1}} + \ldots + a_{m-1}\dfrac{dR}{d\lambda_{s,m-1}} \end{array} \right.$$

Corollaire 3. Au moyen de l'équation (13), les deux précédentes se transforment en celles-ci :

$$(21) \qquad \frac{dR}{da_{s+1}} = -\psi'(x) \frac{dR}{d\lambda_{s,m-1}},$$

$$(22) \qquad \frac{dR}{db_{s+1}} = \varphi'(x) \frac{dR}{d\lambda_{s,m-1}},$$

x désignant toujours la racine connue. De là, en changeant s en $s-1$, on tire la suivante :

$$(23) \qquad \varphi'(x)\frac{dR}{da_s} + \psi'(x)\frac{dR}{db_s} = 0,$$

à laquelle on serait aussi arrivé, si dans l'équation (1), en posant $n = m$, on avait substitué, au lieu de $\dfrac{dR}{da_l}$, $\dfrac{dR}{db_l}$, les expressions idéntiques $\dfrac{dR}{da_s}\dfrac{x^{m-l}}{x^{m-s}}$, $\dfrac{dR}{db_s}\dfrac{x^{m-l}}{x^{m-s}}$. Si dans cette équation (23) on fait successivement $s = l$, $s = p$, et que l'on élimine le rapport $\varphi'(x) : \psi'(x)$, on retombera sur l'équation (10).

Supposons que les équations φ et ψ soient mises sous la forme des fonctions homogènes à deux variables,

$$(24) \quad \left\{ \begin{array}{l} \varphi = a_0 x^m + a_1 x^{m-1}y + a_2 x^{m-2}y^2 + \ldots + a_m y^m = 0, \\[1mm] \psi = b_0 x^n + b_1 x^{n-1}y + b_2 x^{n-2}y^2 + \ldots + b_n y^n = 0, \end{array} \right.$$

équations qui comprennent les (1), page 53. en y posant $y = 1$. On aura le théorème suivant.

SIXIÈME PROPRIÉTÉ. *La solution commune aux équations* $\varphi = 0$, $\psi = 0$ *est aussi une solution de l'équation*

$$(25) \qquad D_x\varphi . D_y\psi - D_y\varphi . D_x\psi = 0.$$

En effet, on a, par un principe connu de la théorie des fonctions homogènes,

$$(26) \qquad \begin{cases} xD_x\varphi + yD_y\varphi = m\varphi = 0, \\ xD_x\psi + yD_y\psi = n\psi = 0. \end{cases}$$

Or, puisque les proposées s'annulent par hypothèse pour les valeurs de x, y, différentes de zéro, il faudra que le dénominateur commun de ces valeurs, ou le déterminant

$$\begin{vmatrix} D_x\varphi, & D_y\varphi \\ D_x\psi, & D_y\psi \end{vmatrix} = 0$$

s'annule. Ce qu'il fallait démontrer.

Appelons P ce déterminant, on obtiendra encore la propriété qui suit:

SEPTIÈME PROPRIÉTÉ. *Si les proposées s'annulent par un système des variables* x, y, *les dérivées partielles de* P, *prises par rapport à chacune des variables, s'annuleront aussi.*

On tire en effet des (26) les équations

$$xP = m\{\varphi D_y\psi - \psi D_y\varphi\},$$
$$yP = m\{\varphi D_x\psi - \psi D_x\varphi\};$$

et en les différentiant successivement par rapport à x et à y, on obtient

$$x\frac{dP}{dx} = (m-1)P + m\{\varphi D^2_{xy}\psi - \psi D^2_{xy}\varphi\},$$
$$x\frac{dP}{dy} = m\{\varphi D_y^2\psi - \psi D_y^2\varphi\},$$
$$y\frac{dP}{dx} = m\{\varphi D_x^2\psi - \psi D_x^2\varphi\},$$
$$y\frac{dP}{dy} = (m-1)P + m\{\varphi D^2_{xy}\psi - \psi D^2_{xy}\varphi\}.$$

Or, si par hypothèse $\varphi = \psi = 0$, l'on a encore, par le théorème précédent, $P = 0$; il faudra donc que

$$\frac{dP}{dx} = \frac{dP}{dy} = 0.$$

Application. Comme les dérivées $\frac{dP}{dx}$, $\frac{dP}{dy}$, dans le cas de $m = 3$, sont aussi de troisième degré, il s'ensuit que la résultante des équations (14) (page 37) pourra encore se mettre sous la forme

$$\left|\begin{array}{cccc} a, & b, & c, & d \\ p, & q, & r, & s \\ 2(aq-bp), & 3(ar-cq), & as-dp+br-cq, & bs-dq \\ ar-cp, & as-dp+br-cq, & 3(bs-dq), & 2(cs-dr) \end{array}\right|.$$

Huitième propriété. *Si dans les équations proposées* φ *et* ψ, *on substitue aux variables* (x, y) *de nouvelles variables* (u, v) *liées aux premières par des équations linéaires telles que*

$$(27) \qquad \begin{cases} x = pu + qv, \\ y = p'u + q'v, \end{cases}$$

la nouvelle résultante déduite des équations transformées sera égale à l'ancienne multipliée par une puissance du déterminant $pq' - p'q$ *de la substitution.*

Mettons, en effet, les fonctions φ et ψ sous la forme

$$(28) \quad \varphi = a_0(x - \alpha_1 y)(x - \alpha_2 y)\ldots(x - \alpha_i y)\ldots(x - \alpha_m y) = 0,$$
$$(29) \quad \psi = b_0(x - \beta_1 y)(x - \beta_2 y)\ldots(x - \beta_i y)\ldots(x - \beta_n y) = 0.$$

Par suite de la substitution (27), les facteurs quelconques

$$x - \alpha_1 y, \quad x - \beta_1 y$$

deviendront respectivement

$$(p - \alpha_i p')\left(u - \frac{q'\alpha_i - q}{p - \alpha_i p'}v\right), \quad (p - \beta_j p')\left(u - \frac{q'\beta_j - q}{p - \beta_j p'}v\right),$$

et les transformées Φ et Ψ de φ et ψ seront

$$(30) \quad \Phi = a_0\varphi(p, p')\left(u - \frac{q'\alpha_1 - q}{p - \alpha_1 p'}v\right)\left(u - \frac{q'\alpha_2 - q}{p - \alpha_2 p'}v\right)\ldots\left(u - \frac{q'\alpha_m - q}{p - \alpha_m p'}v\right),$$
$$(31) \quad \Psi = b_0\psi(p, p')\left(u - \frac{q'\beta_1 - q}{p - \beta_1 p'}v\right)\left(u - \frac{q'\beta_2 - q}{p - \beta_2 p'}v\right)\ldots\left(u - \frac{q'\beta_m - q}{p - \beta_n p'}v\right).$$

Or, comme nous l'avons vu, la résultante R est le produit de toutes les différences $\alpha_i - \beta_j$ que l'on peut former avec les racines de φ et de ψ. D'ailleurs, cette différence quelconque des racines serait maintenant, pour les équations Φ et Ψ,

$$(32) \qquad \frac{q'\alpha_i - q}{p - \alpha_i p'} - \frac{q'\beta_j - q}{p - \beta_j p'} = \frac{(pq' - p'q)(\alpha_i - \beta_j)}{(p - \alpha_i p)(p - \beta_j p')}.$$

En revenant, par conséquent, à l'expression de R donnée au n° **2** du § II, en y remplaçant a_0 et b_0 respectivement par $a_0\varphi(p, p')$ et $b_0\psi(p, p')$, la valeur de la nouvelle résultante R′ sera

$$(33) \qquad R' = (pq' - p'q)^{mn} R \, ;$$

ce qu'il fallait démontrer.

Corollaire. Si dans φx et ψx on remplace la variable x par $\dfrac{p + qz}{p' + q'z}$, z étant une nouvelle variable, la résultante des nouvelles équations sera égale à celle des anciennes multipliée par une puissance du binome $pq' - p'q$.

NEUVIÈME PROPRIÉTÉ. *Soient*

$$\Phi = p\varphi + q\psi, \qquad \Psi = p'\varphi + q'\psi$$

deux nouvelles fonctions liées linéairement aux fonctions données φ et ψ, leur résultante R′ sera égale à celle des fonctions φ et ψ multipliées par une puissance de $pq' - p'q$.

En effet, si dans l'expression (**12**) de $\mathcal{F}$ donnée au § VII, on remplace φ et ψ respectivement par Φ et Ψ, on aura une nouvelle transformée qui sera

$$\mathcal{F}' = (pq' - p'q)\left[\frac{\varphi(\zeta)\psi'(\zeta') - \varphi'(\zeta)\psi(\zeta')}{\zeta - \zeta'}\right] = (pq' - p'q)\mathcal{F}.$$

Par conséquent, chaque élément de déterminant à déterminants binaires, qui exprime la résultante R selon la méthode abrégée de Bezout, acquerra le facteur $pq' - p'q$, et la résultante elle-même le facteur $(pq' - p'q)^m$.

Corollaire. Lorsque φ et ψ sont respectivement les dérivées par rapport à x et y d'une même fonction

$$f = a_0 x^l + la_1 x^{l-1} y + \frac{l(l-1)}{1.2} x^{l-2} y^2 + \ldots + a_l y^l,$$

leur résultante est naturellement une fonction des coefficients de f. Or, si dans f on fait la substitution

$$x = p\mathrm{X} + q\mathrm{Y},$$
$$y = p'\mathrm{X} + q'\mathrm{Y},$$

et que l'on appelle F la transformée de f, la résultante fournie par les équations

$$\frac{d\mathrm{F}}{d\mathrm{X}} = 0, \quad \frac{d\mathrm{F}}{d\mathrm{Y}} = 0$$

sera égale à l'ancienne R multipliée par $(pq' - p'q)^{l(l-1)}$.

Cela est facile à démontrer, en ayant recours au théorème précédent, et en remarquant qu'on a

$$\frac{d\mathrm{F}}{d\mathrm{X}} = p\left(\frac{df}{dx}\right) + p'\left(\frac{df}{dy}\right),$$
$$\frac{d\mathrm{F}}{d\mathrm{Y}} = q\left(\frac{df}{dx}\right) + q'\left(\frac{df}{dy}\right).$$

Ainsi, *pour toute fonction entière et homogène en* x, y, *il existe une fonction de ses coefficients qui a la propriété de se reproduire à un facteur près et indépendant de ces coefficients, lorsqu'on y remplace les variables par d'autres, liées linéairement aux premières.*

Il est aisé de voir que dans le calcul actuel cette fonction n'est autre chose que le produit des carrés de toutes les différences entre les racines de l'équation donnée. Mais elle n'est pas la seule; car, comme M. Cayley l'a démontré, toute fonction entière et homogène en x, y admet une infinité de fonctions jouissant de la même propriété, dont cependant $l - 2$ seulement sont indépendantes entre elles.

Nous remarquerons en passant que les fonctions pour $l = 4$, $l = 5$, telles que nous les envisageons actuellement, ont été déjà données au § IV.

D$\textsc{ixième}$ $\textsc{propriété}$. *Si dans les équations*

$$\varphi(x,\, y) = 0, \quad \psi(x,\, y) = 0$$

on substitue pour x, y *des fonctions quelconques entières et homogènes de* u *et de* v,

$$x = \mathrm{G}(u,\, v), \quad y = \mathrm{H}(u,\, v),$$

la résultante des équations transformées Ψ *et* Φ *sera égale à celle de* φ *et de* ψ *multipliée par une puissance de la résultante des équations*

$$G(u, v) = 0, \quad H(u, v) = 0.$$

Démonstration. Faisons dans

$$\varphi = a_0(x - \alpha_1 y)(x - \alpha_2 y) \dots (x - \alpha_m y),$$
$$\psi = b_0(x - \beta_1 y)(x - \beta_2 y) \dots (x - \beta_n y),$$

la substitution indiquée. Les équations transformées, Φ et Ψ, seront, en désignant par Π la caractéristique d'un produit,

$$\Phi = a_0 \Pi [G(u, v) - \alpha H(u, v)],$$
$$\Psi = b_0 \Pi [G(u, v) - \beta H(u, v)].$$

Or, ces équations admettront une solution commune dès qu'il y en aura une pour deux facteurs quelconques

$$G(u, v) - \alpha H(u, v) = 0,$$
$$G(u, v) - \beta H(u, v) = 0,$$

c'est-à-dire, d'après le théorème précédent, dès que leur résultante

$$(\alpha - \beta)^q Q$$

s'évanouira. Nous sous-entendons ici que Q désigne la résultante des équations $G = 0$, $H = 0$, et q leur commun degré.

Autant donc il y aura de combinaisons de facteurs, autant il y aura d'expressions, telles que $(\alpha - \beta)^q Q$, qui en s'annulant exprimeront la possibilité pour les équations Φ et Ψ d'avoir une solution commune. L'ensemble donc de ces conditions, à savoir

$$Q^{mn} R^q$$

sera la résultante cherchée, puisqu'il n'y aura pas cas de solutions qu'elle ne comprenne.

Exemple. Soient les équations

$$\varphi = ax^2 + bxy + cy^2, \quad \psi = a'x^2 + bxy + c'y^2,$$

et transformons-les en d'autres Φ et Ψ par les équations

$$x = pu^2 + quv + rv^2, \quad y = p'u^2 + q'uv + r'v^2,$$

la résultante de Φ et Ψ sera

$$[(ac' - a'c)^2 - (ab' - a'b)(bc' - b'c)]^2 [(pr' - rp')^2 - (pq' - p'q)(qr' - rq')]^2.$$

Corollaire. Supposons que φ et ψ soient les dérivées par rapport à x et à y d'une même fonction homogène $f(x, y)$:

La résultante de $D_x.f$, $D_y.f$ *sera une fonction des coefficients de* f, *dont une certaine puissance aura la propriété de se reproduire à un facteur près, lorsque dans* f *on remplace les variables* x, y *par des fonctions quelconques entières et homogènes d'autres variables* u *et* v.

Telle sera, par exemple, la fonction

$$(ad - bc)^2 - 4(ac - b^2)(bd - c^2)$$

correspondante à la fonction de x et de y,

$$ax^3 + 3bx^2y + 3cxy^2 + dy^3.$$

§ II.

Recherche de la solution commune.

1. Après avoir vu jusqu'à présent à quelle condition deux équations données admettent une solution commune, il est naturel de se demander : *Quelle est cette solution?* M. Abel, dans ses œuvres, et M. Liouville, dans son *Journal de Mathématiques*, ont donné divers procédés pour la trouver et pour déterminer même une fonction quelconque rationnelle de cette solution au moyen des coefficients des équations proposées. Mais ces procédés, quoique extrêmement ingénieux, sont bien loin d'être les plus simples, et il est à croire que la réponse la plus facile à cette question aurait été connue depuis longtemps, si l'on avait tenu un plus grand compte des procédés d'élimination d'Euler et de Bezout.

Il résulte, en effet, des propriétés deuxième et troisième que la valeur de x, propre à satisfaire en même temps aux deux proposées, sera donnée par l'une quelconque des trois équations

$$x\frac{dR}{da_{m-p}} = \frac{dR}{da_{m-p-1}}, \quad x\frac{dR}{db_{m-l}} = \frac{dR}{db_{m-l-1}}, \quad x\frac{dR}{d\lambda_{r,m-p}} = \frac{dR}{d\lambda_{r,m-p-1}},$$

dont la dernière sera toujours préférable en pratique. Car, sans passer par le développement de la résultante, il suffira de calculer les deux déterminants conjugués à deux éléments consécutifs d'une ligne quelconque de déterminant (4) (page 53).

On peut obtenir très-simplement les deux premières équations, en observant que les proposées seront encore satisfaites en changeant (a_{m-p}, a_{p-m+1}), (b_{m-p}, b_{m-p+1}) respectivement en $(a_{m-p}+\lambda x, a_{m-p+1}+\lambda)$, $(b_{m-l}-\mu x, b_{m-l-1}+\mu)$. Alors la résultante devient

$$R + \lambda\left(\frac{dR}{da_{m-p+1}} - x\frac{dR}{da_{m-p}}\right) + \mu\left(\frac{dR}{db_{m-l-1}} - x\frac{dR}{db_{m-l}}\right) + \text{etc.} = 0;$$

et puisque λ, μ sont quelconques, il faudra que

$$\frac{dR}{da_{m-p+1}} - x\frac{dR}{da_{m-p}} = 0, \quad \frac{dR}{db_{m-l-1}} - x\frac{dR}{db_{m-l}} = 0.$$

Soient, par exemple, les équations

$$a_0 x^3 + a_1 x^2 + a_2 x + a_3 = 0,$$
$$b_0 x^3 + b_1 x^2 + b_2 x + b_3 = 0;$$

leur solution commune satisfera à une quelconque des trois équations

$$(a_0 b_1 - a_1 b_0)x^2 + (a_0 b_2 - a_2 b_0)x + (a_0 b_3 - a_3 b_0) = 0,$$
$$(a_0 b_2 - a_2 b_0)x^2 + \left(\begin{array}{c} a_0 b_3 - a_3 b_0 \\ + a_1 b_2 - a_2 b_1 \end{array}\right)x + (a_1 b_3 - a_3 b_1) = 0,$$
$$(a_0 b_3 - a_3 b_0)x^2 + (a_1 b_3 - a_3 b_1)x + (a_2 b_3 - a_3 b_2) = 0,$$

et, si elle existe, une de ses expressions sera

$$= -\frac{(a_0 b_1 - a_1 b_0)(a_2 b_3 - a_3 b_2) - (a_0 b_3 - a_3 b_0)(a_0 b_3 - a_3 b_0)}{(a_0 b_1 - a_1 b_0)(a_1 b_3 - a_3 b_1) - (a_0 b_2 - a_2 b_0)(a_0 b_3 - a_3 b_0)}.$$

2. On peut, de reste, en ne connaissant que la résultante, trouver la solution commune. Soit, en effet, α cette solution; remplaçons, ce qui est permis, les équations φ et ψ par les suivantes :

$$a_0 x^m + a_1 x^{m-1} + a_2 x^{m-2} + \ldots + a_{m-1}x + a_m + \lambda(x - \alpha) = 0,$$
$$b_0 x^n + b_1 x^{n-1} + b_2 x^{n-2} + \ldots + b_{n-1}x + b_n + \mu(x - \alpha) = 0;$$

la résultante nouvelle devra encore s'annuler, puisque la première solution α en sera encore une pour les nouvelles équations. Par conséquent, α sera une racine de la nouvelle résultante égalée à zéro, et pourra être toujours déterminée. Observons, en outre, qu'on pourra se servir des indéterminées λ et μ pour simplifier les calculs.

Supposons, par exemple, qu'on ait à trouver la solution commune (α) aux deux équations suivantes :

$$ax^2 + bx + c = 0 ,$$
$$a'x^2 + b'x + c' = 0.$$

Ces équations, mises sous la forme

$$ax^2 + bx + c + \lambda(x - \alpha) = 0 .$$
$$a'x^2 + b'x + c' + \lambda'(x - \alpha) = 0 ,$$

fourniront la résultante

$$[ac' - a'c - \alpha(a\lambda' - a'\lambda)]^2 - (ab' - a'b + a\lambda' - a'\lambda)[bc' - b'c - \alpha(b'\lambda - b'\lambda)],$$

qui, en négligeant la partie

$$(ac' - a'c)^2 - (ab' - a'b)(bc' - b'c),$$

nécessairement nulle d'après notre hypothèse, et en posant

$$\lambda = b, \quad \lambda' = b',$$

se réduira simplement à

$$(ab' - a'b)\alpha^2 - 2(ac' - a'c)\alpha + bc' - b'c.$$

En égalant cette expression à zéro, on obtiendra pour la valeur commune des racines

$$\alpha = \frac{ac' - a'c}{ab' - a'b},$$

comme cela doit être. Si l'on avait, au contraire, posé

$$\lambda = c, \quad \lambda' = c',$$

on aurait eu immédiatement

$$\alpha = \frac{bc' - b'c}{ac' - a'c},$$

qui sera encore la même solution, en vertu de l'évanouissement de la résultante.

On aurait pu obtenir ces valeurs bien plus simplement; mais nous n'avons voulu, par cet exemple, qu'éclaircir la méthode.

Soit maintenant θ une fonction rationnelle quelconque de la solution x commune aux deux équations φ et ψ. Par un théorème connu, elle pourra toujours être ramenée à la forme

$$k_0 x^{m-1} + k_1 x^{m-2} + k_2 x^{m-3} + \ldots + k_{m-1} ,$$

les coefficients k étant des fonctions rationnelles des coefficients de θ et de ceux des équations proposées φ et ψ.

Par suite, à l'aide de l'équation (13) du paragraphe précédent, on aura l'équation

$$\theta(x)\,\frac{d\mathrm{R}}{d\lambda_{r,m-1}} = k_0\,\frac{d\mathrm{R}}{d\lambda_{r,0}} + k_1\,\frac{d\mathrm{R}}{d\lambda_{r,1}} + \ldots + k_{m-1}\,\frac{d\mathrm{R}}{d\lambda_{r,m-1}},$$

qui fera connaître la valeur cherchée de $\theta(x)$.

4. Jusqu'à présent nous avons supposé que les équations φ et ψ n'admettaient qu'une solution unique. Mais, s'il y en avait davantage, il faudrait, pour les trouver, recourir aux restes fournis par la méthode du plus grand commun diviseur, dont nous avons donné l'expression par la formule (11), page 50. Supposons, par exemple, qu'il y ait $l = m - i - 1$ solutions ; l'équation $\mathrm{R}_i = 0$, résolue par rapport à x, fera connaître les i solutions cherchées. Mais, pour que cela ait lieu, il faut évidemment que les coefficients satisfassent à l équations de condition, car le reste R_{i+1} ne pourra s'annuler, indépendamment de toute valeur attribuée à x, à moins que chacun de ces l coefficients ne se réduise à zéro. On comprend d'ailleurs qu'en divisant successivement les équations proposées par x moins les racines communes, on formera une suite d'équations de degré respectivement m, $m-1$, ..., $m-l+1$, et, par conséquent, une suite de l résultantes ou conditions.

D'après un théorème de Lagrange, que nous démontrerons plus tard en le généralisant, ces conditions sont exprimées très-simplement par l'une des deux suites

$$\mathrm{R} = 0, \quad \frac{d\mathrm{R}}{da_m} = 0, \quad \frac{d^2\mathrm{R}}{da^2{}_m} = 0 \ldots \frac{d^{l-1}\mathrm{R}}{da_m{}^{l-1}} = 0,$$

$$\mathrm{R} = 0, \quad \frac{d\mathrm{R}}{db_m} = 0, \quad \frac{d^2\mathrm{R}}{db^2{}_m} = 0 \ldots \frac{d^{l-1}\mathrm{R}}{da_m{}^{l-1}} = 0,$$

Arrivé à ce point, nous croyons avoir vidé toutes les questions générales que l'élimination entre deux équations à une variable pourrait soulever. Il se présenterait ici plusieurs applications analytiques et géométriques dignes d'intérêt. Mais, comme elles nous mèneraient trop au delà des bornes de notre ouvrage, nous en resterons là, et nous passerons à traiter de l'élimination entre trois équations à deux variables.

DEUXIÈME PARTIE.

THÉORIE DE L'ÉLIMINATION DANS LE CAS DE TROIS ÉQUATIONS A DEUX VARIABLES.

CHAPITRE I.

RECHERCHE ET PROPRIÉTÉS DES SOLUTIONS COMMUNES A DEUX ÉQUATIONS A DEUX VARIABLES.

§ I.

Formation et degré de l'équation finale.

Afin d'abréger le discours et de mieux éclairer la pensée, nous appellerons dorénavant *argument* la partie qui, dans un terme d'une équation, contient les variables, de sorte qu'un terme sera le produit du *coefficient* par l'*argument*.

Cela posé, nous appelons *équation canonique de degré* m *à deux variables* celle qui, dans ces *arguments*, présente une somme d'exposants variable depuis 0 jusqu'à m.

Soient $x^p y^q$ l'*argument* d'un terme, et r un nombre tel que

$$(1) \qquad p+q+r=m \, ;$$

le coefficient de cet *argument* sera désigné par le symbole a_{pqr} (*). A la vérité, les deux indices p, q suffiraient pour distinguer les coefficients ; mais nous en ajouterons un troisième pour la symétrie et par analogie à l'équation homogène à trois variables :

$$(2) \qquad \sum a_{pqr} x^p y^q z^r = 0 \, ,$$

dont celle que nous considérons n'est qu'un cas particulier dès qu'on suppose $r=1$.

(*) Souvent, pour abréger l'écriture, nous écrirons $pqr...$, $xyz...$, au lieu de $p, q, r, ...$, $x, y, z, ...$

Il est bien évident que l'équation dont il s'agit, ordonnée par rapport à x ou à y, prendra les formes

$$(3) \qquad \sum_{l=0}^{l=m} a_l x^{m-l}, \quad \sum_{l=0}^{l=m} a'_l y^{m-l} = 0,$$

a_l, a'_l étant des polynomes complets respectivement en x ou y de degré l.

Le nombre de ces termes ou des coefficients a_{pqr} sera le même que celui des solutions en nombres entiers de l'équation (1), 0 compris, c'est-à-dire

$$(4) \qquad N = \frac{m+1 \cdot m+2}{1 \cdot 2}.$$

Considérons maintenant deux équations canoniques φ et ψ à deux variables, de degré m et n, que nous désignerons comme il suit :

$$(5) \qquad \varphi(x, y) = \sum a_{pqr} x^p y^q, \quad \psi(x, y) = \sum b_{pqr} x^p y^q = 0,$$

La première question qui se présente, c'est de trouver un système des valeurs de x, y propre à les vérifier simultanément. Or, cela n'offre pas de difficulté dès que l'on connaît la résultante des deux équations de degré m à une variable.

Ordonnons, en effet, ces équations par rapport à x et à y. On aura les systèmes

$$(6) \quad \begin{cases} \displaystyle\sum_0^m a_l x^{m-l} = 0, \\[2mm] \displaystyle\sum_0^n b_l x^{n-l} = 0, \end{cases} \qquad (7) \quad \begin{cases} \displaystyle\sum_0^m a'_l y^{m-l} = 0, \\[2mm] \displaystyle\sum_0^n b'_l y^{n-l} = 0, \end{cases}$$

qui fourniront des résultantes de degré $m+n$ et de poids mn par rapport aux coefficients a_l, b_l d'une part, et aux coefficients a'_l, b'_l de l'autre. La première deviendra, par conséquent, une fonction Y de y, la seconde X de x, dont le degré commun, par rapport aux variables x, y, sera mn. Car, à cause de l'équipollence, on a pour chaque terme des deux résultantes les conditions

$$(8) \qquad \sum l\lambda = mn, \quad \sum l\lambda' = mn,$$

λ, λ' étant les exposants dont les coefficients $(a_l,\ b_l)$, $(a'_l,\ b'_l)$ y sont respectivement affectés. Mais les degrés de ces coefficients, considérés comme des fonctions de y ou de x, sont égaux à leurs indices; donc les premiers membres des équations (8) expriment les degrés des termes de chaque résultante par rapport à y ou à x. Donc, puisque le degré de chaque terme est égal à son poids, ces résultantes elles-mêmes seront de degré mn; et on pourra les mettre sous la forme

$$(9) \qquad X = \sum_0^{mn} A_l x^{m-l}, \quad Y = \sum_0^{mn} B_l y^{m-l}.$$

Avant d'aller plus loin, il sera bon de nous arrêter un instant, pour voir comment Bezout arrive au même résultat par toute autre voie.

Posons d'abord ce lemme :

Le nombre des termes qui, dans une équation $\varphi(x,\ y)$ *canonique de degré* m, *sont divisibles par* x^p *est* $\dfrac{(m-p+1)(m-p+2)}{1.2}$.

Il est évident, en effet, que si l'on met l'équation φ sous la forme d'une équation homogène à trois variables $\theta(x,\ y,\ z)$, les termes divisibles par x^p constitueront, après avoir été dépouillés de ce facteur x^p, une équation homogène à trois variables de degré $m-p$, laquelle contient, comme on sait, $\dfrac{(m-p+1)(m-p+2)}{2}$ termes.

Supposons donc que l'on veuille avoir la résultante Y. Multiplions l'équation $\varphi(x, y) = 0$ par une autre $\theta(x, y)$ de degré t à coefficients indéterminés; on obtiendra une *équation produit* $\Theta(x, y)$ de degré $m+t$. A l'aide de l'équation $\psi(x, y) = 0$, éliminons toutes les puissances de x supérieures à la $(n-1)^{ième}$. Le nombre des termes qui figureront encore dans Θ, après l'élimination des termes divisibles par x^n, sera, en vertu du lemme précédent :

$$N = \frac{(m+t+1)(m+t+2)}{2} - \frac{(m+t-n+1)(m+t-n+2)}{2}.$$

Soit maintenant p le degré de la résultante Y qu'il s'agit de trouver; le nombre des termes compris dans Y sera $p+1$. Le nombre donc des termes qu'il faudra détruire dans l'équation Θ, pour la réduire à la Y au moyen des coefficients indéterminés, sera $N-p-1$.

Or, si au lieu d'éliminer les termes divisibles par x^μ dans l'équation-produit Θ, on les avait éliminés dans l'équation θ, le nombre des termes et, par conséquent, le nombre des coefficients arbitraires aurait été réduit à

$$\frac{(t+1)(t+2)}{2} - \frac{(t-n+1)(t-n+2)}{2}.$$

Mais comme un de ces coefficients peut toujours être pris à volonté, car rien n'empêche de multiplier la θ par une constante, le nombre des coefficients indéterminés disponibles sera

$$\frac{(t+1)(t+2)}{2} - \frac{(t-n+1)(t-n+2)}{2} - 1.$$

Or, le nombre des termes à déterminer dans Θ ne peut pas être ni plus grand ni plus petit que le nombre des coefficients arbitraires dont on peut disposer. Donc

$$\frac{(m+t+1)(m+t+2)}{2} - \frac{(m+t-n+1)(m+t-n+2)}{2} - \rho - 1$$
$$= \frac{(t+1)(t+2)}{2} - \frac{(t-n+1)(t-n+2)}{2} - 1.$$

De là on conclut $\qquad\qquad \rho = mn,$

ce qu'il fallait démontrer.

Passons à présent à un exemple. Soient les équations

$$(10)\qquad \begin{cases} \varphi = ax^2 + by^2 + dz^2 + dyz + exz + fxy = 0, \\ \psi = a'x^2 + b'y^2 + d'z + d'yz + e'xz + f'xy = 0, \end{cases}$$

En posant $z = 1$, et en ordonnant par rapport à x, on aura

$$(11)\qquad \begin{cases} \varphi = ax^2 + (fy+e)x + by^2 + dy + c = 0, \\ \psi = a'x^2 + (f'y+e')x + b'y^2 + d'y + c' = 0. \end{cases}$$

Désignons en général par (mn) le déterminant $\begin{vmatrix} m, & n \\ m', & n' \end{vmatrix}$, on aura

$$(12)\quad \begin{cases} Y = [(ab)^2 - (af)(fb)]y^4 + [2(ab)(ad) - (ae)(fb) - (af)((fd)+(eb))]y^3 \\ \quad + [2(ab)(ac) + (ad)^2 - (ae)((fd)+(cb)) - af((ed)+(fc))]y^2 \\ \quad + [2(ad)(ac) - (af)(ec) - (ae)((ed)+(fc))]y \\ \quad + (ac)^2 - (ae)(ec). \end{cases}$$

Il est aisé de voir que, pour un degré quelconque m, on peut écrire sans difficulté les deux premiers et les deux derniers termes des résultantes X ou Y. Considérons spécialement la Y.

Le dernier terme est évidemment la résultante des deux équations (5), lorsqu'on y pose $y = 0$. Le premier terme ensuite s'obtiendra en limitant, dans la résultante des équations φ et ψ mises sous la forme (6), les coefficients a_i, b_i aux termes contenant les plus hautes puissances de y; ou, autrement, le coefficient du premier terme sera la résultante des équations proposées réduites aux termes homogènes de degré m. Ainsi, on aura

$$(13) \qquad B_0 = \begin{vmatrix} a_{m\,0,0} & a_{m-1\,10} & a_{m-2\,20} & \cdots & a_{0m,0} \\ b_{m\,0,0} & b_{m-1\,10} & b_{m-2\,20} & \cdots & b_{0m,0} \end{vmatrix},$$

$$(14) \qquad B_{mn} = \begin{vmatrix} a_{m\,0,0} & a_{m-1\,01} & a_{m-2\,02} & \cdots & a_{0\,0m} \\ b_{m\,0,0} & b_{m-1\,01} & b_{m-2\,02} & \cdots & b_{0\,0m} \end{vmatrix},$$

où les seconds membres désignent les résultantes des deux équations à une variable de degré m, dont les coefficients seraient les éléments compris dans les barres. On verra, d'ailleurs, très-aisément qu'on a toujours $A_0 = B_0$.

Pour obtenir le second terme, observons qu'en posant

$$Y = \sum C a_0^{\lambda_0} a_1^{\lambda_1} \ldots a_m^{\lambda_m} b_0^{\lambda'_0} b_1^{\lambda'_1} b_m^{\lambda'_m},$$

l'argument y^{mn-1} résultera, en limitant tous les facteurs $a_i^{\lambda_i}$ au terme contenant la puissance la plus haute de y, à l'exception d'un seul, où l'on prendra au contraire la puissance immédiatement inférieure : cela revient à opérer sur B_0 avec le symbole

$$\sum a_{p,q-1,r} \, \delta a_{p,q,r}.$$

On trouvera de même que

$$B_{mn-1} = \sum a_{p,q+1,r} \, \delta a_{p,q,r} \, B_{mn}.$$

Or, d'après la formule (4) de la page 53, B_0, B_{mn} sont des fonctions des déterminants linéaires de la forme

$$(15) \qquad \begin{vmatrix} a_{pqr} & a_{p'q'r'} \\ b_{pqr} & b_{p'q'r'} \end{vmatrix}$$

Par conséquent, pour avoir B, ou B_{mn-1}, il suffira de différentier respectivement B_0 ou B_{mn} par rapport à chaque déterminant binaire (15), et de changer ensuite celui-ci en

$$\begin{vmatrix} a_{p,q-1,r} & a_{p'q-1,r'} \\ b_{p,q,r} & b_{p'q'r'} \end{vmatrix} + \begin{vmatrix} a_{pqr} & a_{p',q',r'} \\ b_{p,q-1,r} & b_{p',q'-1,r'} \end{vmatrix},$$

ou en

$$\begin{vmatrix} a_{p,q+1,r} & a_{p',q+1,r} \\ b_{pqr} & b_{p',q',r'} \end{vmatrix} + \begin{vmatrix} a_{p,q,r} & a_{p'q'r'} \\ a_{p,q+1,r} & a_{p,q+1,r'} \end{vmatrix}.$$

L'équation (12) confirme ce que nous venons de dire.

La formation des autres coefficients est plus compliquée. Je me contenterai de remarquer que les coefficients B_2, B_{mn-2} s'obtiendraient en opérant avec les symboles

$$\sum \left\{ \left(a_{p,q+2,r} + \frac{1}{2} a^2{}_{p,q+1,r} \right) \partial a_{p,q,r} + a_{p,q+1,r} a_{p'q'-1,r'} \partial a_{pqr} \partial a_{p'q'r'} \right\},$$

$$\sum \left\{ \left(a_{p,q-2,r} + \frac{1}{2} a^2{}_{p,q-1,r} \right) \partial a_{p,q,r} + a_{p,q-1,r} a_{p'q'-1,r'} \partial a_{pqr} \partial a_{p'q'r'} \right\},$$

sur B_0, B_{mn} respectivement. Mais on comprendra sans peine que les coefficients de X, Y sont les fonctions des déterminants binaires formés avec les coefficients des deux équations proposées, et que d'ailleurs, dans A_i, le poids des premiers indices est égal à $mn-i$, et celui des seconds à mn, pendant que, dans B_i, le poids des premiers indices est mn, et celui des seconds $mn-i$. Car en changeant, par exemple, y en ky, le coefficient B_i devient $B_i k^{mn-i}$; mais le changement de y en ky dans les équations proposées revient à celui de a_{pqr}, b_{pqr} en $k^q a_{pqr}$, $k^q b_{pqr}$; donc, en faisant la même permutation dans les coefficients qui entrent dans B_i, on devra retrouver le facteur k^{mn-i}; ce qui ne pourra pas arriver, à moins que le poids des seconds indices soit égal à $mn-i$. D'ailleurs, il est évident que le poids des premiers indices est mn, car la fonction Y est la résultante des équations proposées considérée comme fonction de x.

La remarque que nous venons de faire permettra de contrôler les calculs qu'on fera, d'après la méthode abrégée de Bezout, pour déterminer les coefficients A et B.

§ II.

Nombre des solutions communes. — Degré de l'équation finale dans le cas de deux équations non canoniques.

Supposons maintenant qu'on ait résolu les équations $X = 0$, $Y = 0$, et appelons-en

$$(1) \quad \begin{cases} x_1, & x_2, & x_3, & \dots, & x_{mn}, \\ y_1, & y_2, & y_3, & \dots, & y_{mn}, \end{cases}$$

les racines respectives.

Pour savoir laquelle des racines y correspond à une racine donnée x_i, il suffira de substituer dans l'une des proposées la quantité x_i au lieu de x et de résoudre ensuite l'équation de degré m ou n en y qui en résultera.

Cela fait, si les deux équations (5), page 86, admettent une solution unique y pour toutes racines x_i, le nombre de ces solutions sera le même que celui des racines (10), c'est-à-dire mn. Mais si, au contraire, pour une valeur de x, telles que x_1, elles étaient censées avoir les deux solutions y_1, y_2, on serait tenté, au premier abord, de croire que le nombre des solutions (x, y) peut dépasser le nombre mn. Ainsi, on pourrait supposer les $mn + 1$ solutions suivantes :

$$x_1 y_1, \quad x_1 y_2, \quad x_2 y_2, \quad x_3 y_3, \quad \dots, \quad x_{mn} y_{mn};$$

car rien ne s'oppose à ce que y_2 soit encore une racine commune pour $x = x_2$. C'est une légère difficulté, qui peut-être n'a pas été remarquée par Euler, auteur du théorème que nous donnerons ci-dessous, et qui du reste ne pouvait être écartée sans celui de Lagrange mentionné page 83.

En effet, d'après ce théorème et l'hypothèse que nous venons de faire, on aura en même temps

$$X = 0, \qquad Y = 0,$$
$$\frac{dX}{da_m} = 0, \qquad \frac{dY}{da'_m} = 0;$$

par conséquent, X, Y seront respectivement divisibles par $(a_m - \alpha)^2$,

$(a'_m - \alpha')^2, ;$ α, α' désignant deux fonctions de x, y. Les racines donc de $a_m - \alpha$, ou $a'_m - \alpha'$ seront doubles dans X et Y. Ainsi la racine x ne peut pas être associée à y_1, y_2, ou la y_2 à x_1, x_2, sans qu'elles soient doubles respectivement dans X et Y, et l'on pourra poser, par exemple, $x_2 = x_1$, $y_1^2 = y_2$.

On voit alors que le nombre des solutions sera toujours mn. En poursuivant le même raisonnement, on verrait en général que si, d'un côté, on admet que les proposées aient, par une valeur donnée y ou x, plusieurs solutions communes en x ou en y, il faut, de l'autre, admettre autant de racines égales dans l'équation X $= 0$, Y $= 0$. Par conséquent, si p racines x_i peuvent se combiner avec une même racine y_i, les autres $mn - p$ racines ne pourront plus se combiner qu'avec les autres $mn - p$ racines distinctes de y_i; car p de ces racines sont égales à y_i et se trouvent déjà par le fait associées aux racines x_i. Concluons donc que, dans tous les cas,

Le nombre des solutions communes à deux équations canoniques à deux variables est égal au produit de leurs degrés.

Appelons à présent *groupes des solutions* l'ensemble des solutions, où à une même valeur de x ou de y correspondent des valeurs différentes de y ou de x; et soient g_x, g_y les nombres respectifs de ces *groupes*, il y aura g_x racines différentes dans l'équation X $= 0$, et g_y dans Y $= 0$. Posons, de plus,

$$Y = (y - \alpha)^{\lambda_\alpha}(y - \beta)^{\lambda_\beta}(y - \gamma)^{\lambda_\gamma}\ldots;$$

il y aura nécessairement λ_α, λ_β, λ_γ, ..., racines x associées respectivement aux racines $y = \alpha$. $= \beta$, $= \gamma_1 \ldots$, et le nombre des groupes sera égal à celui des exposants λ_α, λ_β, $\lambda_\gamma \ldots$

D'ailleurs, pour que cela ait lieu, il faudra qu'entre les coefficients des deux équations il existe des équations de conditions en nombre

$$\lambda_\alpha - 1 + \lambda_\beta - 1 + \lambda_\gamma - 1 + \ldots = (mn - g_x).$$

Exemple. Soient les équations

$$x^3 - 3x^2y + 3xy^2 + 18xy - 9x^2 + 23x - y^3 - 9y^2 - 23y - 15 = 0,$$
$$x^3 + 2x^2y + 3xy^2 - 6xy - 3x^2 - x + y^3 - 3y - y^2 + 3 = 0.$$

On aura, à un facteur numérique près,

$$Y = y^2(y+1)^3(y+2)^2(y-1)(y+3).$$

Il faut donc qu'à la racine $y=0$ répondent deux solutions en x, trois en $y=-1$, deux en $y=-2$, une pour $y=1$, et enfin une solution pour $y=-3$.

On a, en effet, les groupes suivants :

$y=0,\ x=3$	$y=-1,\ x=0$	$y=-2,\ x=5$	$y=1,\ x=2$	$y=-3,\ x=2$
$y=0,\ x=1$	$y=-1,\ x=4$	$y=-2,\ x=1$		
	$y=-1,\ x=2$			

qui exigeront quatre conditions entre les coefficients, et que X, en outre, ait l'expression suivante :

$$X = x(x-3)^2(x-2)^3(x-1)^2(x-4),$$

comme cela arrive effectivement.

Remarquons maintenant que toute équation $\varphi(x, y)$, en représentant par m la somme des exposants de x, y qu'offre la série des termes dont elle se compose, peut être réduite, en remplaçant par 0 les coefficients qui manquent, à une forme canonique de degré m. Mais les degrés des résultantes x, y pourraient, dans ce cas, différer entre eux, et le nombre mn n'exprimerait plus qu'un *maximum* qu'ils ne peuvent atteindre. Il importe donc de voir comment, dans tous les cas possibles, on peut s'assurer d'avance du degré des résultantes, ou, en d'autres termes, du nombre des solutions communes.

Soient en général $\lambda_0, \lambda_1, \ldots, \lambda_m, \lambda'_0, \lambda'_1, \ldots, \lambda'_n$ les degrés des coefficients $a_0, a_1, \ldots, a_m, b_0, b_1, b_2, \ldots, b_m$ des équations (6), par rapport à la variable y qu'ils contiennent. Il est évident que le degré de la résultante $Y = 0$, en supposant que $a_0^{k_0} a_1^{k_1} \ldots b_0^{k'_0} b_1^{k'_1} \ldots b_n^{k'_n}$ soit un de ces termes, sera le maximum de la somme

$$\lambda_0 k_0 + \lambda_1 k_1 + \ldots + \lambda_m k_m + \lambda'_0 k'_0 + \lambda'_1 k'_1 + \ldots + \lambda'_n k'_n,$$

sous les conditions

$$k_0 + k_1 + k_2 + \ldots + k_m = n, \quad k'_0 + k'_1 + \ldots + k'_n = m,$$
$$k_1 + 2k_2 + \ldots + mk_m + k'_1 + 2k'_2 + \ldots + nk'_n = mn.$$

Si donc nous appelons λ, λ' les degrés *maximum* que présentent les séries des coefficients a, b, le degré de la résultante ne pourra pas dépasser le nombre

$$\lambda n + \lambda' m.$$

Prenons, par exemple, les équations

$$(2) \quad \begin{cases} \varphi(x, y) = (x^8)y^5 + (x^6)y^4 + (x^4)y^2 + (x^9)y^3 + (x^3)y + (x^4) = 0, \\ \psi(x, y) = (x^2)y^4 + (x^2)y^3 + (x^4)y^2 + x^5 y + x^5 = 0, \end{cases}$$

où par le symbole (x) on sous-entend un polynome de degré i. On a

$$m = 5, \quad n = 4, \quad \lambda = 9, \quad \lambda' = 5;$$

le degré de la résultante ne peut pas dépasser le nombre

$$9.4 + 5.5 = 61.$$

Si, au contraire, on s'était contenté de regarder ces équations comme des cas particuliers des équations canoniques de degré $8+5 = 13$, $2+4 = 6$, on aurait trouvé, avec M. Minding, $6.13 = 78$ pour la limite maximum du degré. Mais on s'apercevrait bien facilement, après quelques essais, que le degré de la résultante $X = 0$ est 58, car, d'après les conditions posées ci-dessus, les termes

$$(x^8)^3(x^9)(x^5)^3(x^5)^2, \quad (x^9)^4(x^5)^4(x^2), \quad \text{etc.,}$$

correspondant aux termes algébriques

$$a^3{}_0 a_3\, b^3{}_3 b^2{}_4, \quad a^4{}_2\, b^4{}_3 b_0, \quad \text{etc.,}$$

sont ceux qui fournissent la plus haute puissance de x.

Cette marche, cependant, est loin d'avoir la rigueur et la précision désirables. Nous allons, par conséquent, exposer celle que M. Minding a publiée dans le *Journal de Crelle,* tome XX, et qui remplit parfaitement le but qu'on se propose.

Observons, à cet effet, qu'en appelant $y_1, y_2, \ldots, y_n$ les racines de l'équation ψ, la résultante X aura (voir page 26) l'expression suivante :

$$(3) \qquad X = b_0{}^m \varphi(x, y_1)\varphi(x, y_1)\ldots\varphi(x, y_n).$$

Par conséquent, le degré de X sera

$$(4) \qquad m\lambda'{}_0 + l_1 + l_2 + \ldots + l_n \, (^*),$$

(*) M. Bezout a donné à ce sujet, dans sa *Théorie générale des équations,* une formule

l_1, l_2, ..., l_n désignant les degrés des fonctions $\varphi(x, y_1)$, $\varphi(x, y_2)$, ..., $\varphi(x, y_n)$, après la substitution des valeurs de y_1, y_2, etc., en fonction de x. Mais si l'on suppose que l'on ait développé en série les racines y de la manière suivante :

$$(5) \qquad y_i = c_{h_i} x^{h_i} + c_{h_i-1} x^{h_i-1} + c_{h_i-2} x^{h_i-2} + \ldots + c_0 + \frac{c_1}{x} + \ldots,$$

il suffira, dans la plupart des cas, de substituer, au lieu de y, son premier terme $c_h x^h$; en appelant alors $x^\alpha y^\beta$ l'argument le plus haut de $\varphi(x, y)$, son degré sera $\alpha + \beta h$. Par suite, celui de X sera

$$m\lambda_0 + n\alpha + \beta(h_1 + h_2 + \ldots + h_n).$$

Cela arrivera toutes les fois que la substitution de $c_h x^h$ au lieu de y fournira pour le coefficient de l'argument $x^{\alpha + \beta h}$ une quantité différente de zéro. Dans le cas contraire, il faudra recourir au second terme de la série $c_{h-1} x^{h-1}$, et voir ce qu'il donne en le substituant. On passerait encore au troisième, si le coefficient de l'argument $x^{\alpha + \beta(h-1)}$ venait à s'annuler.

Il s'agit donc, en général, de trouver les degrés h_1, h_2, ..., h_n des racines y dans une équation donnée $\varphi(x, y) = 0$. Dans l'hypothèse où nous nous sommes placés, les racines y développées en série suivant les puissances descendantes de x auront pour premiers termes des monomes de la forme

$$c_{h_1} x^{h_1}, \quad \ldots, \quad c_{h_2} x^{h_2}, \quad \ldots, \quad c_{h_n} x^{h_n};$$

car toute fonction, qu'on suppose de degré r, doit par définition, en la divisant par x^r et en y faisant $x = \infty$, se réduire à une constante. Or, si l'on substitue ces séries à la place de y dans l'équation

---

extrêmement simple, que nous nous contenterons de mentionner, car, pour la démontrer, il faudrait entrer dans de longs développements, que le défaut d'espace nous force à supprimer. Soient α et β, α' et β' les plus grands exposants de x et y respectivement dans les équations φ et ψ. Le degré de la résultante sera

$$mn - (m-\alpha)(m-\beta) - (n-\alpha')(n-\beta'),$$

où m, n représentent les sommes maximum des exposants de x, y relatifs à un même terme dans les équations φ et ψ. Ainsi, on trouvera pour le degré de la résultante des équations (11) le nombre

$$13.6 - (13-9)(6-5) - (13-5)(6-4) = 58.$$

Il faut noter cependant que cette formule n'a pas généralement lieu.

$\varphi(x, y) = 0$, il faudra que dans chaque substitution on obtienne une équation en x identiquement nulle. Par conséquent, afin que les coefficients, en s'ajoutant, puissent se détruire mutuellement, il faudra qu'il existe au moins deux termes ayant en argument la même puissance de x. Or, la série des puissances les plus élevées, que présenteront successivement les différents termes, sera, pour une valeur h quelconque, celle des binomes

$$\lambda_0 + mh, \quad \lambda_1 + (m-1)h, \quad \lambda_2 + (m-2)h \ldots, \quad \lambda_m + h;$$

et si cette valeur h a été bien déterminée, il faudra qu'elle puisse rendre deux ou plusieurs de ces binomes égaux entre eux, en laissant toutes les valeurs des autres binomes au-dessous de celle des premiers.

La question, arrivée à ce point, peut être ainsi généralisée : *étant donnés des nombres quelconques λ_0, λ_1, ..., λ_m et d'autres nombres μ_0, μ_1, ..., μ_m, faire varier un nombre h depuis $+\infty$ jusqu'à $-\infty$, de telle sorte que les binomes*

$$(6) \qquad \lambda_0 + \mu_0 h, \quad \lambda_1 + \mu_1 h, \quad ..., \quad \lambda_m + \mu_m h$$

deviennent, les uns égaux entre eux, les autres tous inférieurs aux premiers. Les valeurs de h, qui satisferont à ces conditions, seront les degrés des racines y de l'équation

$$(7) \qquad (\lambda_0)y^{\mu_0} + (\lambda_1)y^{\mu_1} + (\lambda_2)y^{\mu_2} + \ldots + (\lambda^m)y^{\mu_m} = 0.$$

en désignant par (λ) une fonction de degré λ en x.

La recherche de ces valeurs de h se simplifie beaucoup en tenant compte des remarques qui suivent.

1° A partir de $+\infty$, le premier maximum est $\lambda_0 + \mu_0 h$, car on a par hypothèse

$$\mu_0 > \mu_1 > \mu_2 \ldots$$

2° A mesure que h diminue, les binomes décroissent d'autant plus plus que le coefficient μ de h est plus grand.

Il suit de là qu'en faisant descendre h de ∞ jusqu'à ce que le premier binome $\lambda_0 + \mu_0 h$ devienne égal à un autre, $v.g$, à $\lambda_i + \mu_i h$, on aura trouvé une des valeurs de h,

$$h_i = \frac{\lambda_i - \lambda_0}{\mu_0 - \mu_i}, \qquad \epsilon$$

qu'on cherchait ; car, d'après la remarque **1**, la valeur de $\lambda_0 + \mu_0 h$ sera bien supérieure à celle de tous les autres binomes. Mais lorsque l'on continuera à faire décroître h à partir de h_i, afin de trouver les autres valeurs propres à remplir les conditions énoncées, il sera inutile de s'occuper des binomes qui précèdent le binome $\lambda_i + \mu_i h$. En effet, d'après la remarque **2**, tous ces binomes décroîtront davantage que ceux qui suivent le binome $\lambda_i + \mu_i h$; toutefois on suppose que celui-ci soit le dernier de ceux auxquels $\lambda_0 + \mu_0 h$ est égal, c'est-à-dire que μ_i soit le plus petit coefficient de h dans les binomes égaux. Ainsi, le premier *maximum* qui vers $h = \infty$ était $\lambda_0 + \mu_0 h$, au moment de $h = h_i$, sera le binome $\lambda_i + \mu_i h$. Pour obtenir ensuite une seconde valeur de h, on opérera sur celui-ci et sur ceux qui le suivent, comme on a fait précédemment sur le binome $\lambda_0 + \mu_0 h$. Soit pourtant h_l une valeur de h pour laquelle on ait

$$\lambda_i + \mu_i h = \lambda_l + \mu_l h,$$

$\lambda_l + \mu_l h$ étant par hypothèse le dernier des binomes, auquel $h_i + \mu_i h$ a pu devenir égal ; ce sera là une autre valeur de h propre à la question. On opérera de même sur $\lambda_l + \mu_l h$ et sur les binomes qui suivent, etc., et l'on trouvera pareillement d'autres valeurs h_p, h_q...

Tout ceci peut être beaucoup éclairci en interprétant géométriquement le problème.

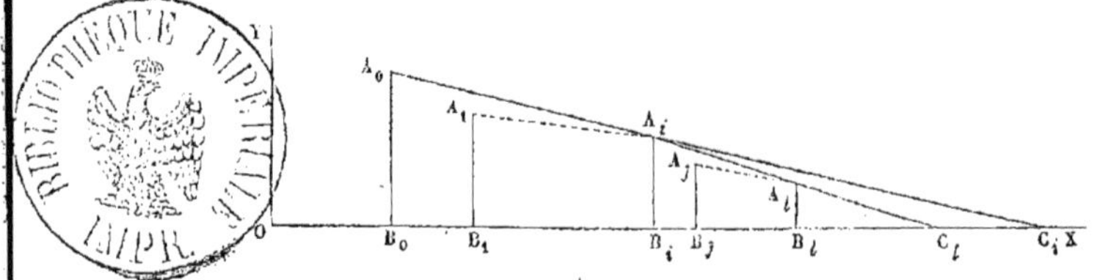

Prenons sur deux axes rectangulaires les abscisses

$$OB_0 = \lambda_0, \quad OB_1 = \lambda_1 \ldots OB_i = \lambda_i \ldots OB_j = \lambda_j \ldots OB_l = \lambda_l, \text{ etc.},$$

et les ordonnées

$$A_0 B_0 = \mu_0, \quad A_1 B_1 = \mu_1 \ldots A_i B_i = \mu_i \ldots A_j B_j = \mu_j \ldots A_l B_l = \mu_l, \text{ etc.}$$

Un binome quelconque $\lambda_i + \mu_i h$ sera l'abscisse du point C_i, où une ligne, partant du point A_i et inclinée sur la verticale d'un angle dont la tangente est h, intercepterait l'axe OX. Nous appelons *segment* l'abscisse OC_i.

Cela posé, le problème géométrique sera celui-ci : *tirer une ligne passant au moins par deux points, de telle sorte qu'elle coupe sur l'axe* OX *un segment algébriquement plus grand que tous ceux qui seraient interceptés par des parallèles menées par un autre point quelconque.*

On s'aperçoit de suite qu'une première solution sera de faire pivoter une ligne droite sur le point le plus haut A_0, jusqu'à ce qu'elle aille rencontrer un autre point A_i. Il est évident que toute parallèle à la ligne A_0A_i interceptera des segments moindres que OC_i; car tous les autres points seront au dedans de cette ligne. Si, de même, lorsqu'on sera arrivé au point A_i, on fait pivoter une ligne sur ce point vers l'axe, jusqu'à ce qu'elle aille rencontrer un autre point A_l, on sera sûr de laisser tous les autres points au dedans, car, puisqu'ils se trouvaient au-dessous de la première ligne A_0A_i, *à fortiori* ils se trouveront au-dessous de la seconde A_0A_l, qui sera plus élevée que l'autre sur l'axe. On obtiendra ainsi une seconde solution. En continuant de la sorte, on déterminera toutes les lignes propres à résoudre la question.

Substituons maintenant cx^{h_i} au lieu de y dans l'équation (16); il viendra, en divisant par $x^{\lambda_0 + h_i\mu_0}$, et en faisant $x = \infty$,

$$(17) \qquad (\lambda_0)' c^{\mu_0} + \ldots + (\lambda_i)' c^{\mu_i} = 0,$$

(λ'_0), $(\lambda_1)'$, etc., désignant les coefficients de la plus haute puissance de x dans les polynomes (λ_0), (λ_1), etc. Car, par hypothèse, les nombres $\lambda_0 + \mu_0 h_i$, $\lambda_i + \mu_i h_i$ sont *égaux et supérieurs à tous les autres* fournis par les binomes $\lambda + \mu h$; ainsi, après qu'on aura divisé par $x^{\lambda_0 + h_i\mu_0}$, toutes les puissances de x après le terme $(\lambda_i)y^{\mu_i}$, et toutes celles intermédiaires entre celui-ci et le premier terme $(\lambda_0)y^{\mu_0}$, à part celles qui pourraient encore être égales à $\lambda_0 + \mu_0 h_i$, sont négatives et disparaîtront lorsque $x = \infty$.

Or, l'équation (17) est de degré $\mu_0 - \mu_i$ par rapport au coefficient c; celui-ci pourra donc recevoir $\mu_0 - \mu_i$ valeurs. Par conséquent, les racines y, de degré h_i, seront en nombre $\mu_0 - \mu_i$.

Quelle que soit la valeur de h précédemment trouvée, on arrivera évidemment à des conclusions semblables, et l'on pourra, par conséquent, énoncer le théorème suivant :

Soit h_l *la valeur de* h *propre à rendre deux ou plusieurs binomes quelconques*

$$\lambda_i + \mu_i h, \quad \lambda_l + \mu_l h$$

de la série (15) *égaux entre eux, et supérieurs algébriquement à tous les autres,* $\lambda_l + \mu_l$h *étant dans tous les cas le dernier de ceux qui deviennent égaux; l'équation* (16) *aura* $\mu_i - \mu_l$ *racines* y *de degré* h_l.

Application. Soit l'équation $\varphi(x, y)$ (11); la série (15) devient la suivante :

$$8+5h, \quad 6+4h, \quad 9+3h, \quad 4+2h, \quad 3+h, \quad 4,$$

et les 5 valeurs de h, déduites de la méthode ci-dessus exposée, seront

$$h_1 = h_2 = \frac{9-8}{5-3} = \frac{1}{2}, \quad h_3 = h_4 = h_5 = \frac{4-9}{3} = -\frac{5}{3}.$$

Par suite, les degrés l_1, l_2, l_3, ... des fonctions $\psi(x, y_1)$, $\psi(x, y_2)$, $\psi(x, y_3)$... seront

$$l_1 = l_2 = 5 + \frac{1}{2} = \frac{11}{2}, \quad l_3 = l_4 = l_5 = 5.$$

Par conséquent, la résultante

$$X = (x^8)^4 \, \psi(xy_1) \, \psi(xy_2) \ldots \psi(xy_5),$$

que nous avons à considérer dans le cas actuel, sera, d'après la formule (13), de degré

$$4.8 + 2\frac{11}{2} + 3.5 = 58.$$

Remarque. En appliquant le procédé développé jusqu'à présent aux équations

$$\varphi(x,y) = y^3 - (7x-7)y^2 + (14x^2 - 30 + 7)y - 8x^3 + 20x^2 + 13x - 15 = 0$$
$$\psi(x,y) = y^2 - (6x-4)y + 8x^2 - 12x + 5 = 0,$$

on trouverait pour premiers termes des racines y de l'équation ψ développées en série, $c_{h_1} x^{h_1} = 2x$, $c_{h_2} x^{h_2} = 4x$. Par leur substitution dans $\varphi(x, y)$ les degrés de $\varphi(x, y_1)$, $\varphi(x, y_2)$ seraient $l_1 = l_2 = 2$, et la résultante de degré $2 + 2 = 4$. Cependant, comme M. Magnus en a averti le premier, la résultante n'est que de degré 3. Cela tient à ce que, en faisant les substitutions indiquées, le coefficient de l'argument le plus haut x^3, dans la fonction $\varphi(x, y_2)$, s'annule. Par conséquent, d'après ce que nous avons dit page 95, il faudra recourir aux seconds termes des séries y_1, y_2,

$$y_1 = 2x - 2 + \ldots, \quad y_2 = 4x - 2 - \frac{1}{2x} + \ldots,$$

et l'on trouvera $\varphi(x, y_1) = -8x^2 + \ldots \varphi(x, y_2) = 6x + \ldots$ Ainsi $l_1 = 2$, $l_2 = 1$, et le degré de la résultante sera 3.

Corollaire. Lorsque dans l'équation (16) on a

$$\lambda_0 + \mu_0 = \lambda_1 + \mu_1 = \ldots \lambda_m + \lambda_m,$$

les binomes (15) deviendront égaux, en posant $h = 1$. Par suite, les racines y seront de la forme

$$y = c_1 x + c_0 + \frac{c_{-1}}{x} + \frac{c_{-2}}{x^2} + \ldots$$

Tel est le cas des équations canoniques.

Il est bon maintenant d'observer que cette méthode de calculer le degré de la résultante X ou Y, laquelle repose entièrement sur l'équation (12), suppose qu'on a exclu du nombre des solutions x ou y celles qui sont infinies. Par cela même, ce degré pourrait être différent, suivant qu'on éliminera x ou y. Mais on peut, par le théorème qui suit, prévoir dans quel cas ces degrés seront égaux ou non.

THÉORÈME. *Suivant que les premiers coefficients des équations proposées, ordonnées par rapport à* x *ou* y, *auront un facteur commun ou non, les résultantes* X *et* Y *auront un différent ou un même degré. Dans le premier cas, leurs degrés seront respectivement* mn — d_x, mn — d_y ; d_x, d_y *étant les degrés des facteurs communs des coefficients* (a_0, b_0) *ou* (a'_0, b'_0).

Démonstration. Il est d'abord évident que les proposées n'admettent pas des solutions infinies x, y, si leurs premiers coefficients (a_0 b_0) ou (a'_0, b'_0) ne sont divisibles par un même facteur P_y ou P_x, fonctions, le premier de y, le second de x. Alors, comme la méthode tient compte seulement des solutions finies, les degrés des résultantes ne pourront pas différer entre eux, puisqu'à chaque solution finie en x correspondra une autre finie en y.

Dans le cas contraire, soient par hypothèse d_x et d_y, le nombre des valeurs de x ou de y qui annuleront P_x ou P_y. A chacune de ces valeurs correspondra une valeur infinie de x ou de y. Par conséquent, il y aura d_x racines $y = \infty$, d_y racines $x = \infty$, et les degrés des résultantes Y, X seront diminuées d'autant; ce qu'il fallait démontrer.

D'ailleurs, comme il est aisé de voir par la formule (4), page 53, et les exemples suivants, les coefficients (a_0, b_0) ou (a'_0, b'_0) ayant un facteur commun P_y ou P_x, les résultantes primitives Y ou X seront divisibles respectivement par ces mêmes facteurs, ce qui prouve bien que les racines de P_y ou P_x sont des solutions communes, indépendamment de toute valeur attribuée à la résultante.

Les équations pourraient être quelquefois incompatibles. Cela arrivera lorsque, en combinant entre elles les deux équations, on en déduira une troisième de la forme *constante* $= 0$. On aura encore, dans certains cas, un *criterium* d'incompatibilité, en examinant si la fonction

$$(17) \qquad \frac{d\varphi}{dx} \cdot \frac{d\psi}{dy} - \frac{d\varphi}{dy} \cdot \frac{d\psi}{dx} = 0$$

se réduit identiquement à zéro. Car, en posant

$$\frac{\frac{d\varphi}{dx}}{\frac{d\varphi}{dy}} = \frac{\frac{d\psi}{dx}}{\frac{d\psi}{dy}} = f(x,\, y),$$

les deux fonctions φ et ψ pourraient être mises sous la forme de deux fonctions de l'intégrale de l'équation

$$(18) \qquad dy + dx f(x, y) = 0.$$

En effet, en appelant X cette intégrale, il vient

$$\frac{dy}{dx} = - \frac{\frac{dX}{dx}}{\frac{dY}{dy}}, \quad \text{d'où} \quad \frac{\frac{dX}{dx}}{\frac{dY}{dy}} = f(x,\, y).$$

Mais $F(X)$ sera encore une intégrale, car

$$\frac{dy}{dx}=-\frac{\dfrac{dF}{dX}\dfrac{dX}{dx}}{\dfrac{dF}{dX}\dfrac{dX}{dy}}=-\frac{\dfrac{dX}{dx}}{\dfrac{dY}{dy}};$$

donc

$$\frac{\dfrac{dF(X)}{dx}}{\dfrac{dF(X)}{dy}}=f(x,\,y)\,;$$

et, par conséquent, on peut prendre $F(X)=\varphi$, ou $=\psi$. Les fonctions proposées seront donc de la forme $F(X)=0$, $f(X)=0$, F et f désignant deux fonctions quelconques de X, et X une fonction de $x,\,y$.

Or, on pourrait éliminer X de ces deux équations, et si la résultante ne s'annule pas, il y aura incompatibilité. Dans le cas contraire, les deux proposées admettront un nombre infini de solutions, à savoir, celle de $X=$ constante.

Exemple. Soient les équations

$$12x^4-36x^3+12x^2y+35x^2+3y^2-18xy+4y-12x+1=0,$$
$$20x^4-60x^3+20x^3y+61x^2+5y^2-30xy+8y-24x+3=0.$$

L'équation différentielle (18) devient, dans ce cas,

$$dy+(4x-3)\,dx=0,$$

dont l'intégrale est

$$X=2x^2-3x+y=0.$$

Ainsi, les équations pourront se mettre sous la forme

$$F(2x^2-3x+y)=0,$$
$$f(2x^2-3x+y)=0.$$

On reconnaîtra facilement que, dans le cas actuel, les solutions des équations coïncident avec celles de l'équation

$$2x^2-3x+y=-1.$$

Mais si le terme final 3 de la seconde se changeait en 2, les deux équations deviendraient, au contraire, incompatibles.

Remarque. L'équation (17), associée avec la φ ou la ψ, fournira les valeurs *maxima* ou *minima* respectives de ces fonctions, ce qui pourra, dans quelques cas, faciliter la recherche des solutions communes.

Nous avons vu, au § II, comment, au moyen des résultantes X ou Y, on peut trouver les solutions communes. Au lieu de cela, on pourra quelquefois, par les changements simultanés de signes qu'acquièrent les fonctions par deux systèmes des valeurs (x_i, y_i), (x_l, y_l), déterminer les limites entre lesquelles sont comprises les solutions communes, et trouver par suite les valeurs elles-mêmes.

On pourra quelquefois poser $x = \theta(t)$, $y = \chi(t)$, et se servir des indéterminées contenues dans θ et χ pour satisfaire à l'équation de condition qui résultera en éliminant t. La valeur ensuite de t se trouvera comme au § II, première partie, chapitre III.

Par ce qui précède, nous avons appris à calculer les solutions communes à deux équations à deux variables; et cette méthode, comme on aura remarqué, se réduit à développer une fonction implicite en série. Nous n'avons cherché jusqu'à présent que le premier terme de la série, mais il est bon de les connaître tous, afin d'avoir les valeurs des solutions communes à tel degré d'approximation que l'on veut, et de pouvoir obvier aux difficultés signalées dans la remarque, p. 99. M. Liouville a donné à ce sujet une méthode très-ingénieuse, dont nous allons maintenant nous occuper.

§ III.

Méthode de Liouville pour développer en série une fonction implicite, suivant les puissances descendantes ou ascendantes de la variable indépendante.

Soit **(1)** $$\varphi(x, y) = 0$$

une équation de degré m entre les variables x, y; en réunissant les termes de même degré, on pourra lui donner la forme qui suit :

$$(2) \qquad x^m \varphi_0\left(\frac{x}{y}\right) + x^{m-1} \varphi_1\left(\frac{y}{x}\right) + x^{m-2} \varphi_2\left(\frac{y}{x}\right) + \ldots = 0,$$

ou bien, en posant $\frac{y}{x} = u$,

$$(3) \qquad x^m \varphi_0(u) + y^{m-1} \varphi_1(u) + x^{m-2} \varphi_2(u) + \ldots = 0,$$

où les polynomes φ_0, φ_1, φ_2, etc., seront de degré m, $m-1$, $m-2\ldots$ au plus.

Pour $x = \infty$ les racines u de l'équation (3) se réduiront à celles de l'équation

$$(4) \qquad \varphi_0(u) = 0.$$

Soit α une des racines, on aura généralement

$$(5) \qquad u = \alpha + \varepsilon,$$

ε étant une quantité qui s'annulera avec $\frac{1}{x}$.

Substituons maintenant cette valeur de u dans la (3), il viendra, en développant par la série de Taylor et en divisant par x^{m-1},

$$(6) \qquad \left[(\varepsilon x)\varphi'_0(\alpha) + \varphi_1(\alpha) \right] + \frac{1}{x}\left[\frac{(\varepsilon x)^2}{1.2} \varphi''_0(\alpha) + (\varepsilon x)\varphi'_1(\alpha) + \varphi_2(\alpha) \right] + \ldots = 0.$$

Faisons $x = \infty$, et désignons par α' la limite qu'atteindra dans ce cas la quantité εx; nous aurons

$$(7) \qquad \alpha'\varphi'_0(\alpha) + \varphi_1(\alpha) = 0,$$

$$(8) \qquad \alpha' = -\frac{\varphi_1(\alpha)}{\varphi'_0 \alpha}.$$

Comme α' est la limite de εx, on pourra poser

$$(9) \qquad \varepsilon x = \alpha' + \frac{\varepsilon'}{x} \, ;$$

par suite,

$$(10) \qquad u = \alpha + \frac{\alpha'}{x} + \frac{\varepsilon'}{x}.$$

Si l'on veut encore trouver d'autres termes, on portera cette valeur de u dans l'équation (3), ou bien la valeur de ε tirée de (9) dans l'équation (6), qui, multipliée par x et en ayant égard à l'équation (7), donnera

$$(11) \qquad (\varepsilon' x)\varphi'_0(\alpha) + \left\{ \frac{\alpha'^2}{1.2}\varphi''_0(\alpha) + \alpha'\varphi'_1(\alpha) + \varphi_2\alpha \right\} + \mathrm{E} = 0,$$

E désignant une somme des termes qui s'annulent avec $\frac{1}{x}$. Faisons donc $x = \infty$, et désignons par α'' la limite de $\varepsilon' x$; nous aurons

$$(12) \qquad \alpha'' \varphi'_0(\alpha) + \frac{\alpha'^2}{1.2} \varphi''_0(\alpha) + \alpha' \varphi'_1(\alpha) + \varphi_2(\alpha) = 0,$$

d'où l'on tirera la valeur de α''. Cela fait, on posera

$$(13) \qquad \varepsilon' x = \alpha'' + \frac{\varepsilon'''}{u},$$

et il viendra

$$(14) \qquad u = \alpha + \frac{\alpha'}{x} + \frac{\alpha''}{x^2} + \dots,$$

d'où

$$(15) \qquad y = \alpha x + \alpha' + \frac{\alpha''}{x} + \dots$$

En procédant de la sorte, on pourra obtenir autant de termes que l'on voudra de la série (15). Cette méthode suppose essentiellement que l'équation (4) n'a pas de racines égales, car autrement les valeurs de α', α'', etc., ne seraient pas finies. Il est évident, d'ailleurs, qu'on aura autant de ces séries qu'il y a de racines dans l'équation (4).

Au lieu de développer la racine y suivant les puissances descendantes de x, on aurait pu la développer suivant les puissances croissantes de x. A cet effet, posons

$$(16) \qquad \varphi(x, y) = \varphi_0(y) + x \varphi_1(y) + x^2 \varphi_2(y) + \dots$$

et

$$(17) \qquad y = \gamma + \gamma' x + \gamma'' x^2 + \dots$$

$\varphi_i(y)$ désignant un polynome en y de degré $m - i$ au plus, et γ désignant une des racines de l'équation $\varphi_0(\gamma) = 0$, qu'on suppose toutes inégales.

On trouvera, par une méthode semblable à la précédente, les racines de γ, γ', γ'' à l'aide des équations

$$(18) \qquad \varphi'_0(\gamma) \gamma' + \varphi_1(\gamma) = 0,$$

$$(19) \qquad \varphi'_0(\gamma) \gamma'' + \frac{\varphi_0 \gamma''(\gamma)}{2} + \varphi'_1(\gamma) \gamma' + \varphi_2(\gamma) = 0, \text{ etc.}$$

Il est à noter, d'après un théorème de M. Cauchy, que les séries

(15) et (17) seront convergentes tant que x n'atteindra pas une valeur pour laquelle y puisse acquérir des racines égales ou infinies.

Notons d'ailleurs qu'il y aurait beaucoup à dire sur le développement des fonctions implicites en série. Mais, pour cela, nous renvoyons le lecteur au *Mémoire sur le calcul des limites*, inséré dans les *Exercices d'analyse et de physique mathématique*, où cet illustre géomètre a traité à fond la question.

Ce qui précède suffit pour arriver à diverses conséquences importantes que M. Liouville a déduites de sa méthode.

§ IV.

Formation des résultantes X, Y. — Somme des solutions communes x ou y.

Soient, comme avant, les équations

$$(1) \qquad \varphi(x, y) = 0, \quad \psi(x, y) = 0,$$

de degré m et n. Mettons-les sous la forme

$$(2) \quad \begin{cases} x^m \varphi_0 \left(\dfrac{y}{x}\right) + x^{m-1} \psi_1 \left(\dfrac{y}{x}\right) + x^{m-2} \varphi_2 \left(\dfrac{y}{x}\right) + \ldots = 0, \\ x^n \psi_0 \left(\dfrac{y}{x}\right) + x^{n-1} \psi_1 \left(\dfrac{y}{x}\right)^{n-1} + x^{n-2} \psi_2 \left(\dfrac{y}{x}\right) + \ldots = 0; \end{cases}$$

φ_i, ψ_i désignant des polynomes de degré $m-i$, $n-i$. Appelons y_1, y_2, ... y_n les racines de l'équation $\varphi = 0$, et portons-les dans l'autre $\psi = 0$. Posons

$$(3) \qquad \mathrm{R} = \psi(x y_1) \psi(x y_2) \ldots \psi(x y_m),$$

l'équation finale sera $\qquad \mathrm{R} = 0.$

Nous allons voir maintenant comment, grâce aux séries (15), on peut en trouver les différents termes. Commençons par le premier. On a, en posant $\dfrac{y}{x} = u$,

$$(4) \qquad \psi(x, y) = x^n \psi_0(u) + x^{n-1} \psi_1(u) + \ldots$$

Prenons $u = \alpha + \varepsilon$, α étant une racine de l'équation $\varphi_0(\alpha) = 0$, et ε s'annulant avec $\dfrac{1}{x}$. On aura

$$\frac{\psi(x, y)}{x^n} = \psi_0(\alpha + \varepsilon) + \frac{1}{x}\psi_1(\alpha + \varepsilon),$$

et lorsqu'on fera $x = \infty$, il viendra

$$\psi(x, y) = x^n\psi_0(\alpha) + x^n\mathrm{E},$$

E étant une quantité qui s'annulera avec $\dfrac{1}{x}$. On aura donc, sous de semblables désignations,

$$(5) \quad \left\{ \begin{array}{l} \psi(x, y_1) = x^n\psi_0(\alpha_1) + x^n\mathrm{E}_1, \\ \psi(x, y_2) = x^n\psi_0(\alpha_2) + x^n\mathrm{E}_2, \\ \ldots \ldots \ldots \ldots \ldots \\ \ldots \ldots \ldots \ldots \ldots \\ \psi(x, y_m) = x^n\psi_0(\alpha_m) + x^n\mathrm{E}_m. \end{array} \right.$$

Multiplions ces équations membre à membre, il viendra

$$(6) \quad \mathrm{R} = x^{mn}\psi_0(\alpha_1)\psi_0(\alpha_2)\ldots\psi_0(\alpha_m) + x^{mn}\mathrm{I},$$

I désignant une quantité qui s'annule avec $\dfrac{1}{x}$. Le premier terme sera donc

$$x^{mn}\psi_0(\alpha_1)\psi_0(\alpha_2)\ldots\psi_0(\alpha_m),$$

ce qui s'accorde avec ce que nous avons trouvé page 26, car le produit $\psi_0(\alpha_1)\psi_0(\alpha_2)\ldots\psi_0(\alpha_m)$ est précisément la résultante des équations $\varphi_0(\alpha)$, $\psi_0(\alpha)$, c'est-à-dire des équations φ et ψ réduites aux arguments de degré m et n.

Il est à noter, d'après la forme des seconds membres des équations (5), que si les équations $\varphi_0(\alpha) = 0$, $\psi_0(\alpha) = 0$ ont des racines communes, le degré de la résultante s'abaissera d'autant d'unités qu'il y a de racines communes.

Passons à trouver le coefficient du second terme de la résultante. A cet effet, nous remplaçons dans l'équation (4) u par

$$u = \alpha + \frac{\alpha'}{x} + \frac{\varepsilon'}{x},$$

ε' désignant une quantité qui s'évanouit avec $\dfrac{1}{x}$, et α, α' étant des quantités déterminées, comme auparavant, par les équations $\varphi_0(\alpha) = 0$ et (7), § III. On obtiendra

$$\psi(x, y) = x^n \psi_0(\alpha) + x^{n-1}[\alpha' \psi'_0(\alpha) + \psi'_1(\alpha)] + x^{n-1} I,$$

I étant une quantité qui s'annule avec $\dfrac{1}{x}$. En y remplaçant α par les diverses racines de l'équation $\varphi_0(\alpha) = 0$, on aura

$$(7) \begin{cases} \psi(x, y_1) = x^n \psi_0(\alpha_1) + x^{n-1}[\alpha'_1 \psi'_0(\alpha_1) + \psi'_1(\alpha_1)] + x^{n-1} I_1, \\ \psi(x, y_2) = x^n \psi_0(\alpha_2) + x^{n-1}[\alpha'_2 \psi'_0(\alpha_2) + \psi_1(\alpha_2)] + x^{n-1} I_2, \\ \cdots \cdots \cdots \cdots \cdots \cdots \cdots \cdots \cdots \cdots \\ \psi(x, y_m) = x^n \psi_0(\alpha_m) + x^{n-1}[\alpha'_m \psi'_0(\alpha_m) + \psi_1(\alpha_m)] + x^{n-1} I_m, \end{cases}$$

où I_1, I_2,... I_m désignent des quantités qui s'annulent avec $\dfrac{1}{x}$. Multiplions toutes ces équations ensemble, il viendra

$$(8) \qquad R = x^{mn} \psi_0(\alpha_1) \psi_0(\alpha_2) \ldots \psi_0(\alpha_m) +$$
$$x^{mn-1} \psi_0(\alpha_1) \psi_0(\alpha_2) \ldots \psi_0(\alpha_m) \sum \frac{\alpha' \psi'_0(\alpha) + \psi_1(\alpha)}{\psi(\alpha)} + x^{mn-1} K,$$

le signe Σ s'étendant à toutes les racines de l'équation $\varphi_0(\alpha) = 0$, et K désignant l'ensemble des termes qui, divisés par x^{mn-1}, s'annulent avec $\dfrac{1}{x}$. Il est évident maintenant que le second terme de la résultante aura pour coefficient

$$\psi_0(\alpha_1) \psi_0(\alpha_2) \ldots \psi_0(\alpha_m) \sum \frac{\alpha' \psi'_0(\alpha) + \psi_1(\alpha)}{\psi_0(\alpha)}.$$

Par conséquent, la somme des racines de l'équation finale sera

$$- \sum \frac{\alpha' \psi'_0(\alpha) + \psi_1(\alpha)}{\psi_0(\alpha)},$$

ou bien, en remplaçant α' par sa valeur $- \dfrac{\varphi_1(\alpha)}{\varphi'_0(\alpha)}$,

$$(9) \qquad \sum \frac{\varphi_1(\alpha) \psi'_0(\alpha)}{\varphi'_0(\alpha) \psi_0(\alpha)} - \sum \frac{\psi_1(\alpha)}{\psi_0(\alpha)}.$$

Si l'on avait, au contraire, porté les valeurs de y déduites de l'équation $\psi(x, y) = 0$ dans la première $\varphi(x, y) = 0$, on aurait obtenu, par un procédé semblable au précédent, la même résultante R. Par conséquent, en appelant β_1, β_2, ... β_n les racines de l'équation

$\psi_0(u) = 0$, on aura encore pour la somme des racines de l'équation finale l'expression

$$(10) \qquad \sum \frac{\psi_1(\beta)\varphi'_0(\beta)}{\psi'_0(\beta)\varphi_0(\beta)} - \sum \frac{\varphi_1(\beta)}{\varphi_0(\beta)} \, ;$$

le signe Σ s'étendant à toutes les racines de l'équation $\psi(\beta) = 0$, et, comme les deux expressions (9) et (10) doivent évidemment coïncider, on aura

$$(11) \qquad \sum \frac{\varphi_1(\alpha)\,\psi'_0(\alpha)}{\varphi'_0(\alpha)\,\psi_0(\alpha)} - \sum \frac{\psi_1(\alpha)}{\psi_0(\alpha)} = \sum \frac{\psi_1(\beta)\,\varphi'_0(\beta)}{\psi'_0(\beta)\varphi_0(\beta)} - \sum \frac{\psi_1(\beta)}{\psi_0(\beta)}.$$

§ V.

Calcul des fonctions symétriques.

Soient

$$(1) \qquad \varphi(x, y) = 0, \quad \psi(x, y) = 0$$

les deux équations données, et

$$(2) \qquad x_1, y_1, \ldots x_2, y_2, \quad x_3, y_3, \ldots x_{mn}, y_{mn}$$

les groupes des solutions communes. On appelle *fonction symétrique de ces solutions communes* toute fonction qui ne change pas de valeur lorsqu'on y permute les groupes $x_1 y_1$, $x_2 y_2$, $x_3 y_3 \ldots$ les uns avec les autres de toutes les manières possibles. Il est évident que, quelle que soit cette fonction, on pourra toujours la calculer, pourvu que l'on sache exprimer en fonction des coefficients de φ et de ψ, une fonction symétrique entière de la forme

$$(3) \qquad \varphi_l = \sum x_1^p y_1^q x_2^p y_2^q x_3^p y_3^q \ldots x_l^{p_l} y_l^{q_l}.$$

Suivant que i sera $= 1$, $= 2$, etc., c'est-à-dire suivant que la fonction contiendra 1, 2, etc., groupes, la fonction sera *simple, double*, etc. Mais, à l'aide du théorème qui suit, toute fonction, même multiple, peut être exprimée en fonction des fonctions simples : *La fonction multiple φ_l s'exprime au moyen des fonctions symétriques simples par des formules analogues à celles* (18) *et* (21) (Ire *partie, chap. I) qui servent à exprimer des fonctions quelconques symétriques* *des racines d'une équation au moyen de la somme des puissances semblables de ces racines.*

Ainsi l'on a

$$(4)\quad \sum x_1^{p_1} y_1^{q_1} x_2^{p_2} y_2^{q_2} = \sum x^{p_1} y^{q_1} \sum x^{p_2} y^{q_2} - \sum x^{p_1+p_2} y^{q_1+q_2},$$

$$(5)\quad \sum x_1^{p_1} y_1^{q_1} x_2^{p_2} y_2^{q_2} x_3^{p_3} y_3^{q_3} = \sum x^{p_1} y^{q_1} \sum x^{p_2} y^{q_2} \sum x^{p_3} y^{q_3},$$
$$- \sum x^{p_1+p_2} y^{q_1+q_2} \sum x^{p_3} y^{q_3},$$
$$- \sum x^{p_1+p_3} y^{q_1+q_3} \sum x^{p_2} y^{q_2} - \sum x^{p_2+p_3} y^{q_2+q_3} \sum x^{p_1} y^{q_1}$$
$$+ 2 \sum x^{p_1+p_2+p_3} y^{q_1+q_2+q_3},$$

et généralement

$$(6)\quad \sum x_1^{p_1} y_1^{q_1} x_2^{p_2} y_2^{q_2} \dots x_l^{p_l} y_l^{q_l}$$
$$= \sum x_l^{p_l} y_l^{q_l} \sum x_1^{p_1} y_1^{q_1} x_2^{p_2} y_2^{q_2} \dots x_{l-1}^{p_{l-1}} y_{l-1}^{q_{l-1}}$$
$$- \sum x_1^{p_1+p_l} y_1^{q_1+q_l} x_2^{p_2} y_2^{q_2} \dots x_{i-1}^{p_{i-1}} y_{i-1}^{q_{i-1}}$$
$$- \sum x_1^{p_1} y_1^{q_1} x_2^{p_2+p_l} y_2^{q_2+q_l} \dots x_{l-1}^{p_{l-1}} y_{l-1}^{q_{l-1}}, \text{ etc.}$$

D'où l'on voit que la fonction multiple φ_l sera déterminée, dès que l'on connaîtra la fonction φ_{l-1} ; car il suffira de changer dans celle-ci les exposants

$$p_1, p_2, \dots p_{l-1} \text{ successivement en } p_1+p_l, p_2+p_l, \dots p_{l-1}+p_l,$$
$$q_1, q_2, \dots q_{l-1} \qquad\qquad — \qquad\qquad q_1+q_l, q_2+q_l, \dots q_{l-1}+q_l.$$

Par suite, de proche en proche, on connaîtra φ_l au moyen des fonctions simples φ_l. Mais, en regardant de près la formule précédente, on s'aperçoit qu'elle est semblable à celle (18) que nous avons donnée chapitre Ier, première partie, pourvu que l'on suppose que dans celle-ci on ait associé à chaque puissance $x_g^{p_g}$ une autre puissance $y_g^{q_g}$ en facteur. A la condition donc de joindre à chaque puissance $x_g^{p_g}$ celle qui en résulte par l'échange de x, p en y, q, la formule (18) conduira aux mêmes conséquences que la précédente, et l'on aura

$$(7)\quad \varphi_l = \sum (-1)^{l-\sigma} \Gamma(g)\Gamma(h)\dots\Gamma(i) \sum s_{\lambda_g} s_{\lambda_h} \dots s_{\lambda_i}$$

sous les mêmes conditions et dénominations, si ce n'est que s_{λ_g} dési-gnera maintenant, en général, la fonction simple

$$\sum x^{\lambda_1+\lambda_2+\lambda_3+\ldots\lambda_g}\, y^{\lambda'_1+\lambda'_2+\lambda'_3+\ldots\lambda'_g},$$

où λ_1, λ_2, $\lambda_3\ldots$ formeront une certaine combinaison de g exposants choisis parmi les l exposants p_1, p_2, $\ldots p_l$ et λ'_1, λ'_2, λ'_g celle qui s'en déduit par l'échange de p en q.

Voyons à présent comment s'opère le calcul de ces fonctions symé-triques simples, auquel celui de toute fonction symétrique peut se réduire.

Supposons que les équations φ et ψ soient mises sous la forme

$$(8) \qquad \varphi(x, y) = \sum a_{pqr} x^p y^q z^r = 0, \qquad \psi(x, y) = \sum b_{pqr} x^p y^q z^r = 0.$$

et posons

$$(9) \qquad\qquad \alpha x + \beta y + \gamma z = 0.$$

Par la substitution de $-\dfrac{\alpha x+\beta y}{\gamma}$ au lieu de z, ces équations deviendront

$$\sum a_{pqr} x^p y^q \left(-\frac{\alpha x+\beta y}{\gamma}\right)^r, \qquad \sum b_{pq} x^p y^q \left(-\frac{\alpha x+\beta y}{\gamma}\right)^r = 0,$$

d'où, en éliminant $\dfrac{x}{y}$, on aura une résultante de la forme

$$(10) \qquad\qquad A_0 \gamma_{mn} + A_1 \gamma^{mn-1} + \ldots + A_{mn} = 0,$$

A_0, $A_1, \ldots A_{mn}$ étant des fonctions des coefficients (a) et (b) et de α, β.

Or, on sait tirer de cette équation la valeur de $\Sigma \gamma^r$, γ étant une quelconque des racines, à laquelle, par suite de l'équation (9), corres-pondra une solution commune x, y des proposées. On aura donc, par un théorème connu,

$$A_0^r \sum \left(\frac{\alpha x+\beta y}{z}\right)^r = f(A_0, A_1, \ldots A_r),$$

f désignant une fonction homogène de degré et de poids r par rapport aux coefficients A. Comparons maintenant, dans les deux membres de cette équation, les coefficients d'un même *argument* $\alpha^p \beta^q$; il viendra

$$(11) \qquad\qquad A_0^r \sum x^p y^q = F(a, b), \qquad \{p+q=r\},$$

en représentant par $F(a, b)$ une fonction des coefficients a, b, dont le degré sera $r(m+n)$, car les quantités A sont déjà elles-mêmes de degré $m+n$ par rapport à ces coefficients. On remarquera, d'ailleurs, que la fonction A_l est de la forme

$$A_l = C_{0,l}\beta^l + C_{1,l-1}\alpha_1\beta^{l-1} + \ldots + C_{0,l}\alpha^l,$$

$C_{i,l-i}$ étant en général une fonction des coefficients (a) et (b), dont le poids par rapport aux premiers, deuxièmes et troisièmes indices sera $mn-i$, $mn-l+i$, l. Cela se démontre en changeant successivement x, y, z en kx, ky, kz. En particulier, le premier coefficient A_0 sera donné par la formule (13) du § I.

On voit par là que la forme du second membre (11) sera

$$(12) \qquad \sum g \, C^{k_1}_{h_1, l_1 - h_1} C^{k_2}_{h_2, l_2 - h_2} C^{k_3}_{h_3, l_3 - h_3} \cdots,$$

sous les conditions

$$(13) \qquad \begin{cases} h_1 k_1 + h_2 k_2 + h_3 k_3 + \ldots = p, \\ l_1 k_1 + l_2 k_2 + l_3 k_3 + \ldots = r, \\ \qquad k_1 + k_2 + k_3 + \ldots = r; \end{cases}$$

g étant un coefficient numérique variable d'un terme à l'autre.

Une fois qu'on aura calculé par cette méthode la fonction $\Sigma x^p y^q$, la formule (7) fera connaître la valeur de celle plus générale

$$(14) \qquad \varphi_l = \sum x_1^{p_1} y_1^{q_1} x_2^{p_2} y_2^{q_2} \ldots x_l^{p_l} y_l^{q_l}.$$

Mais cette recherche pourra être beaucoup facilitée par les deux théorèmes suivants, dont le premier est dû à M. Schlæfli.

I. *Le degré du numérateur de la fonction φ ou, ce qui revient au même, le degré de son dénominateur A_0 est égal au plus grand des nombres*

$$(15) \qquad p_1 + q_1 = r_1, \quad p_2 + q_2 = r_2, \text{ etc.}$$

II. *Le poids du numérateur de la fonction φ est de degré $r_1 mn - \Sigma p$, $r_1 mn - \Sigma q$, $\Sigma p + \Sigma q$, par rapport aux premiers, aux seconds et aux troisièmes indices des coefficients* (a, b), r_1 *étant ce nombre le plus grand.*

Démonstration. Soit par hypothèse r_1 le plus grand des nombres

r_1, r_2, r_3, ...; et supposons que, pour rendre entière la fonction

$$(16) \qquad \varphi = \sum \frac{x_1{}^{p_1} y_1{}^{q_1}}{z_1{}^{p_1} + q_1} \frac{x_2{}^{p_2} y_2{}^{q_2}}{z_2{}^{p_2} + q_2} \cdots,$$

il faille la multiplier par $A_0{}^{r_1+\rho}$ au lieu de $A_0{}^{r_1}$. Posons

$$(17) \qquad p_1 + q_1 = p_2 + q_2 + h_2 = p_3 + q_3 + h_3 = \ldots r,$$

et observons que l'équation (10) étant identique à celle-ci,

$$(\alpha x_1 + \beta y_1 + \gamma z_1)(\alpha x_2 + \beta y_2 + \gamma z_2) \ldots = 0,$$

on a

$$x_1 x_2 x_3 \ldots : z_1 z_2 z_3 \ldots :: C_{0,mn} : A_0 ;$$

d'où

$$A_0{}^{r_1+\rho} = A_0{}^{\rho} C^{r_1}{}_{0,mn} \left(\frac{z_1 z_2 z_3 \ldots}{x_1 x_2 x_3 \ldots} \right)^{r_1}.$$

Par conséquent, d'après l'hypothèse admise, la fonction

$$A_0{}^{\rho} C^{r_1}{}_{0,mn} \sum \left(\frac{y_1}{x_1} \right)^{q_1} \left(\frac{y_2}{x_2} \right)^{q_2} \left(\frac{z_2}{x_2} \right)^{h_2} \left(\frac{y_3}{x_3} \right)^{q_3} \left(\frac{z_3}{x_3} \right)^{h_3} \cdots$$

devra être entière. Mais si, par le même procédé déjà expliqué, on avait calculé directement la fonction

$$\sum \left(\frac{y_1}{x_1} \right)^{q_1} \left(\frac{y_2}{x_2} \right)^{q_2} \left(\frac{z_2}{x_2} \right)^{h_2} \left(\frac{y_3}{x_3} \right)^{q_3} \left(\frac{z_3}{x_3} \right)^{h_3} \cdots,$$

on aurait trouvé qu'il suffit de la multiplier par une puissance de C_0 pour la rendre entière. Donc le facteur $A_0{}^{\rho}$ doit se réduire à l'unité; donc $\rho = 0$.

On peut aussi se rendre compte facilement de ce théorème, en observant que la fonction φ entre comme coefficient de $\alpha^{\Sigma p} \beta^{\Sigma q}$ dans la fonction

$$\sum \left(\frac{\alpha x + \beta y}{z} \right)^{r_1} \left(\frac{\alpha x_2 + \beta y_2}{z} \right)^{r_2} \left(\frac{\alpha x_2 + \beta y_2}{z} \right)^{r_3} \cdots = \sum \gamma_1{}^{r_1} \gamma_2{}^{r_2} \gamma_3{}^{r_3} \cdots,$$

que l'on sait calculer au moyen des coefficients A. Mais on sait aussi que son degré est égal au plus grand des exposants r_1, $r_2 \ldots$; donc il en sera de même de la fonction φ, qui en fait partie.

Pour démontrer maintenant le second théorème, changeons dans les proposées (8) les coefficients a_{pqr} en $k^p a_{pqr}$, les solutions x, y se changeront respectivement en $\frac{1}{k} x$, y. Par conséquent, la fonction nouvelle qui résultera de la (14) par l'échange susdit,

$$\left(\frac{1}{k} \right)^{p_1 + p_2 + p_3 + \ldots} \sum x_1{}^{p_1} y_1{}^{p_2} x_2{}^{p_1} y_2{}^{q} \cdots,$$

doit être identique à la fonction φ exprimée par les coefficients, après qu'on aura fait l'échange indiqué relativement aux coefficients. Mais le dénominateur est de poids r_1mn ; donc le numérateur sera de poids $r_1mn-(p_1+p_2+\ldots)=r_1mn-\Sigma p$. Les mêmes conditions vaudront, *mutatis mutandis*, pour les seconds indices. On prouve ensuite bien facilement que $\Sigma p+\Sigma q$ est le poids par rapport aux troisièmes indices.

Corollaire. Puisque l'on connaît le degré et le poids de la fonction φ, sa forme littérale pourra toujours être écrite d'avance.

§ VI.

Théorèmes de Jacobi.

Soient, comme avant, φ et ψ les deux équations données, la première de $m^{ième}$, la seconde de $n^{ième}$ degré, et X, Y les résultantes en x ou en y. Appelons M, N, P, Q les polynomes multiplicateurs respectifs, on aura

$$(1) \qquad M\varphi + N\psi = X,$$
$$(2) \qquad P\varphi + Q\psi = Y.$$

Posons $V=MQ-NP$, on tirera des équations (1) et (2) celles-ci :

$$(3) \qquad \begin{cases} V\varphi = QX - NY, \\ V\psi = PX - MY; \end{cases}$$

par lesquelles on voit que tout système de valeurs x, y propre à réduire X, Y à zéro, sans satisfaire pourtant aux équations φ ou ψ, fera évanouir la fonction V.

Différentions maintenant les équations (3) successivement, par rapport à x et y ; il viendra, pour toute solution commune à φ et à ψ,

$$\begin{aligned} M\varphi'_x+N\psi'_x=X', \qquad & M\varphi'_y+N\psi'_y=0, \\ P\varphi'_x+Q\psi'_x=0 ; \qquad & P\varphi'_y+Q\psi'_y=Y'. \end{aligned}$$

De ces dernières, en posant

$$S=\varphi'_x\psi'_y - \varphi'_y\psi'_x,$$

on déduit

$$SM = X'\psi'_y, \qquad SP = -Y'\psi'_x,$$
$$SN = X'\varphi'_y; \qquad SQ = -Y'\varphi'_x;$$

d'où $\qquad S^2 V = S.X'Y,$ ou $V = \dfrac{X'Y'}{S}.$

Donc, pour toutes les racines non simultanées de φ et ψ, on aura

$$\sum \frac{X'Y'}{\varphi'_x \psi'_y - \varphi'_y \psi'_x} = 0.$$

Mais il y a plus. Décomposons la fonction $\dfrac{V}{XY}$ en fractions simples, il viendra

$$(4) \qquad \frac{V}{XY} = \left(\frac{V}{XY}\right) + \sum \left(\frac{V}{Y}\right)_i \frac{1}{X'_i} \frac{1}{x - x_i} + \sum \left(\frac{V}{X}\right)_l \frac{1}{Y'_l} \frac{1}{y - y_l}$$
$$+ \sum \frac{V_{il}}{X'_i Y'_l} \frac{1}{(x - x_i)(y - y_i)},$$

$\left(\dfrac{V}{XY}\right)$, $\left(\dfrac{V}{Y}\right)$, $\left(\dfrac{V}{X}\right)$ désignant les parties entières contenues dans les fractions $\dfrac{V}{XY}$, $\dfrac{V}{Y}$, $\dfrac{V}{X}$. Or, il est aisé de voir que les arguments les plus hauts dans les fonctions M, N, P, Q sont respectivement

$$x^{mn-m}, \; y^{m-1}; \; x^{mn-n}, \; y^{n-1}; \; x^{m-1}, \; y^{mn-m}; \; x^{n-1}, \; y^{mn-n}.$$

Par conséquent, ceux les plus hauts dans V seront $x^{mn-m} y^{mn-n}$, $x^{mn-n} y^{mn-m}$, et la fonction V sera de degré inférieur à X, Y; donc $\left(\dfrac{V}{XY}\right)$, $\left(\dfrac{V}{Y}\right)$, $\left(\dfrac{V}{X}\right)$ s'annuleront. D'ailleurs, la fonction V s'annule par toutes les racines de X, Y, excepté celles qui sont communes à φ et ψ; ainsi, il suffira d'étendre dans le quatrième terme le signe Σ aux solutions communes de φ et ψ. Si donc on développe le premier membre suivant les puissances descendantes et simultanées de x et y, on aura, en restreignant le signe Σ aux solutions susdites,

$$(5) \qquad \frac{V}{XY} = \sum \frac{1}{S_i(x - x_i)(y - y_i)},$$

et le coefficient de $x^{-(\alpha+1)} y^{-(\beta+1)}$ sera

$$\frac{x_1^\alpha y_1^\beta}{S_1} + \frac{x_2^\alpha y_2^\beta}{S_2} + \ldots + \frac{x_n^\alpha y_n^\beta}{S_n}.$$

Mais ce coefficient sera nul toutes les fois que $\alpha + \beta < m + n - 2$.

En effet, la fonction $\dfrac{V}{XY}$ est de degré $-(m+n)$; par conséquent, les exposants des puissances descendantes de x, y dans le second membre ne peuvent pas être inférieurs au nombre $m+n$. Donc $\alpha+1+\beta+1 > m+n$, ou $\alpha+\beta > m+n-2$, et tous les autres termes, au contraire, pour lesquels on aura $\alpha+\beta < m+n-2$ ne pourront pas exister. On arrive ainsi au théorème de Jacobi.

Soient $\varphi(x, y) = 0$, $\psi(x, y) = 0$ *deux équations de degré* m, n, *et* $F(x, y)$ *une fonction entière et rationnelle de* x, y *de degré* m+n−3; *on aura, en étendant le signe* Σ *à toutes les solutions communes aux équations données,*

$$\Sigma \frac{F(x, y)}{\varphi'_x \psi'_y - \varphi'_x \psi'_y} = 0.$$

En effet, on pourra toujours décomposer le premier membre de cette équation en sommes partielles de la forme

$$(\alpha, \beta)\left\{ \frac{x_1^{\alpha} y_1^{\beta}}{S_1} + \frac{x_2^{\alpha} y_2^{\beta}}{S_2} + \ldots + \frac{x_\omega^{\alpha} y_\omega^{\beta}}{S_n} \right\},$$

(α, β) désignant un coefficient relatif à l'argument $x^{\alpha} y^{\beta}$ que l'on considère. Or, d'après la remarque précédente, ces sommes seront toutes nulles, puisque par hypothèse $\alpha+\beta < m+n-2$. Quelles que soient donc les fonctions φ et ψ, il y aura entre les mn solutions les $\frac{(m+n-1)(m+n-2)}{1.2}$ relations suivantes :

$$(6) \quad \begin{cases} \dfrac{1}{S_1} + \dfrac{1}{S_2} + \;\cdots\; + \dfrac{1}{S_{mn}} = 0, \\[2mm] \dfrac{x_1}{S_1} + \dfrac{x_2}{S_2} + \;\cdots\; + \dfrac{x_{mn}}{S_{mn}} = 0, \\[2mm] \dfrac{y_1}{S_1} + \dfrac{y_2}{S_2} + \;\cdots\; + \dfrac{y_{mn}}{S_{mn}} = 0, \\[2mm] \dfrac{x_1^2}{S_1} + \dfrac{x_2^2}{S_2} + \;\cdots\; + \dfrac{x^2_{mn}}{S_{mn}} = 0, \\[2mm] \dfrac{x_1 y_1}{S_1} + \dfrac{x_2 y_2}{S_2} + \;\cdots\; + \dfrac{x_{nm} y_{mn}}{S_{mn}} = 0, \\[2mm] \dfrac{y_1^2}{S_1} + \dfrac{y_2^2}{S_2} + \;\cdots\; + \dfrac{y^2_{mn}}{S_{mn}} = 0. \\[2mm] \cdots\cdots\cdots\cdots\cdots \\[1mm] \dfrac{x_1^{m+n-3}}{S_1} + \dfrac{x_2^{m+n-3}}{S_2} + \ldots + \dfrac{x_{mn}^{m+n-3}}{S_{mn}} = 0, \\[2mm] \cdots\cdots\cdots\cdots\cdots \\[1mm] \dfrac{y_1^{m+n-3}}{S_1} + \dfrac{y_2^{m+n-3}}{S_2} + \ldots + \dfrac{y_{mn}^{m+n-3}}{S_{mn}} = 0. \end{cases}$$

Observons d'abord qu'on peut, à l'aide de l'équation (5), tirer une méthode pour calculer les fonctions symétriques simples des solutions communes.

Supposons, en effet, que U représente une fonction entière et rationnelle de x, y, on aura encore

$$\frac{UV}{XY} = \sum \frac{U}{S_i\,(x-x_i)\,(y-y_i)}.$$

Soit maintenant U_i la valeur de U pour x, x_i, y, y_i; on pourra toujours donner à U la forme qui suit :

$$U = U_i + W_i\,(x-x_i) + W'_i\,(y-y_i)\;;$$

d'où

$$\frac{U}{(x-x_i)(y-y_i)} = \frac{U_i}{(x-x_i)(y-y_i)} + \frac{W}{x-x_i} + \frac{W'_i}{y-y_i}.$$

Or, si l'on développe le premier membre suivant les puissances descendantes et simultanées de x, y, on obtiendra les mêmes termes qu'en développant la partie $\dfrac{U_i}{(x-x_i)\,(y-y_i)}$ du second membre. Donc, en se bornant à un pareil développement, on a

$$\frac{UV}{XY} = \sum_{S_i} \frac{U_i}{(x-x_i)(y-y_i)}\,,$$

et en posant $U = S$,

$$\frac{SV}{XY} = \sum \frac{1}{(x-x_i)\,(y-y_i)}.$$

Or, le coefficient de l'argument $x^{-(\alpha+1)}y^{-(\beta+1)}$ dans le second membre sera la fonction symétrique

$$x_1{}^\alpha y_1{}^\beta + x_2{}^\alpha y_2{}^\beta + \ldots + x_{mn}{}^\alpha y_{mn}{}^\beta = \sum x^\alpha y^\beta.$$

De là on conclut aisément que :

Le coefficient qui, dans le développement de la fonction $\dfrac{SV}{XY}$ suivant les puissances ascendantes et descendantes de x, y, *multiplie l'argument* $x^{-\alpha-1}y^{-\beta-1}$, *est la valeur de la fonction symétrique* $\Sigma x^\alpha y^\beta$.

Nous allons voir maintenant quelle grande lumière le théorème de

Jacobi jette sur la théorie des solutions communes. Euler, en cherchant à expliquer un paradoxe qui s'était présenté à lui à ce sujet, avait déjà observé que les solutions communes à deux équations à deux variables n'étaient pas toutes arbitraires. Cette question et d'autres aussi importantes que délicates que soulève ce théorème méritent que nous les traitions avec tous les éclaircissements nécessaires.

Soient deux équations ou deux courbes

$$(7) \qquad \varphi(x, y) = 0, \quad \psi(x, y) = 0$$

de $m^{ième}$ ordre. Ces courbes se couperont en m^2 points; mais elles ne sont pas les seules que l'on peut faire passer par m^2 points donnés. Considérons, en effet, l'équation

$$(8) \qquad \varphi(x, y) + k\,\psi(x, y) = 0,$$

où k désigne une constante arbitraire. Il est évident qu'à chaque valeur de k correspondra une équation différente, mais qui s'annulera en même temps que les deux proposées. Ainsi le nombre des courbes passant par m^2 points donnés peut être multiplié à l'infini. On ne peut donc déterminer l'équation φ au moyen seulement de m^2 couples des valeurs; mais il faut en assigner encore un autre qui annule φ sans faire évanouir en même temps la ψ. Car alors l'équation (8) ne sera plus vérifiée par ce couple, et, par conséquent, il ne sera plus possible de former une autre équation remplissant les mêmes conditions, et ainsi l'équation φ séra unique.

Considérons maintenant à part l'équation

$$(9) \qquad \varphi(x, y) = 0;$$

comme le nombre des coefficients est $\dfrac{(m+1)(m+2)}{2}$, dont un peut être toujours pris arbitrairement, il suffira de connaître $\dfrac{(m+1)(m+2)}{2} - 1$

$= \dfrac{m^2+3m}{2}$ couples des valeurs x, y, pour que les coefficients de l'équation proposée soient déterminés; car en substituant, au lieu de x, y, leurs valeurs, on aura un système de $\dfrac{m^2+3m}{2}$ équations linéaires entre un pareil nombre de coefficients, et propre, par conséquent, à les déterminer complétement. Voilà encore une manière de former une équation unique φ.

Mais de là vient le paradoxe d'Euler :

D'une part, $\dfrac{m^2+3m}{2}$ points déterminent la courbe φ ; d'autre part, elle ne semble pas déterminée, car en la faisant même passer par m^2 points, c'est-à-dire par $\dfrac{m^2-3m}{2}$ points de plus, on peut encore trouver une infinité de courbes passant par les mêmes points. Comment cela peut-il s'expliquer?

Euler a observé le premier que cela ne peut tenir qu'à ceci, à savoir que : une partie des équations de condition fournies par les m^2 couples rentrent les unes dans les autres. Prenons, par exemple, $m = 3$. Alors le paradoxe se réduit à ceci :

D'une part, une courbe du troisième ordre paraît déterminée en la faisant passer par 9 points ; d'autre part, on peut faire passer une infinité de courbes du troisième ordre par 9 points.

Cette contradiction apparente s'explique en observant qu'une des neuf équations de condition, auxquelles donneraient lieu les $m^2 = 9$ couples, est une conséquence des huit autres. Soit, en effet,

$$(10) \quad ax^3+bx^2y+cxy^2+dy^3+ex^2+fxy+gy^2+hx+ky+l=0,$$

l'équation proposée, et

$$x_1y_1, \quad x_2y_2, \quad \ldots, \quad x_9y_9,$$

les 9 couples de solutions auxquels elle satisfait. On aura les 9 équations de condition qui suivent :

$$(11) \begin{cases} ax_1^3+bx_1^2y_1+cx_1y_1^2+dy_1^3+ex_1^2+fx_1y_1+gy_1^2+hx_1+ky_1+l=0, \\ ax_2^3+bx_2^2y_2+cx_2y_2^2+dy_2^3+ex_2^2+fx_2y_2+gy_2^2+hx_2+ky_2+l=0, \\ \cdots\cdots\cdots\cdots\cdots\cdots\cdots\cdots\cdots\cdots\cdots\cdots\cdots\cdots \\ ax_8^3+bx_8^2y_8+cx_8y_8^2+dy_8^3+ex_8^2+fx_8y_8+gy_8^2+hx_8+ky_8+l=0, \\ ax_9^3+bx_9^2y_9+cx_9y_9^2+dy_9^3+ex_9^2+fx_9y_9+gy_9^2+hx_9+ky_9+l=0. \end{cases}$$

Or, je dis que l'une d'elles, la dernière, par exemple, se déduira des 8 précédentes. Sommons, en effet, ces 8 équations après les avoir multipliées successivement par les coefficients $\lambda_1\lambda_2\ldots\lambda_8$, et égalons le résultat à la 9ᵐᵉ équation. Nous aurons 10 équations :

$$(12) \begin{cases} \sum \lambda x^3 = x_9{}^3, & \sum \lambda xy = x_9 y_9, \\ \sum \lambda xy^2 = x_9{}^2 y_9, & \sum \lambda xy^2 = y_9{}^2, \\ \sum \lambda xy^2 = x_9 y_9{}^2, & \sum \lambda x = x_9, \\ \sum \lambda xy^3 = y_9{}^3, & \sum \lambda y = y_9, \\ \sum \lambda x^2 = x_9{}^2, & \sum \lambda = 1, \end{cases}$$

lesquelles suffiront à déterminer les 10 inconnues $\lambda_1, \lambda_2, \dots, \lambda_8, x_9, y_9$. Ainsi, il sera possible de former la 9me équation au moyen des 8 premières. Donc

Étant donnés huit couples de valeurs qui satisfont à une équation de troisième ordre, on peut en déduire un neuvième remplissant les mêmes conditions.

Observons maintenant que les équations (12) conviennent indistinctement à toutes les courbes passant par les 8 points donnés. Donc le 9me qu'on en déduit est celui où se couperont nécessairement toutes les courbes de troisième degré qui passeront par ces 8 points. Concluons donc que *deux courbes de troisième ordre qui ont 8 points communs se couperont nécessairement en un 9me*. Ainsi, le paradoxe s'explique en disant que 9 points ne suffisent pas toujours pour déterminer une courbe de troisième ordre, car les équations de condition se réduiront à 8.

Pour lever donc toute indétermination, il faut donner un point de plus distinct de ce 9me que les équations (12) font déjà connaître. Alors les deux méthodes de former une équation unique, exposées précédemment, seront mises d'accord ; car, soit d'un côté, soit de l'autre, on trouvera le nombre exigé d'équations. En définitive, la contradiction provient de l'oubli d'une restriction : c'est que des équations de condition ne doivent être mises en ligne de compte qu'autant qu'elles sont indépendantes.

Nous avons vu précédemment qu'une courbe φ de m^{me} ordre ne sera déterminée qu'autant qu'on la fera passer par un point de plus non situé sur la courbe ψ. Car autrement, quelques arrangements que l'on prenne, il sera toujours possible de trouver une infinité de courbes de m^{me} ordre passant par des points donnés, si ces points sont en nombre $<$ ou $= m^2$. Cette courbe donc sera unique en l'assujettissant à m^2+1 équations de condition; d'autre part, la courbe est déterminée par $\frac{m^2+3m}{2}$ équations de condition.

Ainsi, une équation de plus ajoutée dans les deux cas aux m^2 conditions, d'une part, à $\frac{m^2+3m}{2}-1$ conditions, de l'autre, détermine complétement la courbe. Il faut donc que les

$$m^2 - \left(\frac{m^2+3m}{2} - 1 \right) = \frac{(m-1)(m-2)}{2}$$

qu'il y a en plus dans le premier système soient dépendantes des autres $\frac{m^2+3m}{2}-1 = \frac{(m+1)(m+2)}{2} - 2$. Concluons donc, avec M. Plücker, que

1° *Si l'on donne à deux quantités variables successivement* $\left(\frac{(m+1)(m+2)}{1.2} - 2 \right)$ *couples de valeurs quelconques, et si l'on suppose que ces valeurs satisfont à une équation quelconque de* m^{me} *degré entre les deux variables, il y aura* $\frac{(m-1)(m-2)}{1.2}$ *couples de valeurs nouveaux, qui satisfont à la même équation et qui dépendent uniquement des couples précédents.*

2° *Si l'on connaît* $\left(\frac{(m+1)(m+2)}{2} - 2 \right)$ *couples de racines des deux équations de* m^{me} *degré entre deux inconnues, l'on obtiendra les* $\left(\frac{(m-1)(m-2)}{1.2} \right)$ *couples des racines restantes, sans avoir recours à ces équations.*

Ces conclusions cependant, tirées d'un raisonnement *ab absurdo*, exigeaient une confirmation directe, pour ne laisser plus de doute. Il fallait démontrer, comme M. Jacobi a fait, qu'il existe effectivement :

1.° Des équations de condition non arbitraires en nombre égal à celui que l'on a calculé devoir exister. Pour cela, supposons $n = m$. Nous avons dans le tableau (6) $\frac{(2m-1)(2m-2)}{1.2}$ équations entre m^2 systèmes de valeurs de x, y. Le nombre des équations de condition, après l'élimination des rapports $\frac{1}{S}$, sera donc

$$\frac{(2m-1)(2m-2)}{2} - m^2 + 1 = (m-1)(m-2),$$

précisément celui qui était nécessaire à déterminer les $(m-1)(m-2)$ coordonnées que comportent $\frac{(m-1)(m-2)}{2}$ points;

2° Que $\frac{(m+1)(m+2)}{2} - 2$ solutions suffisent à déterminer deux équations de $m^{ième}$ ordre. Or, si l'on assujettit une fonction u de degré m à avoir $\frac{(m+1)(m+2)}{1.2} - 2$ solutions choisies parmi celles en nombre m^2, qui sont communes aux fonctions φ et ψ, on aura une suite de $\frac{(m+1)(m+2)}{1.2} - 2$ équations linéaires entre $\frac{(m+1)(m+2)}{1.2}$ coefficients. Laissons de côté deux coefficients, que l'on considérera comme arbitraires et que l'on appellera a, a'. On pourra de ces équations tirer la valeur du coefficient d'un argument quelconque $x^p y^q$ en fonction des coefficients a, a', laquelle sera linéaire et de la forme

$$A_{p,q}a + A'_{pq}a',$$

$A_{p,q}$, A'_{pq} désignant des fonctions rationnelles des arguments formés avec les solutions adoptées. En substituant ces valeurs dans u, on aura une équation de la forme

$$(13) \qquad u = a \sum A_{pq} x^p y^q + a' \sum A'_{pq} x^p y^q.$$

Changeons maintenant a, a' en d'autres constantes b, b'; on aura encore une autre fonction

$$(14) \qquad v = b \sum A_{pq} x^p y^q + b' \sum A'_{pq} x^p y^q,$$

qui jouira de la propriété d'avoir les mêmes $\frac{(m+1)(m+2)}{2} - 2$ solutions que u. Mais on peut avoir simultanément $u = 0$, $v = 0$, pourvu que l'on pose

$$(15) \qquad \sum A_{pq} x^p y^q = 0, \qquad \sum A'_{pq} x^p y^q = 0.$$

Alors toutes les m^2 solutions communes à ces deux équations seront communes aux équations u, v, qui d'ailleurs n'en peuvent avoir plus de m^2, car elles sont de degré m. Donc ces équations (15) comprennent les solutions $\frac{(m+1)(m+2)}{2} - 2$, qui nous ont servi à trouver les coefficients A_{pq}, A'_{pq}. Donc enfin on peut déterminer les coefficients de deux équations ayant m^2 solutions communes, au moyen seulement de $\frac{(m+1)(m+2)}{2} - 2$ d'entre elles.

Supposons maintenant que les équations φ et ψ soient, non plus de degré égal, mais de degré différent m, n ; il y aura mn systèmes de valeurs

$$(16) \qquad x_1 y_1, \quad x_2 y_2 \ldots x_{mn} y_{mn},$$

qui les vérifieront, mais qui ne seront pas tous arbitraires. Le nombre de ceux que l'on peut prendre arbitrairement se déduira du théorème suivant :

Étant deux équations $\varphi = 0$, $\psi = 0$ *de degré* m, n $(n < m)$, *il y aura entre les* mn *quantités*

$$x_1 x_2 x_3 \ldots x_{mn}, \quad y_1 y_2 \ldots y_{mn}$$

propres à les vérifier, mn $-$ 3n $+$ 1 *équations de condition.*

Démonstration. L'équation $\psi = 0$, dont le degré est par hypothèse $n < m$, est déterminée par $\frac{(n+1)(n+2)}{2} - 1$ systèmes (x, y) choisis parmi les (16). Les autres $mn - \frac{(n+1)(n+2)}{2} + 1$ fourniront autant d'équations de condition parmi ces systèmes. Mais ces mn systèmes doivent aussi satisfaire à l'équation de $m^{ième}$ degré. Or, on peut former une équation $\varphi + \theta \psi$ de $m^{ième}$ ordre, qui soit satisfaite par les mn systèmes, en multipliant l'équation ψ de $n^{ième}$ ordre par une fonction θ de $(m-n)^{me}$ ordre à coefficients arbitraires, et en y joignant l'équation φ. On profitera des $\frac{(m-n+1)(m-n+2)}{2}$ coefficients arbitraires pour détruire dans l'équation $\varphi + \theta \psi$ autant de termes. Le nombre de ceux qui resteront sera

$$\frac{(m+1)(m+2)}{2} - \frac{(m-n+1)(m-n+1)}{2}.$$

Mais pour qu'une telle équation soit satisfaite par les mn systèmes, il faudra qu'il existe parmi ces couples

$$mn - \left(\frac{(m+1)(m+2)}{2} - \frac{(m-n+1)(m-n+2)}{2} - 1 \right) = \frac{(n-1)(n-2)}{2}$$

équations de condition. Le nombre total des conditions sera

$$mn - \frac{(n+1)(n+2)}{2} + 1 + \frac{(n-1)(n-2)}{2} = mn - 3n + 1.$$

Ce qu'il fallait démontrer.

Ce théorème peut s'énoncer géométriquement ainsi :

Étant donnés mn *points sur deux courbes algébriques de* $m^{\text{ième}}$ *et de* $n^{\text{ième}}$ *ordre,* $(m > n)$, *il y aura entre les coordonnées des points* $mn - 3n + 1$ *équations de condition.*

Corollaire. Étant donnés mn *points sur une courbe du* $n^{\text{ième}}$ *ordre, on pourra faire passer par ces points une courbe de* $m^{\text{ième}}$ *ordre,* $(m > n)$, *pourvu qu'il existe entre ces coordonnées* $\dfrac{(n-1)(n-2)}{2}$ *équations de condition.*

Il suit de là : 1° qu'on pourra toujours faire passer une courbe de $m^{\text{ième}}$ degré par m points pris sur une ligne droite, ou par $2m$ points pris sur une courbe de deuxième ordre; 2° qu'on pourra, avec une seule équation de condition, faire passer une courbe de $m^{\text{ième}}$ ordre, $(m > 3)$, par m points pris sur une courbe de troisième ordre; etc.

Si l'on avait éliminé des équations (6) les rapports

$$\frac{1}{S_1} \, , \, \frac{1}{S_2} \cdots \frac{1}{S_{mn}},$$

on aurait trouvé

$$\frac{(m+n-1)(m+n-2)}{2} - (mn - 1) = \frac{(m-1)(m-2)}{2} + \frac{(n-1)(n-2)}{2}$$

équations de condition parmi les mn systèmes de valeurs x, y. Cependant ce nombre pourrait être égal et même supérieur à $2mn$, qui est le nombre des inconnues, ce qui est absurde. Prenons, par exemple, $m = 14$, $n = 3$, on aura

$$\frac{(m-1)(m-2) + (n-1)(n-2)}{1 \cdot 2} = 92 > 2.3.14.$$

Il faut donc que quelques-unes de ces équations rentrent dans les autres, et, d'après ce qui précède, leur nombre sera

$$\frac{(m-1)(m-2)+(n-1)(n-2)}{2} - (mn-3n+1) = \frac{(m-n-1)(m-n-2)}{2}.$$

C'est ce que M. Jacobi a confirmé *à posteriori* par une analyse très-ingénieuse. (*Journal de Crelle*, t. XV.)

On peut enfin, d'après cet illustre géomètre, démontrer *à priori* que les équations de condition résultant du tableau (6) ne sont pas toutes arbitraires.

Multiplions, en effet, les équations φ et ψ par des arguments $x^\alpha y^\beta$, $x^{\alpha'} y^{\beta'}$, tels que $\alpha+\beta \leq n-3$, $\alpha'+\beta' \leq m-3$, ce qui pourra se faire respectivement de $\frac{(n-1)(n-2)}{2}$, $\frac{(m-1)(m-2)}{2}$ manières. On aura un ensemble de

$$\frac{(m-1)(m-2)+(n-1)(n-2)}{2}$$

équations de la forme

$$(17) \qquad \sum c_{pq} x^p y^q = 0,$$

lesquelles, en y substituant successivement les couples $x_1 y_1$, $x_2 y_2$, etc., fourniront à chacune mn équations

$$(18) \quad \sum c_{pq} x_1{}^p y_1{}^q = 0, \quad \sum c_{pq} x_2{}^p y_2{}^q = 0 \dots \sum c_{pq} x_{mn}{}^p y_{mn}{}^q = 0.$$

Multiplions-les successivement par $\frac{1}{S_1}$, $\frac{1}{S_2}$, ..., et ajoutons; on obtiendra des équations de la forme

$$(19) \qquad \sum c_{pq} \left\{ \frac{x_1{}^p y_1{}^q}{S_1} + \frac{x_2{}^p y_2{}^q}{S_2} + \dots + \frac{x_{mn}{}^p y_{mn}{}^q}{S_{mn}} \right\} = 0.$$

Admettons donc que les équations (6) aient lieu, à l'exception d'une seule; il s'ensuivra de l'équation (19), que celle qu'on avait écartée existe aussi. Mais les équations (17) sont en nombre $\frac{(m-1)(m-2)+(n-1)(n-2)}{2}$; donc

$$\frac{(m+n-2)(m+n-1)}{2} - \frac{(m-1)(m-2)}{2} - \frac{(n-1)(n-2)}{2} = mn-1$$

équations du tableau (6) dépendent des autres $\frac{(m-1)(m-2)+(n-1)(n-2)}{2}$

équations qui y figurent. Cette conclusion est vraie, quelles que soient les valeurs attribuées aux quantités $\frac{1}{S}$, par lesquelles on a multiplié les équations (18).

On aurait pu ainsi trouver des valeurs qui leur soient proportionnelles, en les assujettissant à satisfaire à $mn-1$ équations de la forme (6); les autres équations se trouveraient vérifiées d'elles-mêmes. Par conséquent, ces valeurs devront coïncider, à un facteur près, avec celles que fournirait l'expression

$$\varphi'_x\psi'_y - \varphi'_y\psi'_x$$

pour les systèmes des solutions x_1y_1, x_2y_2, ..., $x_{mn}y_{mn}$. Ceci nous montre que sur les $\dfrac{(m+n-1)(m+n-2)}{2}$ équations du tableau (6), $\dfrac{(m-1)(m-2)+(n-1)(n-2)}{2}$ proviennent de ce que les mn systèmes x_1y_1, ..., $x_{mn}y_{mn}$ sont des solutions des équations φ et ψ, et fournissent entre elles autant de relations; tandis que les autres ne servent qu'à donner les mn valeurs proportionnelles de la fonction S.

CHAPITRE II.

ÉLIMINATION DES VARIABLES ENTRE TROIS ÉQUATIONS A DEUX VARIABLES.

---

§ I.

Expression et degré de la résultante.

Soient

$$(1) \quad \begin{cases} \varphi = \sum a_{p,q,r}\, x^p y^q = 0\,, \\ \psi = \sum b_{p,q,r}\, x^p y^q = 0\,, \\ \theta = \sum c_{p,q,r}\, x^p y^q = 0\,, \end{cases}$$

trois équations de degré l, m, n, où les indices des coefficients a, b, c suivent dans chaque terme la valeur et l'ordre même des exposants, et s'étendent par conséquent à toutes les partitions que l'on peut faire des nombres l, m, n en trois parties, zéro compris. Le nombre des termes dans chaque équation sera respectivement

$$(2) \qquad \frac{(l+1)(l+2)}{1.2}\,, \quad \frac{(m+1)(m+2)}{1.2}\,, \quad \frac{(n+1)(n+2)}{1.2}\,.$$

Il s'agit maintenant d'éliminer x, y entre ces trois équations, ou, en d'autres termes, de trouver la condition nécessaire et suffisante pour que ces équations admettent une solution commune (x, y).

A cet effet, observons que, d'après le théorème précédent, cette solution se trouvera parmi les lm solutions des équations φ et ψ, parmi les ln solutions des équations φ et θ, et parmi les mn solutions des équations ψ et θ. Soient

$$(3) \qquad x_1 y_1\,, \quad x_2 y_2\,, \quad x_3 y_3\,, \quad \ldots, \quad x_{lm} y_{lm}\,,$$
$$(4) \qquad x'_1 y'_1\,, \quad x'_2 y'_2\,, \quad x'_3 y'_3\,, \quad \ldots, \quad x'_{ln} y'_{ln}\,,$$
$$(5) \qquad x''_1 y''_1\,, \quad x''_2 y''_2\,, \quad x''_3 y''_3\,, \quad \ldots, \quad x''_{mn} y''_{mn}\,;$$

ces trois suites de solutions, et considérons spécialement la première. Substituons chaque couple de la suite (3) dans la troisième équation θ, et formons le produit

$$(6) \qquad R = A_0^n \theta(x_1 y_1)\theta(x_2 y_2)\theta(x_3 y_3)\ldots\theta(x_{lm} y_{lm}),$$

A_0 désignant le premier coefficient des résultantes X ou Y des équations φ et ψ : ce produit s'annulera si une des solutions (3) satisfait encore à l'équation $\theta = 0$; réciproquement, si ce produit s'annule, l'équation $\theta = 0$ sera satisfaite par une des solutions (3). Par conséquent, ce produit sera la résultante même, puisqu'il exprimera la condition nécessaire et suffisante pour que les trois équations proposées admettent une solution commune.

Il est évident qu'on aura aussi

$$(7) \qquad R = A_0'^m \psi(x_1' y_1')\psi(x_2' y_2')\ldots\psi(x_{ln}' y_{ln}'),$$
$$(8) \qquad R = A_0''^l \varphi(x_1'' y_1'')\varphi(x_2'' y_2'')\ldots\varphi(x_{mn}'' y_{mn}''),$$

A_0', A_0'' étant les premiers coefficients des résultantes X ou Y des équations (φ, θ), (ψ, θ).

Observons maintenant que l'expression (6) de la résultante contenant lm facteurs θ, sera de degré lm par rapport aux coefficients de l'équation θ. De même, les expressions (7) et (8) font voir qu'elle est de degré lm et mn par rapport aux coefficients des équations ψ et φ respectivement. Par conséquent, le degré de la résultante par rapport à l'ensemble des coefficients des trois équations sera

$$mn + lm + ln.$$

On peut vérifier autrement cette conclusion. La plus grande des sommes $p_i + q_i$, fournies par les exposants des termes qui figureront dans la résultante (6), est, au plus, n. Donc, d'après le théorème page 112, le plus haut degré de la fonction symétrique multiple contenue dans ces termes, par rapport aux coefficients de φ et ψ, sera $n(l + m)$. En y ajoutant lm, qui est évidemment le degré de R par rapport aux coefficients c des fonctions θ, on aura le degré cherché de la résultante. On comprendra maintenant pourquoi les produits θ, φ, ψ qui entrent dans les seconds membres deviennent entiers par l'adjonction des facteurs $A_0{}^n$, $A'_0{}^m$, $A''_0{}^l$. Mais il y a plus. Rétablissons z dans les trois équations données, ou, ce qui revient au même, changeons en général le coefficient a_{pqr} en $a_{pqr}z^r$. Alors un terme quelconque de R, qui, dans l'hypothèse de $z = 1$, était de la forme

$$(9) \qquad C x_1{}^{p_1} y_1{}^{q_1} x_2{}^{p_2} y_2{}^{q_2} x_3{}^{p_3} y_3{}^{q_3} \ldots x_{lm}{}^{p_{lm}} y_{lm}{}^{q_{lm}},$$

se changera en

$$(10) \qquad C x'_1{}^{p_1} y'_1{}^{q_1} z^r x'_2{}^{p_2} y'_2{}^{q_2} z^r x'_3{}^{p_3} y'_3{}^{q_3} z^r \ldots x'_{lm}{}^{p_{lm}} y'_{lm}{}^{p_{lm}} z^{r_{lm}},$$

x', y' désignant les solutions des nouvelles équations. Mais on a

$$x' = zx, \quad y' = zy, \quad p_i + q_i + r_i = n.$$

Par conséquent, l'expression (10) n'est autre chose que celle (9) multipliée par z^{lmn}. Ainsi, la résultante R obtenue dans le premier cas acquiert le facteur z^{lmn} par le changement de a_{pqr} en $a_{pqr}z^r$. En d'autres termes, la résultante est isobarique et de poids lmn par rapport aux indices r. De la même manière, on verrait qu'elle est isobarique et de poids lmn par rapport aux indices p et q.

En résumant ces considérations, on arrive à ce théorème :

La résultante des équations (1) *est :* **1°** *de degré* mn, ln, lm *par rapport aux coefficients des équations* φ, ψ, θ ; *de degré* lm + ln + mn *par rapport à leur ensemble ;* **2°** *isobarique et de poids* lmn *par rapport à chaque système des indices.*

§ II.

Formation de la résultante au moyen des fonctions symétriques.

Développons le produit (6). Un terme quelconque de la résultante sera

$$A_0{}^{n-s} c_{p_1 q_1 r_1} c_{p_2 q_2 r_2} \ldots c_{p_{lm} q_{lm} r_{lm}} x_1{}^{p_1} y_1{}^{q_1} x_2{}^{p_2} y_2{}^{q_2} \ldots x_{lm}{}^{p_{lm}} y_{lm}{}^{q_{lm}},$$

s étant la plus grande des sommes $p_1 + q_1$, $p_2 + q_2$, etc. On calculera la fonction entière des coefficients de φ et ψ correspondant à la valeur de la fonction symétrique

$$x_1{}^{p_1} y_1{}^{q_1} x_2{}^{p_2} y_2{}^{q_2} \ldots x_{lm}{}^{p_{lm}} y_{lm}{}^{q_{lm}},$$

par la méthode que nous avons exposée au chapitre précédent; et en la multipliant par $A_0{}^{n-s} c_{p_1 q_1 r_1} c_{p_2 q_2 r_2} \ldots c_{p_{lm} q_{lm} r_{lm}}$, on aura la valeur du terme en question. En additionnant tous les résultats obtenus pour chaque terme, on aura l'expression cherchée de la résultante. On peut, d'ailleurs, en obtenir facilement quelques termes; par exemple, ceux dont les arguments sont

$$(x_1 x_2 \ldots x_{lm})^n, \quad (y_1 y_2 \ldots y_{lm})^n,$$

donneront

$$(11) \qquad (-1)^{lmn} c_{n00}{}^{lm} A_{lm}{}^n, \quad (-1)^{lmn} c_{0n0} B_{lm}{}^n.$$

Au moyen des formules (7) et (8), on obtiendra encore les termes

$$(-1)^{lmn} b_{m00}{}^{ln} A'_{ln}{}^m, \quad (-1)^{lmn} b_{0m0}{}^{ln} B'_{ln}{}^m,$$
$$(-1)^{lmn} a_{l00}{}^{mn} A''_{nn}{}^l, \quad (-1)^{lmn} a_{0l0} B''_{nn}{}^l.$$

En substituant ensuite pour A, B leurs valeurs, on trouve pour premiers termes de la résultante

$$(12) \quad \left\{ \begin{aligned} &+a_{0l0}{}^{mn} b_{m00}{}^{ln} c_{0mn}{}^{lm} + a_{00l}{}^{mn} b_{m00}{}^{ln} c_{0n0}{}^{lm} + a_{00l}{}^{mn} b_{0m0}{}^{ln} c_{n00}{}^{lm}, \\ &(-1)^{lmn} \{ a_{l00}{}^{mn} b_{00m}{}^{ln} c_{0n0}{}^{lm} + a_{l00}{}^{mn} b_{0m0}{}^{ln} c_{00n}{}^{lm} + a_{0l0}{}^{mn} b_{00m}{}^{ln} c_{n00}{}^{lm} \} \end{aligned} \right\}'$$

Mais cette méthode n'a que l'avantage de prouver la possibilité d'obtenir l'expression de la résultante; car, à cause des longs calculs qu'entraînent les fonctions symétriques multiples, elle est presque impraticable. On gagnerait, par conséquent, quelque chose, si l'on pouvait réduire les calculs à ceux des fonctions symétriques simples. C'est ce qu'on peut faire en généralisant la méthode de Lagrange. Prenons donc le logarithme de R; on a

$$R = n \log A_0 + \log \theta (x_1 y_1) + \log \theta (x_2 y_2) \ldots + \log \theta (x_{lm} y_{lm}).$$

Développons chacun des logarithmes contenus dans ce second membre, suivant les puissances ascendantes de x, y; le développement sera très-facile, en ayant recours à la méthode que nous exposerons à la suite de l'ouvrage. On obtiendra de cette manière $\log R$ sous la forme

$$\log R = n \log A_0 + \Sigma C_{p,q} [\Sigma x^p y^q].$$

Il ne restera plus qu'à calculer des fonctions symétriques simples $\Sigma x^p y^q$. Alors, en posant

$$\Sigma C_{pq} [\Sigma x^p y^q] = r,$$

on aura la valeur cherchée de la résultante R par la série

$$R = A_0{}^n \left[1 + r + \frac{r^2}{1.2} + \frac{r^3}{1.2.3} + \dots \right],$$

en convenant toutefois de négliger dans le développement des fonctions les termes dont le degré dépassera celui que doit avoir la résultante.

§ III.

Méthode de Bezout.

Bezout a donné, pour trouver la résultante, une méthode qui, à part les facteurs étrangers qu'elle introduit, mérite d'être remarquée. A cet effet, il multiplie la première des équations (1), § I, par un polynome complet en x, y, de degré $m + n - 2$, la seconde ψ par un polynome semblable de degré $l + n - 2$, et la troisième par un autre de degré $l + m - 2$. Soient Φ, Ψ, Θ ces polynomes multiplicateurs, et formons la somme

$$F = \Phi\varphi + \Psi\psi + \Theta\theta,$$

qui sera une fonction en x, y de degré $l + m + n - 2$, jouissant de la propriété de s'évanouir avec φ, ψ et θ. Disposons maintenant des coefficients de Φ, Ψ, Θ pour faire évanouir, ce qui sera toujours possible, tous les termes en x, y dans la nouvelle fonction. Il restera, après avoir convenablement employé les valeurs des coefficients ainsi déterminés, une fonction des coefficients des équations proposées, qui jouira encore de la même propriété. Mais comme elle sera de degré supérieur à la somme $mn + lm + ln$, elle ne sera pas la résultante, mais bien la résultante multipliée par un certain facteur. Si toutefois on arrive à écarter ce facteur, on aura trouvé la résultante que l'on cherchait.

Posons, en effet, $s = l + m + n$; la fonction F contiendra

$$\mu = \frac{s(s-1)}{1.2} = lm + ln + mn + \frac{l(l-1) + m(m-1) + n(n-1)}{2}$$

termes. D'autre part, en appelant ν le nombre des coefficients arbitraires, on a

$$\nu = \frac{1}{2}\left\{(s - l - 1)(s - l) + (s - m - 1)(s - m)(s - m - 1) + (s - n)\right\},$$

$$= \frac{1}{2}\left\{(s - 1)\,2s + l^2 + m^2 + n^2 + s^2\right\},$$

$$= \mu + \frac{1}{2}\left\{l(l - 1) + m(m - 1) + n(n - 1)\right\}.$$

Donc, puisque l'on a toujours $\nu > \mu$, il faudra établir

$$\nu - \mu = \frac{1}{2}\left\{l(l - 1) + m(m - 1) + n(n - 1)\right\}$$

nouvelles équations de condition entre les ν coefficients arbitraires, afin que ces $\nu - \mu$ équations, ajoutées aux μ équations déjà obtenues, donnent un total de $\nu - \mu + \mu = \nu$ équations égal au nombre même des arbitraires. Alors, en considérant ces coefficients arbitraires comme autant d'inconnues, on aura un système de ν équations linéaires, qui fournira, par l'élimination des inconnues, une fonction de ν^e ordre.

Mais on a

$$\nu = lm + ln + mn + \left\{l(l - 1) + m(m - 1) + (n - 1)\right\};$$

donc cette fonction aura un degré supérieur de

$$l(l - 1) + m(m - 1) + n(n - 1)$$

unités à celui de la résultante. D'un autre côté, cette fonction doit s'évanouir avec la résultante; donc elle contiendra en plus de la résultante un facteur de

$$l(l - 1) + m(m - 1) + n(n - 1)$$

ordre, qu'il s'agira, dans les cas particuliers, de trouver et d'éliminer. Cela fait, on aura obtenu la résultante que l'on cherchait. Voici un exemple propre à faire comprendre la méthode.

Soient les équations

$$(1) \qquad \begin{cases} axy + bx + cy + d = 0, \\ a'xy + b'x + c'y + d' = 0, \\ a''xy + b''x + c''y + d'' = 0. \end{cases}$$

Multiplions-les respectivement par les polynomes

$$\alpha x + \beta y + \gamma, \quad \alpha' x + \beta' y + \gamma', \quad \alpha'' x + \beta'' y + \gamma''.$$

et additionnons les produits. En égalant à zéro les coefficients des différents termes, on aura une série de conditions entre les coefficients arbitraires α, β, γ, ..., que le lecteur attentif trouvera réunies dans le tableau qui suit :

		α	β	γ	α'	β'	γ'	α''	β''	γ''	
	x^2y	a			a'		0	a''			$=0$
	xy^2		a			a'			a''		$=0$
	x^2	b			b'			b''			$=0$
(2)	xy	c	b	a	c'	b'	a'	c''	b''	a''	$=0$
	y^2		c			c'			c''		$=0$
	x	d		b	d'		b'	d''		b''	$=0$
	y		d	c		d'	c'		d''	c''	$=0$
	1			d			d'			d''	$=0$

Dans ce tableau, les éléments des lignes, multipliés par les quantités situées en tête des colonnes et sommés ensemble, donnent les coefficients des arguments indiqués à gauche du tableau.

Dans le cas actuel, le nombre des arbitraires, ou le nombre des colonnes, dépasse d'une unité le nombre des équations, c'est-à-dire le nombre des lignes. Nous pouvons donc assujettir les arbitraires à une condition de plus.

D'ailleurs, le degré de la résultante des équations (1) est 6. Car, sans passer par d'autres raisonnements, on voit immédiatement que la résultante est

$$R = \begin{vmatrix} ab'-a'b & ac'-a'c & ad'-a'd \\ ab''-a''b & ac''-a''c & ad''-a''d \\ a'b''-a''b' & a'c''-a''c' & a'd''-a''d' \end{vmatrix}.$$

En réduisant donc le tableau à six lignes et à six colonnes, au moyen d'un choix convenable des équations de condition ou des arbitraires, nous serons assurés d'obtenir la résultante.

Posons, par exemple :

$$(3) \qquad c\alpha + c'\alpha' + c''\alpha'' = 0.$$

Alors, comme on a

$$a\alpha + a'\alpha' + a''\alpha'' = 0,$$
$$b\alpha + b'\alpha' + b''\alpha'' = 0,$$

il viendra un système de trois équations de condition entre les arbitraires α, α', α'', auxquelles on pourra satisfaire en posant $\alpha = \alpha' = \alpha'' = 0$. D'après cela, les autres six équations de condition entre les six constantes arbitraires β, γ, β', γ', β'', γ'' fourniront pour la résultante le déterminant

$$\begin{vmatrix} a & a' & a'' & 0 & 0 & 0 \\ b & b' & b'' & a & a' & a'' \\ c & c' & c'' & 0 & 0 & 0 \\ 0 & 0 & 0 & b & b' & b'' \\ d & d' & d'' & c & c' & c'' \\ 0 & 0 & 0 & d & d' & d'' \end{vmatrix}$$

et, par conséquent, on aura encore

$$(4) \qquad \mathrm{R} = (abc)(bcd) - (acd)(abd).$$

Mais si, en ajoutant l'équation (3) aux précédentes (2), on avait considéré le tableau (2) comme composé de neuf lignes et de neuf colonnes, la résultante aurait pu être mise sous la forme

$$\begin{vmatrix} a & a' & a'' & 0 & 0 & 0 & 0 & 0 & 0 \\ b & b' & b'' & 0 & 0 & 0 & 0 & 0 & 0 \\ c & c' & c'' & 0 & 0 & 0 & 0 & 0 & 0 \\ 0 & 0 & 0 & a & a' & a'' & 0 & 0 & 0 \\ 0 & 0 & 0 & b & b' & b'' & a & a' & a'' \\ 0 & 0 & 0 & c & c' & c'' & 0 & 0 & 0 \\ 0 & 0 & 0 & 0 & 0 & 0 & b & b' & b'' \\ 0 & 0 & 0 & d & d' & d'' & c & c' & c'' \\ 0 & 0 & 0 & 0 & 0 & 0 & d & d' & d'' \end{vmatrix} ;$$

mais on y aurait introduit inutilement le facteur étranger (abc). Un pareil résultat s'obtiendra encore en posant

$$d\beta + d'\beta' + d''\beta'' = 0,$$

et l'on aura, après avoir écarté le facteur étranger (acd),

$$R = \begin{vmatrix} a & a' & a'' & 0 & 0 & 0 \\ b & b' & b'' & 0 & 0 & 0 \\ c & c' & c'' & a & a' & a'' \\ d & d' & d'' & b & b' & b'' \\ 0 & 0 & 0 & c & c' & c'' \\ 0 & 0 & 0 & d & d' & d'' \end{vmatrix}.$$

Posons, au contraire,

$$d\gamma + d''\gamma'' = 0,$$

la résultante sera

$$\begin{vmatrix} a & a' & a'' & 0 & 0 & 0 & 0 \\ 0 & 0 & 0 & a & a' & a'' & 0 \\ b & b' & b'' & 0 & 0 & 0 & 0 \\ c & c' & c'' & b & b' & b'' & ad''-a''d \\ 0 & 0 & 0 & c & c' & c'' & 0 \\ d & d' & d'' & 0 & 0 & 0 & bd''-b''d \\ 0 & 0 & 0 & d & d' & d'' & cd''-c''d \end{vmatrix}$$

$$= (ad'' - a''d)\,R.$$

Les polynomes multiplicateurs de degré $s-l-2$, $s-m-2$, $s-n-2$ auraient, d'après Bezout, l'avantage d'introduire le moindre nombre des coefficients arbitraires. Cependant, suivant les cas, on peut faire encore mieux.

Supposons que les polynomes multiplicateurs Φ, Ψ, Θ soient de degré $s-l-h$, $s-m-h$, $s-n-h$. On aura

$$(5) \quad \nu = \tfrac{1}{2}\{(s-l-h+1)(s-l-h+2)+(s-m-h+1)(s-m-h+2)+(s-n-h+1)(s-n-h+2)\}$$

$$= \mu + \tfrac{1}{2}\{l(l-2h+3)+m(m-2h+3)+n(n-2h+3)\}+(h-1)h-2),$$

et

$$(6) \quad \mu = \frac{(s-h+1)(s-h+2)}{2} = lm+ln+mn+\tfrac{1}{2}\{l(l-2h+3)+m(m-2h+3)+n(n-2h+3)+(h-1)(h-2)\}.$$

Ainsi μ se réduira à $lm+ln+mn$ toutes les fois que

$$(7) \quad l(l-2h+3)+m(m-2h+3)+n(n+2h+3)+(h-1)(h-2)=0.$$

Si cette équation est vérifiée, le nombre ν se réduira à

$$\nu = lm + ln + mn + \frac{1}{2}(h-1)(h-2).$$

Or, on peut vérifier la condition (7) en prenant

$$
\begin{array}{llll}
l = m = 3, & n = 2 & \text{pour} & h = 3, \\
l = 6, & m = n = 2 & & h = 4, \\
l = 6, & m = n = 3 & & h = 4, \text{ etc.}
\end{array}
$$

Mais on aurait une arbitraire disponible dans le premier cas, trois dans le second et dans le troisième. Alors, en assujettissant ces arbitraires à autant de conditions nouvelles, on pourra rendre le nombre des arbitraires égal à celui des équations; mais la résultante se trouvera associée à un facteur étranger de premier ou troisième ordre. Si l'on avait pris au contraire, comme avant, $h = 2$, les facteurs étrangers auraient été respectivement de quatorzième, trente-quatrième, quarante-deuxième degré. Prenons, par exemple, le premier cas, et soient

$$
(8) \begin{cases}
ax^3 + bx^2y + cxy^2 + dy^3 + ex^2 + fxy + gy^2 + hx + ky + l = 0, \\
a'x^3 + b'x^2y + c'xy^2 + d'y^3 + e'x^2 + f'xy + g'y^2 + h'x + k'y + l' = 0, \\
\qquad a''x^2 + b''xy + c''y^2 + d''x + e''y + f'' = 0.
\end{cases}
$$

les trois équations que l'on considère. En opérant comme il vient d'être dit, on obtiendra vingt et une équations entre vingt-deux arbitraires $\alpha_1, \alpha_2, \ldots \alpha_{22}$, que nous écrirons comme il suit :

	α_1	α_2	α_3	α_4	α_5	α_6	α_7	α_8	α_9	α_{10}	α_{11}	α_{12}	α_{13}	α_{14}	α_{15}	α_{16}	α_{17}	α_{18}	α_{19}	α_{20}	α_{21}	α_{22}
x^5	a						a'						a''									
x^4y	b	a					b'	a'					b''	a''								
x^3y^2	c	b	a				c'	b'	a'				c''	b''	a''							
x^2y^3	d	c	b				d'	c'	b'					c''	b''	a''						
xy^4		d	c					d'	c'						c''	b''						
y^5			d						d'							c''						
x^4	e			a			e'			a'			d''				a''					
x^3y	f	e		b	a		f'	e'		b'	a'		e''	d''			b''	a''				
x^2y^2	g	f	e	c	b		g'	f'	e'	c'	b'			e''	d''		c''	b''	a''			
xy^3		g	f	d	c			g'	f'	d'	c'				e''	d''		c''	b''			
y^4			g		d				g'		d'					e''			c''			
x^3	h			e		a	h'			e'		a'	f''				d''			a''		
x^2y	k	h		f	e	b	k'	h'		f'	e'	b'		f''			e''	d''		b''	a''	
xy^2		k	h	g	f	c		k'	h'	g'	f'	c'			f''			e''	d''	c''	b''	
y^3			k		g	d			k'		g'	d'				f''			e''		c''	
x^2	l			h		e	l'			h'		e'					f''			d''		a''
xy		l		k	h	f		l'		k'	h'	f'						f''		e''	d''	b''
y^2			l		k	g			l'		k'	g'							f''		e''	c''
x				l		h				l'		h'								f''		d''
y					l	k					l'	k'									f''	e''
						l						l'										f''

Il n'y aura donc qu'une relation à établir entre ces vingt-deux arbitraires, pour qu'en les éliminant on obtienne, à un facteur près de premier degré, la résultante des équations proposées.

Quelquefois on peut simplifier la recherche de la résultante, en laissant de côté quelques termes des polynomes multiplicateurs.

Soient, par exemple, les équations

$$(9)\qquad \begin{cases} ax^2 + by^2 + fxy + ex + dy + c = 0 \quad (*), \\ a'x^2 + b'y^2 + f'xy + e'x + d'y + c' = 0, \\ a''x^2 + b''y^2 + f''xy + e''x + d''y + c'' = 0. \end{cases}$$

En donnant au polynome multiplicateur la forme

$$\alpha x^2 + \beta y^2 + \varepsilon x + \delta y + \gamma,$$

on arrivera au tableau suivant :

(*) Nous écrivons ainsi l'équation de second ordre pour nous conformer à la manière dont on écrit ordinairement sous forme homogène, à savoir :

$$ax^2 + by^2 + cz^2 + dyz + exz + fxy = 0.$$

	α	α'	α''	β	β'	β''	γ	γ'	γ''	δ	δ'	δ''	ε	ε'	ε''	
x^4	a	a'	a''													$=0$
x^3y	f	f'	f''													$=0$
x^2y^2	b	b'	b''	a	a'	a''										$=0$
xy^3				f	f'	f''										$=0$
y^4				b	b'	b''										$=0$
x^5	e	e'	e''				a	a'	a''							$=0$
x^2y	d	d'	d''				f	f'	f''	a	a'	a''				$=0$
xy^2				e	e'	e''	b	b'	b''	f	f'	f''				$=0$
y^5				d	d'	d''				b	b'	b''				$=0$
x^2	c	c'	c''				e	e'	e''				f	f'	f''	$=0$
xy							d	d'	d''	e	e'	e''	f	f'	f''	$=0$
y^2				c	c'	c''				d	d'	d''	b	b'	b''	$=0$
x							c	c'	c''				e	e'	e''	$=0$
y										c	c'	c''	d	d'	d'	$=0$
													c	c'	c''	$=0$

Les éléments compris dans les barres forment exactement un déterminant de quinzième ordre : il ne différera donc de la résultante
que par un facteur de troisième ordre, qu'on découvrira aisément; car
en partageant le déterminant en deux parties par une ligne menée
entre les colonnes β'' et γ, on le décomposera en une somme de déterminants de sixième ordre par des déterminants de neuvième, dont
les premiers auront tous en facteur le déterminant

$$\begin{vmatrix} a & a' & a'' \\ f & f' & f'' \\ b & b' & b'' \end{vmatrix}$$

En dépouillant donc le déterminant ci-dessus de ce facteur, on
aura la résultante cherchée. Soit R cette résultante, et posons en
général

$$(abc) = \begin{vmatrix} a & a' & a'' \\ b & b' & b'' \\ c & c' & c'' \end{vmatrix} ;$$

il viendra

$$
\begin{aligned}
(10)\quad R=&\big\{(aed)[(adf)+(abe)]-(aef)[(def)-(abc)]-(acf)(adf)\big\}\big\{(bdf)(cde)+(bcf)(bce)\big\}\\
&+\big\{(abf)[acf)-(ade)]+(abe)^2-(aef)(bef)\big\}\big\{(cef)(bcd)-(bce)^2-(bde)(cde)\big\}\\
&-\big\{(abd)[(ade)-(acf)]+(abe)(abc)-(aef)(cdf)\big\}\big\{(abd)(cde)-(abe)^2(cde)\big\}\\
&+\big\{(ace)[(adf)+(abe)]-(aef)(cef)-(acf)^2\big\}\big\{(bef)(bcd)+(acd)(bcf)-(abd)(cdf)\big\}\\
&-\big\{(abd)(ace)-(acf)(abc)-(aef)(bce)\big\}\big\{(abe)(bcd)+(abc)(bcf)-(abd)(cdf)\big\}\\
&+\big\{(abd)(acd)-(abc)^2-(aef)(bcd)\big\}\big\{(abc)^2-(abd)(acd)\big\}\\
&+\big\{(abf)(acd)+(acf)(abc)-(aef)(bcf)\big\}\big\{(acf)(bcd)+(bde)(acd)-(abc)(bce)\big\}\\
&+\big\{(abf)(bcd)[(aef)(acd)-(aef)(cde)-(abc)(ace)]\big\}\\
&-\big\{(abf)(bcd)[(abf)(abc)+(abe)(abd)-(aef)(bdf)\big\}.
\end{aligned}
$$

On peut vérifier ici la loi de l'équipollence.

Prenons un terme quelconque, par exemple, celui-ci :

$$(abf)\,(ade)\,(cef)\,(bcd),$$

qui se trouve dans la deuxième ligne. Suivant nos notations, ce produit serait

$$(a_{200},\, a_{020},\, a_{110})(a_{200},\, a_{011},\, a_{101})(a_{002},\, a_{101},\, a_{110})(a_{020},\, a_{002},\, a_{011}),$$

et l'on voit bien que les sommes des premiers, seconds et troisièmes indices

$$2+1+2+1+1+1=8,\quad 2+1+1+1+2+1=8,\quad 1+1+2+1+2+1=8,$$

sont constantes et égales à $8=2^3$, comme cela doit être.

§ IV.

Méthode de Sylvester.

La méthode de Bezout, que nous venons d'exposer, laisse toujours subsiste, dans la résultante à laquelle elle conduit, un facteur étranger, qu'on ne peut éliminer sans effectuer des opérations généralement très-laborieuses, et qui même, une fois faites, masquent les propriétés que la résultante aurait révélées, si elle avait été présentée sous une forme simple et concise. Il importait donc d'avoir une méthode exempte de ces désavantages, et qui nous conduisît directement à une expression de la résultante dépourvue de tout facteur étranger. M. Sylvester a comblé cette lacune par une méthode qui, quoiqu'elle s'applique à un nombre restreint de cas, ne laisse pas que d'être très-ingénieuse et très-féconde.

Soient donc

$$(1) \qquad \varphi(x, y, z) = 0, \quad \psi(x, y, z) = 0, \quad \theta(x, y, z) = 0$$

trois équations homogènes de degré m, et appliquons-leur le procédé déjà employé au § III, chap. II de la première partie, qui consiste à multiplier successivement les équations par des arguments tellement choisis, que les équations dérivées soient en nombre égal à celui des arguments qui y figurent. Alors, en considérant ces arguments comme des inconnues, on aura par leur élimination la résultante cherchée. Ainsi, dans le dernier exemple, page 137, le déterminant de quinzième ordre aurait pu s'obtenir en multipliant les équations proposées (9) par les arguments x^2, y^2, x, y, 1.

Premier procédé. Posons

$$(2) \qquad r+r'+r'' = m-1, \quad s+s'+s'' = m-1, \quad t+t'+t'' = m-1,$$

et formons les produits de degré $2m-1$,

$$(3) \qquad x^r y^{r'} z^{r''} \varphi, \quad x^s y^{s'} z^{s''} \psi, \quad x^t y^{t'} z^{t''} \theta,$$

qu'on pourrait appeler les *augmentatifs* de φ, ψ, θ, ou simplement les *fonctions augmentatives*. On aura pour chaque équation autant de ces fonctions augmentatives qu'il y a de manières de décomposer le nombre $m-1$ en trois parties, zéro compris, c'est-à-dire $\frac{m(m+1)}{2}$. Par conséquent, le nombre total des augmentatifs pour toutes les trois équations sera $3\frac{m(m+1)}{2}$. Mais une équation homogène a trois variables de degré $2m-1$, comportant $\frac{2m(2m+1)}{2}$ arguments, il faut aussi avoir $\frac{2m(2m+1)}{2}$ équations pour les éliminer, tandis que nous n'en avons jusqu'à présent que $3\frac{m(m+1)}{2}$, c'est-à-dire $\frac{m(m-1)}{2}$ de moins. Il reste donc encore à trouver $\frac{m(m-1)}{2}$ équations, afin de les ajouter aux précédentes et de rendre ainsi possible l'élimination. A cet effet, décomposons les trois équations φ, ψ, θ de cette manière :

$$(4) \quad \begin{cases} \varphi = x^\alpha A + y^\beta B + z^\gamma C = 0, \\ \psi = x^\alpha A' + y^\beta B' + z^\gamma C' = 0, \\ \theta = x^\alpha A'' + y^\beta B'' + z^\gamma C'' = 0, \end{cases}$$

α, β, γ étant trois nombres entiers quelconques soumis à la condition

$$(5) \quad \alpha + \beta + \gamma = m + 1.$$

De ces équations on tire, par l'élimination de x^α, y^β, z^γ, la fonction

$$(6) \quad \begin{vmatrix} A & B & C \\ A' & B' & C' \\ A'' & B'' & C'' \end{vmatrix} = 0,$$

que nous appellerons *dérivative,* de degré

$$3m - (\alpha + \beta + \gamma) = 2m - 1,$$

et que nous désignerons par le symbole $\pi(\alpha, \beta, \gamma)$.

Parmi toutes les valeurs qu'on peut assigner aux exposants α, β, γ, prenons celles qui sont différentes de zéro, et dont le nombre sera

$$\frac{(m+2)(m+3)}{2} - 3\,(m+1) = \frac{m(m-1)}{2};$$

on aura obtenu $\frac{m(m-1)}{2}$ équations de la forme $\pi(\alpha, \beta, \gamma)$, et qui seront précisément les équations qu'on cherchait.

Or, je dis que ces valeurs sont les seules admissibles, car les autres donneront lieu à de simples identités. D'abord, on ne peut pas prendre deux exposants à la fois nuls, car on aurait

$$\alpha, \text{ ou } \beta, \text{ ou } \gamma = m + 1,$$

et les équations (4) monteraient à un degré supérieur à m; d'ailleurs, la fonction (6) s'annulerait d'elle-même.

Considérons ensuite le cas où un seul des exposants α, β, γ serait nul. On sait, par la théorie des déterminants, qu'en posant

$$(7) \quad \begin{cases} \lambda = \dfrac{d\pi}{dA}, & \lambda' = \dfrac{d\pi}{dA'}, & \lambda'' = \dfrac{d\pi}{dA''}, \\[2mm] \mu = \dfrac{d\pi}{dB}, & \mu' = \dfrac{d\pi}{dB'}, & \mu'' = \dfrac{d\pi}{dB''}, \\[2mm] \nu = \dfrac{d\pi}{dC}, & \nu' = \dfrac{d\pi}{dC'}, & \nu'' = \dfrac{d\pi}{dC''}, \end{cases}$$

on a

$$(8) \quad \begin{cases} x^{\alpha}\pi(\alpha, \beta, \gamma) = \lambda\varphi + \lambda'\psi + \lambda''\theta, \\ x^{\beta}\pi(\alpha, \beta, \gamma) = \mu\varphi + \mu'\psi + \mu''\theta, \\ x^{\gamma}\pi(\alpha, \beta, \gamma) = \nu\varphi + \nu'\psi + \nu''\theta, \end{cases}$$

où les fonctions λ, μ, ν sont respectivement de degré

$$2m - \beta - \gamma, \quad 2m - \alpha - \gamma, \quad 2m - \alpha - \beta.$$

Or, si un des exposants α, β, γ est nul, la fonction $\pi(\alpha, \beta, \gamma)$ s'identifiera avec un des trinomes situés dans le second membre (8). D'ailleurs, dans ce cas, eu égard à la relation (5), les degrés des fonctions λ, μ, ν deviendront $2m - (m+1) = m - 1$; par conséquent, la fonction $\pi(\alpha, \beta, \gamma)$, pouvant être mise sous la forme

$$\sum f x^r y^{r''} z^{r''}\varphi + \sum g x^s y^{s'} z^{s''}\psi + \sum h x^t y^{t'} z^{t''}\theta,$$

deviendra une fonction linéaire des *augmentatifs* déjà considérés, et ne constituera plus une équation indépendante.

On aura donc, au moyen des fonctions augmentatives et dérivatives, un système d'équations linéaires, propre à fournir par l'élimination des arguments la résultante cherchée, sans facteur étranger. Car il est aisé de voir que le degré de la résultante sera

$$3\left[\frac{m(m+1)}{2} + \frac{m(m-1)}{2}\right] = 3m^2;$$

ce qui doit être.

Second procédé. Posons

$$r + r' + r'' = m - 2, \quad s + s' + s'' = m - 2, \quad t + t' + t'' = m - 2;$$

les fonctions augmentatives seront alors de degré $2m - 2$. **Formons maintenant les équations**

$$\varphi = x^\alpha A + y^\beta B + z^\gamma C,$$
$$\psi = x^\alpha A' + y^\beta B' + z^\gamma C',$$
$$\theta = x^\alpha A'' + y^\beta B'' + z^\gamma C'',$$

α, β, γ étant une combinaison de nombres entiers assujettis à la condition

$$\alpha + \beta + \gamma = m + 2,$$

d'où, par les mêmes raisons que précédemment, les zéros seront exclus. On aura

$$\frac{(n+3)(n+4)}{2} - 3(m+2) = \frac{m(m+1)}{2}$$

fonctions dérivatives de degré $3m - \alpha - \beta - \gamma = 2m - 2$, lesquelles, associées aux $3\frac{m(m-1)}{2}$ fonctions augmentatives donnent un total de

$$3\frac{m(m-1)}{2} + \frac{m(m+1)}{2} = \frac{2m(2m-1)}{2}$$

équations, nombre précisément égal à celui des arguments contenus dans une équation de $(2m-2)^{ème}$ degré. On aura donc encore, par l'élimination des arguments, la résultante, dont le degré sera pareillement

$$3\left[\frac{m(m-1)}{2} + \frac{m(m+1)}{2}\right] = 3m^2.$$

La même méthode s'applique encore aux cas où une ou deux des trois équations sont de degré $m - 1$. Considérons d'abord le premier, et posons

$$r + r' + r'' = m - 2,$$
$$s + s' + s'' = m - 2,$$
$$t + t' + t'' = m - 1;$$

nous obtiendrons des augmentatifs de degré $2m - 2$, dont le nombre sera

$$2\frac{m(m-1)}{2} + \frac{m(m+1)}{2} = \frac{3m^2 - m}{2}.$$

Posons maintenant $\alpha + \beta + \gamma = m + 1$, et opérons comme auparavant pour obtenir des fonctions dérivatives $\pi(\alpha, \beta, \gamma)$, qui seront actuellement de degré

$$3m - 1 - (\alpha + \beta + \gamma) = 2m - 2$$

et $\dfrac{m(m-1)}{2}$ en nombre, les zéros exclus. Les fonctions augmentatives et dérivatives monteront ensemble à

$$\frac{3m^2-m}{2}+\frac{m(m-1)}{2}=\frac{2m(2m-1)}{2},$$

nombre égal à celui des arguments dont se compose une équation de degré $2m-2$.

Quant au second cas, posons

$$r+r'+r''=m-3,$$
$$s+s'+s''=m-2,$$
$$t+t'+t''=m-2,$$

et formons les $\dfrac{(m-1)(m-2)}{2}+2\dfrac{m(m-1)}{2}=\dfrac{3m^2-5m+2}{2}$ équations augmentatives de $2(m-3)^{ème}$ degré. Cherchons ensuite, à l'aide de la relation

$$\alpha+\beta+\gamma=m+1,$$

les zéros exclus, $\dfrac{m(m-1)}{2}$ équations dérivatives de degré

$$3m-2-(\alpha+\beta+\gamma)=2m-3.$$

Nous aurons en tout

$$\frac{3m^2-5m+2}{2}+\frac{m(m-1)}{2}=\frac{(2m-2)(2m-1)}{2}$$

équations, lesquelles permettront d'éliminer tous les arguments qui figurent dans une équation de degré $2m-3$. D'ailleurs, le degré de la résultante sera

$$\frac{3n^2-5n+2}{2}+3\frac{m(m-1)}{2}=3m^2-4m+1=2m(m-1)+(m-1)^2,$$

ce qui doit être.

Appliquons le premier procédé à un exemple. Soient les équations

$$ax^2+by^2+cz^2+2dyz+2exz+2fxy=0,$$
$$a'x^2+b'y^2+c'z^2+2d'yz+2e'xz+2f'xy=0,$$
$$a''x^2+b''y^2+c''x^2+2d''yz+2e''xz+2f''xy=0;$$

on obtiendra pour la résultante le déterminant

x^3	y^3	z^3	y^2z	yz^2	x^2z	xz^2	x^2y	xy^2	xyz
a	0	0	0	0	$2c$	c	$2f$	b	$2d$
0	b	0	d	c	0	0	a	$2f$	$2e$
0	0	c	b	d	a	$2e$	0	0	$2f$
a'	0	0	0	0	$2e'$	c'	$2f'$	b'	$2d'$
0	b'	0	d'	c'	0	0	a'	$2f'$	$2e'$
0	0	e'	b'	d'	a'	$2e'$	0	0	$2f'$
a''	0	0	c	c'	$2e''$	c''	$2f''$	b''	$2d''$
0	b''	0	d''	c''	0	0	a''	$2f''$	$2e''$
0	0	c''	b''	d''	a''	$2e''$	0	0	$2f''$
(afc),	(fbd),	(edc),	$(fbc)+(ebd)$,	$(fdc)+(ebc)$,	$(afc)\mp(ade)$,	$(adc)+(efc)$,	$(afd)+(abe)$,	$(fbe)+(abd)$,	$(abc)+2(fde)$

où par le symbole (abc) on entend en général le déterminant $\begin{vmatrix} a & b & c \\ a' & b' & c' \\ a'' & b'' & c'' \end{vmatrix}$.

M. Sylvester a encore indiqué d'autres procédés d'élimination qui, bien qu'ils ne diffèrent des précédents que par la forme, sont cependant d'un emploi plus simple. Posons

$$P = \begin{vmatrix} \dfrac{d\varphi}{dx} & \dfrac{d\varphi}{dy} & \dfrac{d\varphi}{dz} \\ \dfrac{d\psi}{dx} & \dfrac{d\psi}{dy} & \dfrac{d\psi}{dz} \\ \dfrac{d\theta}{dx} & \dfrac{d\theta}{dy} & \dfrac{d\theta}{dz} \end{vmatrix} ;$$

cette fonction sera de degré $3m-3$ et s'évanouira pour toute solution commune aux trois équations (IIe *théorème*, au dernier chapitre). Voyons comment on opérera avec cette fonction, suivant les cas que nous avons déjà examinés.

Premier cas. *Les équations* (1) *sont toutes trois de degré* m.—*Premier procédé.* Formons, comme avant, les $3\dfrac{m(m+1)}{2}$ fonctions augmentatives. Pour trouver ensuite les autres $\dfrac{m(m-1)}{2}$ fonctions auxiliaires, opérons sur la fonction P avec les symboles $\left(\dfrac{d}{dx}\right)^{m-2}$, $\left(\dfrac{d}{dy}\right)^{m-2}$, $\left(\dfrac{d}{dz}\right)^{m-2}$, et les autres produits homogènes de degré $m-2$ en $\dfrac{d}{dx}$, $\dfrac{d}{dy}$, $\dfrac{d}{dz}$; on obtiendra des fonctions de $(2\,m-1)^{ème}$ degré et de troisième degré par rapport aux coefficients, qui, ajoutées aux précédentes, fourniront un système de $\dfrac{2m\,(2m+1)}{2}$ équations à autant d'arguments, propre par conséquent à fournir la résultante.

Deuxième procédé. On formera, comme avant, les $3\,\dfrac{m(m-1)}{2}$ fonctions augmentatives de degré $2m-2$, à l'aide d'augmentatifs de degré $m-2$, et l'on remplacera les fonctions dérivatives par celles que l'on obtient en opérant sur P avec les symboles homogènes $\left(\dfrac{d}{dx}\right)^{m-1}$, $\left(\dfrac{d}{dy}\right)^{m-1}$, $\left(\dfrac{d}{dz}\right)^{m-1}$, etc., dont le nombre sera $\dfrac{m(m+1)}{2}$.

DEUXIÈME CAS. *Les équations φ et ψ sont de degré m, la θ de degré* m—1. Alors les augmentatifs pour les deux premières équations φ et ψ sont x^{m-2}, y^{m-2}, z^{m-2}, etc., et pour la θ, x^{m-1}, y^{m-1}, z^{m-1}, etc. On substituera ensuite aux fonctions dérivatives les produits homogènes et symboliques

$$\left(\dfrac{d}{dx}\right)^{m-1}\!\!P, \quad \left(\dfrac{d}{dx}\right)^{m-2}\!\!\left(\dfrac{d}{dy}\right)\!P, \quad \ldots \quad \left(\dfrac{d}{dz}\right)^{m-3}\!\!P,$$

lesquels fourniront, puisque actuellement P est de degré $3m-4$, les $\dfrac{m(m-1)}{2}$ équations de degré $2m-2$ qu'il fallait avoir.

TROISIÈME CAS. *L'équation φ est de degré m, et les deux autres de degré* m—1.

On emploiera les mêmes augmentatifs qu'auparavant, et au lieu des équations dérivatives, les dérivées homogènes

$$\left(\dfrac{d}{dx}\right)^{m-2}\!\!P, \quad \left(\dfrac{d}{dx}\right)^{m-3}\!\!\left(\dfrac{d}{dy}\right)\!P, \quad \ldots \quad \left(\dfrac{d}{dz}\right)^{m-2}\!\!P.$$

En observant que P est de degré $3m-5$, ces dernières fonctions résulteront de $(2m-3)^{ème}$ degré. A l'aide ensuite de ce que nous avons dit, p. 144, on verra facilement comment on pourra utiliser ces équations pour la recherche de la résultante.

TROISIÈME PARTIE.

THÉORIE GÉNÉRALE DE L'ÉLIMINATION.

CHAPITRE I.

PROPRIÉTÉS RELATIVES AUX SOLUTIONS COMMUNES.

§ I.

Fonctions symétriques des solutions communes.

Avant de traiter de la résultante dans le cas le plus général, il sera
bon d'apprendre à calculer, comme nous l'avons fait précédemment,
les fonctions symétriques quelconques des solutions communes à plusieurs équations en fonction des coefficients, ce qui nous facilitera
beaucoup les recherches ultérieures que nous aurons à entreprendre.
Notre exposition sera désormais plus rapide, afin de ne pas restrein-
dre trop les matières, sans sortir des limites du cadre que nous nous
sommes fixé.

Soit x_i, y_i, z_i, ..., u_i un système de solutions communes aux
k équations à k variables

(1) $\quad \varphi_a(x, y, z, \ldots u)=0, \quad \varphi_b(x, y, z, \ldots u)=0, \quad \ldots \varphi_h(x, y, z, \ldots u)=0,$

et désignons par

(2) $\quad \omega_l = \sum (x_1^{p_1} y_1^{q_1} z_1^{r_1} \ldots u_1^{t_1})(x_2^{p_2} y_2^{q_2} z_2^{r_2} \ldots u_2^{t_2})(x_i^{p_i} y_i^{q_i} z_i^{r_i} \ldots u_i^{t_i})$

une fonction symétrique de $l^{ème}$ ordre, c'est-à-dire de l systèmes de
solutions communes. La fonction symétrique sera appelée *simple*,
double, etc., suivant qu'elle se composera de 1, 2, etc., systèmes de
solutions.

Or, puisque l'on a généralement

$$(3) \quad \sum x_l^{p_l} y_l^{q_l} z_l^{r_l} \ldots u_l^{t_l} \sum (x_1^{p_1} y_1^{q_1} z_1^{r_1} \ldots u_1^{t_1})(x_2^{p_2} y_2^{p_2} z_2^{q_2} \ldots u_2^{t_2}) \ldots (x_{l-1}^{p_{l-1}} y_{l-1}^{q_{l-1}} z_{l-1}^{r_{l-1}} \ldots u_{l-1}^{t_{l-1}})$$

$$= \sum (x_1^{p_1} y_1^{q_1} z_1^{r_1} \ldots u_1^{t_1})(x_2^{p_2} y_2^{q_2} z_2^{r} \ldots u_2^{t_2}) \ldots (x_l^{p_l} y_l^{q_l} z_l^{r_l} \ldots u_l^{t_l})$$

$$- \sum (x_1^{p_1+p_l} y_1^{q_1+q_l} z_1^{r_1+r_l} \ldots u_1^{t_1+t_l})(x_2^{p_2} y_2^{q_2} \ldots u_2^{t_2}) \ldots (x_{l-1}^{p_{l-1}} y_{l-1}^{q_l} \ldots u_{l-1}^{t_{l-1}})$$

$$- \sum (x_1^{p_1} y_1^{q_1} z_1^{r_1} \ldots u_1^{t_1})(x_2^{p_2+p_l} y_2^{q_2+q_l} z_2^{r_2+r_l} \ldots u_2^{t_2+t_l}) \ldots (x_{l-1}^{p_{l-1}} y_{l-1}^{p_{l-1}} \ldots u_{l-1}^{t_{l-1}})$$

$$- \ldots \ldots \ldots \ldots \ldots \ldots \ldots \ldots ;$$

il sera aisé de se convaincre, comme au paragraphe V, chap. i, IIᵉ partie, qu'une fonction symétrique quelconque peut s'exprimer au moyen des fonctions symétriques simples. La formule qui fournira cette expression sera, par les mêmes raisons qu'on a signalées dans ce paragraphe :

$$(4) \qquad \omega_l = \sum (-1)^{l-\sigma} \Gamma_{(g)} \Gamma'_{(h)} \ldots \Gamma_{(i)} \sum s_{\lambda_g} s_{\lambda_h} \ldots s_{\lambda_i},$$

sous les mêmes conditions et notations du chapitre i, Iʳᵉ partie, p. 7, à l'exception de s_{λ_g}, etc., qui maintenant désigneront les fonctions simples

$$\sum x^{\lambda'_1 + \lambda'_2 + \ldots + \lambda'_g} \, y^{\lambda'_1 + \lambda'_2 + \ldots + \lambda'_g} \ldots u^{\lambda_1^{(k)} + \lambda_2^{(k)} + \ldots + \lambda_g^{(k)}}, \text{ etc.};$$

c'est-à-dire qu'on aura

$$(\lambda^0_1 + \lambda^0_2 + \ldots + \lambda^0_g) + (\lambda^0_1 + \lambda^0_2 + \ldots + \lambda^0_h) + \ldots + (\lambda^0_1 + \lambda^0_2 + \ldots + \lambda^0_l) = p_1 + p_2 + \ldots + p_l,$$

$$(\lambda'_1 + \lambda'_2 + \ldots + \lambda'_g) + (\lambda'_1 + \lambda'_2 + \ldots + \lambda'_h) + \ldots + (\lambda'_1 + \lambda'_2 + \ldots + \lambda'_l) = q_1 + q_2 + \ldots + q_l,$$

$$\ldots \ldots \ldots \ldots \ldots \ldots \ldots \ldots \ldots \ldots$$

$$(\lambda_1^{(k)} + \lambda_2^{(k)} + \ldots + \lambda_g^{(k)}) + (\lambda_1^{(k)} + \lambda_2^{(k)} + \ldots + \lambda_h^{(k)}) + \ldots + (\lambda_1^{(k)} + \lambda_2^{(k)} + \ldots + \lambda_l^{(k)}) = t_1 + t_2 + \ldots + t_l,$$

$\lambda_j^{(i)}$ pouvant être un quelconque des exposants (2).

Il viendra, par exemple,

$$\sum (x_1^{p_1} y_1^{q_1} \ldots u_1^{t_1})(x_2^{p_2} y_2^{q_2} \ldots u_2^{t_2})$$

$$= \sum x_1^{p_1} y_1^{q_1} \ldots u_1^{t_1} \sum x_2^{p_2} y_2^{q_2} \ldots u_2^{t_2} - \sum x^{p_1+p_2} y^{q_1+q_2} \ldots u^{t_1+t_2};$$

et

$$\sum (x_1^{p_1} y_1^{q_1} \ldots u_1^{t_1})(x_2^{p_2} y_2^{q_2} \ldots u_2^{t_2})(x_3^{p_3} y_3^{p_3} \ldots u_3^{t_3})$$

$$= \sum x_1^{p_1} y_1^{q_1} \ldots u_1^{t_1} \sum x_2^{p_2} y_2^{q_2} \ldots u_2^{t_2} \sum x_3^{p_3} y_3^{q_3} \ldots u_3^{t_3}$$

$$-\sum x^{p_1+p_2}y^{q_1+q_2}\ldots u^{t_1+t_2}\sum x^{p_3}y^{q_3}\ldots u^{t_3}$$

$$-\sum x^{p_1+p_3}y^{q_1+q_3}\ldots u^{t_1+t_3}\sum x^{p_2}y^{q_2}\ldots u^{t_2}$$

$$-\sum x^{p_2+p_3}y^{q_2+q_3}\ldots u^{t_2+t_3}\sum x^{p_1}y^{q_1}\ldots u^{t_1}$$

$$+2\sum x^{p_1+p_2+p_3}y^{q_1+q_2+q_3}.$$

Par cette formule, le calcul d'une fonction symétrique quelconque est réduit à celui d'une fonction symétrique simple, laquelle, à son tour, se calculera aisément à l'aide de ce qui suit :

Supposons que les équations φ_a, ..., φ_k aient été mises sous la forme de fonctions homogènes

$$(5)\qquad\begin{cases}\varphi_a=\sum a_{pqr\ldots s}x^p y^q z^r\ldots u^s v^t,\\[2mm]\varphi_b=\sum b_{pqr\ldots s}x^p y^q z^r\ldots u^s v^t,\\[2mm]\cdots\cdots\cdots\cdots\cdots\cdots\cdots\\[2mm]\varphi_k=\sum k_{pqr\ldots s}x^p y^q z^r\ldots u^s v^t,\end{cases}$$

et posons

$$\alpha x+\beta y+\gamma z+\ldots+\mu v=0.$$

En joignant cette équation aux k précédentes, et en éliminant les variables $x, y, z, \ldots, v$, on obtiendra une résultante que l'on pourra toujours ordonner par rapport aux puissances d'une des constantes α, β, γ, ..., μ, par exemple μ, et qui fournira nécessairement une équation de la forme

$$(6)\qquad A_0\mu^\rho+A_1\mu^{\rho-1}+\ldots+A_\rho=0,$$

ρ désignant le degré de l'équation finale des équations (5).

Mais on peut tirer de cette équation les valeurs de $\Sigma\mu^{r'}$ en fonction des coefficients A; et, comme les racines de cette équation sont précisément les valeurs de

$$\mu=-\frac{\alpha x+\beta y+\gamma z+\ldots}{v}$$

correspondantes à chaque système de solutions des équations proposées, on aura, en vertu des principes posés dans le chapitre ɪ, Iʳᵉ partie,

$$A_0^{r'}\sum\left(\frac{\alpha x+\beta y+\gamma z+\ldots}{v}\right)^{r'}=f(A_0, A_1, \ldots A_\rho),$$

f désignant une fonction entière, homogène et isobarique des coefficients A, dont le degré et le poids seront r'.

Comparons maintenant les coefficients qui, dans chaque membre, multiplieront un même argument $\alpha^p \beta^q \gamma^r \ldots$; il viendra

$$A_0{}^{r'} \sum \frac{x^p y^q z^r + \ldots}{v^{p+q+r+\ldots}} = F(a, b, c, \ldots, k),$$

où $p + q + r + \ldots = r'$, et où $F(a, b, c, \ldots, k)$ représente une fonction homogène des coefficients des équations proposées.

De cette manière on aura la valeur que l'on cherchait d'une fonction symétrique simple. Par suite, on obtiendra, au moyen de la formule (4), la valeur d'une fonction symétrique quelconque. Ainsi, la recherche de la valeur d'une fonction symétrique de k variables liées par k équations se réduit, en égalant à une nouvelle variable, dont on dispose ensuite, une fonction linéaire quelconque des variables, à trouver la résultante de k équations à $k-1$ variables. Mais, comme on verra dans les paragraphes suivants, la recherche de la résultante relative à k variables se réduit pareillement à celle d'une fonction symétrique relative à $k-1$ variables. Ainsi, de proche en proche, tout finira par dépendre de la résultante de trois équations à deux variables, que nous avons déjà appris à former; et, par conséquent, la détermination d'une fonction symétrique ne souffrira pas de difficulté. — Cette méthode est due à Poisson (*).

Les deux théorèmes suivants serviront, d'ailleurs, soit à vérifier, soit à faciliter les calculs.

1° *Le degré de la fonction*

$$\omega_l = \sum \frac{x_1{}^{p_1} y_1{}^{q_1} z^{r_1} \ldots}{v_1{}^{p_1} + q_1 + r_1 + \ldots} \frac{x_2{}^{p_2} y_2{}^{q_2} z^{r_2} \ldots}{v_2{}^{p_2} + q_2 + r_2 + \ldots} \cdots \frac{x_l{}^{p_l} y_l{}^{q_l} z^{r_l}}{v_l{}^{p_l} + q_l + r_l + \ldots}$$

par rapport aux coefficients A de la résultante (6) *est égal à la plus grande des sommes*

$$p_1 + q_1 + r_1 + \ldots, \quad p_2 + q_2 + r_2 + \ldots, \quad p_l + q_l + r_l + \ldots$$

Comme la fonction est évidemment entière et homogène relativement aux rapports $\dfrac{A}{A_0}$, il suffira de voir de quel degré sera son dénominateur A_0.

(*) 11e cahier du *Journal de l'École Polytechnique*.

Soit, par exemple, la première la plus grande des sommes, et posons

$$p_1+q_1+r_1+\ldots=p_2+q_2+r_2+\ldots+h_2=p_3+q_3+r_3+h_3+\ldots+h_3=\ldots=\varsigma.$$

Si A_0^ς n'est pas le dénominateur de la fonction ω_l, ce sera $A_0^{\varsigma+\tau}$, τ désignant un nombre entier quelconque. Mais, en appelant M le coefficient de α^ρ dans la résultante (6), on a

$$x_1 x_2 \ldots x_\rho : v_1 v_2 \ldots v_\rho :: M : A_0 ;$$

car, comme on verra plus loin, cette résultante peut se mettre sous la forme

$$(\alpha x_1 + \beta y_1 + \ldots + \mu_1 v_1)(\alpha x_2 + \beta y_2 + \ldots + \mu v_2)\ldots(\alpha x_\rho + \beta y_\rho + \ldots + \mu v_\rho) = 0.$$

Par conséquent, il viendra

$$A_0^{\varsigma+\tau} = A_0^\tau M^\varsigma \left(\frac{v_1 v_2 \ldots v_\rho}{x_1 x_2 \ldots x_\rho}\right)^\varsigma,$$

et, d'après l'hypothèse que nous avons faite, la fonction

$$A_0^{\varsigma+\tau}\omega_l = A_0^\tau M^\varsigma \sum \left\{ \left(\frac{y_1}{x_1}\right)^{q_1} \left(\frac{y_1}{x_1}\right)^{r_1} \ldots \left(\frac{u_1}{x_1}\right)^{t_1} \right\} \left\{ \left(\frac{y_2}{x_2}\right)^{q_2} \left(\frac{z_2}{x_2}\right)^{r_2} \ldots \left(\frac{u_2}{x_2}\right)^{t_2} \left(\frac{v_2}{x_2}\right)^{h_2} \right\} \ldots$$

devra être entière. Mais si l'on avait calculé directement la fonction

$$\sum \left(\frac{y_1}{x_1}\right)^{q_1} \left(\frac{z_1}{x_1}\right)^{r_1} \ldots \left(\frac{u_1}{x_1}\right)^{t_1} \left(\frac{y_2}{x_2}\right)^{q_2} \left(\frac{z_2}{x_2}\right)^{r_2} \ldots \left(\frac{v_2}{x_2}\right)^{h_2} \ldots,$$

comme on a fait pour la fonction φ_l, on aurait trouvé que pour la rendre entière, il suffit de la multiplier par une puissance de M. Donc le facteur A_0^τ ne pourra pas exister, et l'on aura $\tau = 0$, ce qui démontre le théorème énoncé.

Cette démonstration est due à M. Schlæffli. Mais on peut se convaincre autrement de ce théorème. La fonction ω_l est évidemment comprise dans la fonction

$$\sum \left(\frac{\alpha x_1 + \beta y_1 + \gamma z_1 + \ldots}{v_1}\right)^\varsigma \left(\frac{\alpha x_2 + \beta y_2 + \gamma z_2 + \ldots}{v_2}\right)^{\varsigma - h_2} \left(\frac{\alpha x_3 + \beta y_3 + \gamma z_3 + \ldots}{v_3}\right)^{\varsigma - h_3} \ldots$$
$$= \sum \mu_1^\varsigma \mu_2^{\varsigma - h_2} \mu_3^{\varsigma - h_3} \ldots$$

Or, cette fonction symétrique des racines μ de l'équation (6) est, d'après la quatrième propriété, p. 10, de degré ς par rapport aux coefficients A; car, par hypothèse, ς est le plus grand des exposants. Donc il en sera de même de la fonction ω_l.

2° *Le poids du numérateur de la fonction ω_l est*

$$\rho s - \Sigma p, \quad \rho s - \Sigma q, \quad \dots \quad \Sigma p + \Sigma q + \dots + \Sigma t,$$

par rapport respectivement aux premiers, deuxièmes, troisièmes, ... et derniers indices des coefficients a, b, c, ... h, k *des équations proposées* (1), *en désignant par* Σp, Σq, ... Σt *les sommes des exposants des variables* x, y, z, ... u *dans la fonction* ω_l (2).

Nous croyons pouvoir nous dispenser d'en donner la démonstration, car elle serait entièrement semblable à celle que nous avons observée pour le cas de deux variables, p. 113. Nous ferons seulement remarquer que ρ étant le poids des coefficients A de l'équation (6), $k\rho\varsigma$ sera le poids du dénominateur $A_0\varsigma$ par rapport à tous les indices, ce qui expliquera assez la valeur $\Sigma p + \Sigma q + \dots + \Sigma t$, par rapport au dernier indice, que nous avons donnée.

Les théorèmes et la méthode que nous venons d'exposer ne laissent pas de conduire à des calculs bien pénibles. On doit donc savoir gré à M. Betti, éminent géomètre de Florence, qui tout récemment a donné (*Annali di matematica*, Rome, 1858) une formule pour calculer les fonctions symétriques des solutions communes à plusieurs équations, analogue à celle de Waring, dans le cas d'une seule équation. Ne pouvant faire mieux que de suivre la pensée de l'auteur, nous reproduisons presque textuellement ce qu'il a écrit à ce sujet.

§ II.

Formule de Betti.

Soient n équations de degré m à n inconnues,

$$(1) \quad \begin{cases} F_1 = \sum C(r_1, r_2, \dots r_n)_1 x_n^{m-r_1} x_{n-1}^{r_1-r_2} \dots x_1^{r_{n-1}-r_n} = 0, \\ F_2 = \sum C(r_1, r_2, \dots r_n)_2 x_n^{m-r_1} x_{n-1}^{r_1-r_2} \dots x_1^{r_{n-1}-r_n} = 0, \\ \dots \dots \dots \dots \dots \dots \dots \dots \dots \dots \dots \\ F_n = \sum C(r_1, r_2, \dots r_n)_n x_n^{m-r_1} x_{n-1}^{r_1-r_2} \dots x_1^{r_{n-1}-r_n} = 0, \end{cases}$$

où le signe Σ s'étend à toutes les valeurs entières et positives de r_1, r_2, ... r_n, pour lesquelles on a

$$(2) \qquad r_n \leqq r_{n-1} \cdots \leqq r_{n-2} \cdots \leqq r_2 \leqq r_1 \leqq m,$$

où

$$(3) \qquad C = \frac{1.2.3 \ldots m}{1.2.3 \ldots (n-r_1).1.2 \ldots (r_1-r_2).1.2.3 \ldots (r_{n-1}-r_n).1.2.3 \ldots r_n}$$

et $(r_1,\ r_2,\ \ldots r_n)_s$ désignent le coefficient littéral d'un argument dans F_s.

Appelons *poids total* du produit de plusieurs coefficients des équations (1), la somme des exposants de tous les facteurs multipliés respectivement par les sommes de leurs indices ; et *poids partiel $t^{ème}$* la somme des exposants de tous les facteurs multipliés respectivement par les indices d'ordre $t^{ème}$.

Cela posé, afin qu'une fonction f rationnelle et entière des coefficients des équations (1) soit homogène et de poids total θ, il est nécessaire et il suffit que l'on ait

$$(4) \qquad \sum (r_1 + r_2 + \ldots + r_n)(r_1, r_2, \ldots r_n)_s \frac{df}{d(r_1,\ r_2,\ \ldots r_n)_s} = \theta . f,$$

et afin qu'elle soit homogène et de poids partiel φ, par rapport aux indices $t^{èmes}$, il est nécessaire et il suffit que l'on ait

$$(5) \qquad \sum r_t (r_1,\ r_2,\ \ldots r_n)_s \frac{df}{d(r_1,\ r_2,\ \ldots r_n)_s} = \varphi . f.$$

Considérons maintenant les opérants

$$(6) \quad \Delta_{t,u} = \sum (r_u - r_{u+1})(r_1, \ldots r_u, r_{u+1}+1, r_{u+2}+1, \ldots r_t+1, r_{t+1}, \ldots r_n \frac{d}{d(r_1,\ r_2,\ \ldots r_n)_s},$$

$$(7) \quad \Delta_{n,u} = \sum (r_u - r_{u+1})(r_1,\ r_2,\ \ldots r_n)_s \frac{d}{d(r_1,\ r_2,\ \ldots r_n)_s},$$

$$(8) \quad \Delta_{n,t} = \sum (r_t - r_{t+1})(r_1, r_u, \ldots r_{u+1}-1, r_{u+2}-1, \ldots r_t-1, r_{t+1}, \ldots r_n)_s \frac{d}{d(r_1,\ r_2,\ \ldots r_n)_s},$$

où $t < u$, et le signe Σ doit s'étendre à toutes les valeurs entières et positives de $r_1, r_2, \ldots r_n$, qui satisfont aux conditions (2) et à toutes les valeurs de s comprises entre 0 et $n+1$, en ayant soin de poser $r_0 = m$, $r_{n+1} = 0$.

Il est évident que si f est une fonction homogène et de poids total θ,

$\Delta_{v,\omega}f$ sera homogène et de poids total $\theta + v - \omega$; que si elle est homogène et de poids partiel φ par rapport à l'indice $q^{ème}$, $\Delta_{v,\omega}f$ sera homogène et de poids $\varphi+1$, φ, $\varphi-1$ par rapport au même indice, suivant que $\omega < q < v+1$, ou que q est plus grand, plus petit ou égal au plus petit des deux nombres v et ω, ou bien suivant que $v < q < \omega+1$.

Or, si dans les équations (1) nous substituons, au lieu des inconnues, leurs valeurs respectives en fonction des coefficients propres à former un système de solutions communes, nous aurons un résultat identiquement nul. Par conséquent, si, après avoir fait cette substitution, nous traitons le premier membre d'une des équations (1) avec un des opérants (6), (7), (8), nous obtiendrons identiquement zéro. Ainsi, avec l'opérant (6) il viendra

$$\sum (r_u - r_{u+1}) C(r_1, r_2, \ldots r_u, r_{u+1}+1, \ldots r_t+1, \ldots r_n)_s x_n^{m-r_1} x_{n-1}^{r_1-r_2} \ldots x_1^{r_{n-1}-r_n}$$
$$+ \sum (r_v - r_{v+1}) C(r_1, r_2, \ldots r_n)_s x_n^{m-r_1} x_{n-1}^{r_1-r_2} \ldots x_{n-v}^{r_v-v_{v+1}-1} \ldots x_1^{r_{n-1}-r_n} \Delta_{t,u} x^{n-v} = 0,$$

ou bien

$$(9) \quad \sum C(r_1, r_2, \ldots r_n)_s x_n^{m-r_1} x_{n-1}^{r_1-r_2} \ldots x_1^{r_{n-1}-r_n} \left\{ (r_t - r_{t+1}) \frac{x_{n-u}}{x_{n-t}} + \sum (r_v - r_{v+1}) \frac{\Delta_{t,u} x_{n-v}}{x_{n-v}} \right\} = 0$$

Avec les opérants $\Delta_{u,u}$, $\Delta_{u,t}$ on aura de même

$$(10) \quad \sum C(r_1, r_2, \ldots r_n)_s x_n^{m-r_1} x_{n-1}^{r_1-r_2} \ldots x_1^{r_{n-1}-r_n} \left\{ r_u - r_{u+1} + \sum (r_v - r_{v+1}) \frac{\Delta_{v,u} x_{n-v}}{x_{n-v}} \right\} = 0,$$

$$(11) \quad \sum C(r_1, r_2, \ldots r_n)_s x_n^{m-r_1} x_{n-1}^{r_1-r_2} \ldots x_1^{r_{n-1}-r_n} \left\{ (r_u - r_{u+1}) \frac{x_{n-t}}{x_{n-u}} + \sum (r_v - r_{v+1}) \frac{\Delta_{u,t} x_{n-v}}{x_{n-v}} \right\} = 0.$$

En donnant à s successivement les valeurs 1, 2, $\ldots n$, on obtiendra de chacune des équations (9), (10), (11) n équations linéaires à n inconnues, lesquelles seront pour la première les n valeurs $\Delta_{t,u} x_{n-v}$, pour la seconde les n valeurs $\Delta_{v,u} x_{n-v}$, pour la troisième les n valeurs $\Delta_{u,t} x_{n-v}$. Par conséquent, il n'y aura qu'un seul système de valeurs pour ces inconnues, et il sera fourni par les équations

$$(12) \qquad \Delta_{t,u} x_{n-p} = 0 \qquad \Delta_{t,u} x_{n-t} = -x_{n-u} \quad (p \text{ différent de } t),$$

par lesquelles les (9), (10), (11) se trouvent vérifiées d'elles-mêmes. Il faut seulement observer que, lorsque $t = n$, on substituera aux équations (12) la

$$(13) \qquad \qquad \Delta_{n,u} x_{n-p} = x_{n-p} x_{n-u};$$

lorsque $u = n$, on remplacera la seconde des équations (12) par

$$(14) \qquad \Delta_{u,n} x_{n-u} = -1 ,$$

et lorsque $t = u = n$, on prendra, au lieu de la première équation,

$$(15) \qquad \Delta_{n,n} x_{n-p} = x_{n-p}.$$

Les équations (12), (13), (14) et (15) fournissent un système d'é-
quations à dérivées partielles linéaires et simultanées, qui doivent
être vérifiées par tous les systèmes de solutions communes aux équations (1) (*).

Soit maintenant

$$(16) \qquad \mathrm{R} = \Sigma \mathrm{P}_\rho x_1{}^{\theta - \rho}$$

la résultante des équations (1), en y considérant x_2, x_3, ... x_n seulement comme variables. Si, au lieu de x_1, nous mettons une de ses
valeurs qui figurent dans les systèmes de solutions communes aux
équations (1), on aura un résultat identiquement nul ; il en sera de
même si après cette substitution l'on opère avec un des symboles
$\Delta_{t,n}$. Ainsi, en vertu de l'équation (13), on aura

$$(17) \quad \left\{ \begin{aligned} \Delta_{n,n-1} \mathrm{R} &= \sum x_1{}^{\theta-\rho} \Delta_{n,n-1} \mathrm{P}_\rho - \sum \rho \mathrm{P}_\rho x_1{}^{\theta-\rho+1} , \\ &= \sum x_1{}^{\theta-\rho} \left\{ \Delta_{n,n-1} \mathrm{P}_\rho - (\rho+1) \mathrm{P}_{\rho+1} \right\}. \end{aligned} \right.$$

Cette équation est de même degré et doit être satisfaite par les mêmes

---

(*) Si l'on pose $n = 1$, et si l'on suppose l'équation écrite sous la forme

$$a_0 x^m + m a_1 x^{n-1} + \frac{m(m-1)}{1.2} a_2 x^{m-2} + \ldots + a_m = 0,$$

les équations (14), (12) et (13) deviendront

$$\Delta_{0,1} x_1 = \Sigma r a_{r-1} \frac{dx_1}{da_r} = -1,$$

$$\Delta_{0,0} x_1 = \Sigma (m-r) a_r \frac{dx_1}{da_r} = -x_1,$$

$$\Delta_{1,0} x_1 = \Sigma (m-r) a_{r+1} \frac{dx_1}{da_r} = x_1{}^2,$$

dont la seconde donne $\Sigma r a_r \dfrac{dx_1}{da_r} = x_1$ et coïncide avec celle que fournit la (15), en ob-

servant que $\Sigma m a_r \dfrac{dx_1}{da_r} = 0$, car les racines sont homogènes et de degré zéro par rapport

aux coefficients. Les équations avaient été déjà trouvées par Raabe et Brioschi (*Crelle*, 28,
Ann. de Tortolini, 5).

racines que la (16). Par conséquent, il faut, ou que son premier membre soit identiquement nul, ou que ses coefficients soient proportionnels à ceux de la (16). Or, cette dernière condition est inadmissible; car les coefficients des deux équations sont bien de même degré, mais ils diffèrent dans le poids par rapport au dernier indice. Donc on aura nécessairement

$$(18) \qquad P_{\rho+1} = \frac{1}{\rho+1} \Delta_{n,n-1} P_\rho , \qquad \Delta_{n,n-1} P_\theta = 0.$$

Ainsi, tous les coefficients de R se déduiront du premier, en répétant un nombre convenable de fois l'opération $\Delta_{n,n-1}$, et puisque cette proportion augmente d'une unité le dernier indice, les coefficients P_ρ seront homogènes et d'indice ρ par rapport au dernier indice.

On verra d'ailleurs aisément que le premier coefficient P_0 est la résultante des équations (1) réduites à leurs arguments homogènes les plus hauts.

De l'équation

$$(19) \qquad \Sigma P_\rho x_1^{\theta-\rho} = 0$$

on déduit

$$(20) \qquad \sum x_1 = -\frac{P_1}{P_0} = -\frac{\Delta_{n,n-1} P_0}{P_0}.$$

Par suite, en opérant α fois successivement sur les deux membres de cette équation avec le symbole $\Delta_{n,n-1}$, et en ayant égard à l'équation (13), il viendra

$$(21) \qquad \sum x_1^\alpha = \frac{-1}{1.2.3\ldots(\alpha-1)} \Delta_{n,n-1}^{\alpha-1} \left(\frac{\Delta_{n,n-1} P_0}{P_0}\right).$$

C'est là la formule analogue à celle de Waring qui donne les puissances semblables des solutions communes à plusieurs équations.

A l'aide encore de l'équation (13) et en opérant successivement sur l'équation (21) α_1 fois avec le symbole $\Delta_{n,n-2}$, α_2 fois avec le symbole $\Delta_{n,n-3}, \ldots \alpha_{r-1}$ fois avec le symbole $\Delta_{n,n-r}$, on aura

$$(22) \qquad \Sigma x_1^{\alpha_1} x_2^{\alpha_2} x_3^{\alpha_3} x_r^{\alpha_{r-1}}$$

$$= -\frac{1}{1.2.3\ldots(\alpha+\alpha_1+\alpha_2+\alpha_3+\ldots\alpha_{r-1}-1)} \Delta_{n,n-r}^{\alpha_{r-1}} \Delta_{n,n-r+1}^{\alpha_{r-2}} \ldots \Delta_{n,n-2}^{\alpha_1} \Delta_{n,n-1}^{\alpha-1} \left(\frac{\Delta_{n,n-1} P_0}{P_0}\right),$$

où le signe Σ doit s'étendre à toutes les solutions communes aux équations (1).

Comme, d'après la formule (4) du paragraphe précédent, toutes les fonctions symétriques multiples peuvent se réduire au calcul des fonctions symétriques simples de la forme (21), on voit avec quelle facilité on pourra désormais les calculer, en raison des méthodes connues jusqu'ici. A la vérité, tout repose sur la connaissance du premier coefficient P_0. Mais, comme celui-ci se réduit à la résultante de n équations homogènes à n variables, on pourra le faire dépendre à son tour de la résultante de $n-1$ équations homogènes à $n=1$ variables (voir le chapitre II, qui suit), et ainsi de proche en proche les résultantes que l'on sait former.

§ III.

Théorème de Bezout sur le degré de l'équation finale.

LEMME. *Étant données* $\lambda-1$ *équations complètes à* λ *variables* x, y, z, ..., u, v,

$$(1) \quad \varphi_a = \sum a_{lmn...rst} x^l y^m z^n ... u^r v^s, \quad \varphi_b = \sum b_{lmn...rst} x^l y^m z^n ... u^r v^s, \quad ...,$$

$(l+m+n+...+r+s+t =$ constante pour chaque équation),

la fonction symétrique

$$\omega_l = \sum (x_1^{p_1} y^{q_1} ... u_1^{q_1})(x_2^{p_2} y_2^{q_2} ... u_2^{t_2}) ... (x_l^{p_l} y_l^{p_l} ... u_l^{t_l}),$$

sera, par rapport à la variable v *de degré égal à la somme des exposants* p_1, q_1, ..., t_1, p_2, q_2, ..., *etc.*

Pour s'en rendre compte, il suffira de nous arrêter à un exemple particulier, car le raisonnement sera le même dans le cas général.

Soient donc les trois équations

$$(2) \quad \begin{cases} \varphi_a = \sum a_{pqrst} x^p y^q z^r u^s, \\ \varphi_b = \sum b_{pqrst} x^p y^q z^r u^s, \\ \varphi_c = \sum c_{pqrst} x^p y^q z^r u^s, \end{cases}$$

qu'on pourra mettre sous la forme

$$(3) \quad \begin{cases} \varphi_a = \sum A_{pqr\varsigma}\, x^p y^q z^r, \\ \varphi_b = \sum B_{pqr\varsigma}\, x^p y^q z^r, \\ \varphi_c = \sum C_{pqr\varsigma}\, x^p y^q z^r, \end{cases}$$

ς étant égal à $s+t$, et les coefficients A, B, C désignant des fonctions de la variable u de degré ς.

Pour voir maintenant de quel degré sera la fonction

$$\omega_l = \sum (x_1^{p_1} y_1^{q_1} z_1^{r_1})(x_2^{p_2} y_2^{q_2} z_2^{r_2})\ldots(x_l^{p_l} y_l^{q_l} z_l^{r_l})$$

par rapport à u, on commencera par l'exprimer en fonction des coefficients A, B, C, considérés comme de simples constantes, à l'aide des méthodes ci-dessus indiquées. Cela fait, on substituera, au lieu de ceux-ci, les premiers termes en u des fonctions qu'ils représentent, et l'on examinera ensuite à quel degré montera la fonction ω_l. Or, cela revient à réduire les équations (3) à leurs termes homogènes et à leur donner, par conséquent, la forme

$$(4) \quad \begin{cases} \varphi_a = \sum A_{pqr\varsigma}\, x'^p y'^q z'^r u^\varsigma, \\ \varphi_b = \sum B_{pqr}\, x'^p y'^q z'^r u^\varsigma, \\ \varphi_c = \sum C_{pqr\varsigma}\, x'^p y'^q z'^r u^\varsigma, \end{cases}$$

et à chercher ce que devient la fonction

$$\omega'_l = \sum (x'^{p_1}_1 y'^{q_1}_1 z'^{r_1}_1)(x'^{p_2}_2 y'^{q_2}_2 z'^{r_2}_2)\ldots(x'^{p_l}_l y'^{q_l}_l z'^{r_l}_l)$$

par rapport à la première ω_l, composée des solutions des équations (3), et exprimée en fonction des coefficients A, B, C (3), supposés constants.

Or, les équations (4) seront satisfaites en posant

$$x' = xu, \quad y' = yu, \quad z' = zu,$$

car elles acquerront le facteur commun $u^{p+q+r+\varsigma}$, qu'on pourra faire disparaître ; mais alors la fonction ω'_l acquerra le facteur

$$u^{p_1+q_1+r_1+\ldots+p_l+q_l+r_l};$$

c'est ce qui arriverait pour la fonction ω_l, en réduisant les fonctions A, B, C, à leurs premiers termes; par conséquent, elle sera de degré égal à

$$p_1 + q_1 + r_1 + \ldots + p_l + q_l + r_l,$$

c'est-à-dire à la somme même des exposants des variables.

Corollaire. Si les équations ne sont pas complètes, le degré de ω_l sera d'un degré inférieur à la somme des exposants.

En examinant les choses de près, on verra que ce lemme confirme ce que nous avons dit, p. 152, sur le poids du dernier indice.

Soient maintenant les k équations

$$(5) \qquad \begin{cases} \varphi_a = f_1(x,\, y,\, z,\, \ldots u,\, v), \\ \varphi_b = f_2(x,\, y,\, z,\, \ldots u,\, v), \\ \cdot\;\cdot\;\cdot\;\cdot\;\cdot\;\cdot\;\cdot\;\cdot\;\cdot\;\cdot\;\cdot\;\cdot \\ \varphi_k = f_k(x,\, y,\, z,\, \ldots u,\, v), \end{cases}$$

à k variables $x,\, y,\, z,\, \ldots u,\, v$.

Soient

$$(6) \qquad x_1 y_1 z_1 \ldots u_1, \quad x_2 y_2 z_2 \ldots u_2, \text{ etc.},$$

les solutions communes aux $k-1$ premières équations, lesquelles seront des fonctions de v. En les substituant dans la dernière et en faisant le produit de toutes les fonctions ainsi obtenues, on aura une fonction

$$\Phi_k = f_k(x_1,\, y_1,\, z_1,\, \ldots u,\, v)\, f_k(x_2,\, y_2,\, z_2,\, \ldots u_2,\, v)\ldots,$$

qui s'annulera pour chacune des solutions, et qui, étant symétrique par rapport à ces solutions, se réduira à une fonction rationnelle et entière de v. Par conséquent, l'équation

$$(7) \qquad f_k(x_1,\, y_1,\, z_1,\, \ldots u_1,\, v)\, f_k(x_2,\, y_2,\, z_2,\, \ldots u_2,\, v)\ldots = 0$$

sera celle qui résultera de l'élimination des variables $x,\, y,\, z,\, \ldots u$ des équations proposées, quelque méthode d'élimination que l'on ait suivie. Car, si l'on était parvenu par hypothèse à une équation en v différente de celle-là, alors en substituant une de ses racines dans la (7), l'équation susdite ne serait plus satisfaite, et par conséquent l'équation $\varphi_k = f_k(x, y, z, \ldots u, v)$ non plus, ce qui serait contraire à l'hypothèse admise. Ainsi, l'équation (7) sera bien l'équation finale, et en la résolvant par rapport à v, on aura les valeurs qui avec celles (6) compléteront les systèmes des solutions communes aux équations (5).

On peut remarquer, en passant, que les degrés des équations finales, soit en x, en y, etc., seront égaux, car les équations (5) étant supposées complètes, le changement d'une variable en une autre se réduit à un changement d'indice dans les coefficients, ce qui ne peut altérer ni le nombre ni la nature des solutions communes, puisqu'elles seront toujours les mêmes, de quelque manière qu'on les appelle. Ainsi, étant donnée une équation finale, on peut obtenir toutes les autres par de simples changements d'indices, ce qui ne peut avoir aucune influence sur le degré.

On conclut de là que le nombre des solutions communes

$$x_1 y_1 z_1 \ldots v_1, \quad x_2 y_2 z_2 \ldots v_2, \ \text{etc.},$$

est égal au degré de l'équation finale. Car, évidemment, autant on veut admettre de systèmes de solutions communes, autant de racines il faudra alors admettre dans les équations finales relatives à chacune des variables ; mais, comme le nombre de celles-ci est égal à leur degré, qui est égal pour toutes, il s'ensuivra que le nombre des systèmes de solutions ne pourra qu'être égal à ce degré commun.

Soit maintenant μ_{k-1} le degré de l'équation finale des $k-1$ premières équations, ou le nombre des solutions communes formées avec $k-1$ des k variables ; *le degré de l'équation finale (7) sera* $\mu_{k-1} a_k$, *en appelant* a_k *le degré de l'équation* φ_k. Il y aura, en effet, autant de facteurs v^{a_k} qu'il y aura de solutions communes aux premières $k-1$ équations (1). D'ailleurs, les termes les plus hauts, tels que $(x_1 x_2 \ldots)^{a_k}$, $(y_1 y_2 \ldots)^{a_k}$, etc., seront bien, en vertu du lemme, de degré $\mu_{k-1} a_k$ en v.

Cela posé, on peut immédiatement démontrer le théorème de Bezout, à savoir :

Le degré de l'équation finale résultant de l'élimination de k—1 *inconnues entre* k *équations complètes à* k *inconnues est égal au produit des degrés de ces équations.*

Désignons en effet par

$$a_1, \quad a_2, \quad a_3, \quad \ldots \quad a_{k-2}, \quad a_{k-1}, \quad a_k$$

les degrés respectifs de ces équations.

Nous avons vu tout à l'heure que le degré de l'équation finale était $\mu_{k-1}a_k$, μ_{k-1} désignant celui de l'équation finale résultant des $k-1$ premières équations. Donc, par la même raison, $\mu_{k-1} = \mu_{k-2}a_{k-1}$, μ_{k-2} étant le degré de l'équation finale résultant des $k-2$ premières équations ; d'où l'on conclura $\mu = a_k a_k, \mu_{k_2}$. En poursuivant le même raisonnement, on verra que $\mu = a_k a_{k-1}\ldots a_2\mu_2$, μ_2 désignant le degré de l'équation finale entre les deux premières équations, que nous savons être $a_1 a_2$. Donc on aura enfin

$$\mu = a_1 a_2 a_3 \ldots a_{k-1}a_k.$$

Il suit de là immédiatement que *le nombre des systèmes de solutions communes à un système d'équations complètes est égal au produit de leurs degrés.*

Mais si les équations sont incomplètes, ce produit ne sera plus qu'une limite supérieure, que ni le degré de l'équation finale, ni le nombre des solutions communes ne pourront atteindre.

On connaît maintenant la possibilité de trouver ces solutions. Supposons, pour fixer les idées, qu'il s'agisse de trouver les solutions communes aux équations

$$(8) \quad \begin{cases} f_1(x, y, z, u, v) = 0, \\ f_2(x, y, z, u, v) = 0, \\ f_3(x, y, z, u, v) = 0, \\ f_4(x, y, z, u, v) = 0, \\ f_5(x, y, z, u, v) = 0. \end{cases}$$

Il faudra d'abord former l'équation

$$(9) \quad f_5(x_1 y_1 z_1 u_1 v) f_5(x_2 y_2 z_2 u_2 v) \ldots = 0,$$

x_1, y_1, z_1, u_1, etc., étant des fonctions communes aux quatre premières. A cet effet, il faudra déterminer les fonctions symétriques de ces solutions, ce qui s'obtiendra en posant

$$\alpha x + \beta y + \gamma z + \delta u = \mu,$$

et en cherchant la résultante des équations transformées

$$(10) \qquad \begin{cases} f_1(x, y, z, \mu) = 0, \\ f_2(x, y, z, \mu) = 0, \\ f_3(x, y, z, \mu) = 0, \\ f_4(x, y, z, \mu) = 0, \end{cases}$$

que l'on regardera comme des fonctions de x, y, z. Si cette résultante était connue, il n'y aurait plus qu'à suivre la méthode indiquée dans le paragraphe précédent, pour arriver à cette détermination. Sinon, il faudra former la résultante de ces équations, ou l'équation finale

$$(11) \qquad f_4(x_1, y_1, z_1, \mu) f_4(x_2, y_2, z_2 \, \mu) \ldots = 0,$$

x_1, y_1, z_1, etc., étant les solutions des trois premières équations, ce qui exigera la détermination des fonctions symétriques de ces solutions. A cet effet, on posera de nouveau

$$\alpha' x + \beta' y + \gamma' z = \mu',$$

et il restera à trouver la résultante des équations transformées

$$f_1(x, y, \mu') = 0, \quad f_2(x, y, \mu') = 0, \quad f_3(x, y, \mu') = 0,$$

que nous savons déjà former. Alors, à l'aide de la méthode de Poisson, on déterminera toutes les fonctions symétriques qui entrent dans l'équation (11). Celle-ci, à son tour, permettra de déterminer les fonctions symétriques composées des solutions x, y, z, u, des quatre premières équations. Par suite, l'équation (9) deviendra enfin une fonction seulement de v, et en la résolvant on aura les solutions v communes aux équations proposées, et par suite les autres x, y, z, u, dont les valeurs sont déjà connues en fonction de v.

Mais une fois qu'on aura résolu l'équation (9) ou généralement la (7), il sera plus aisé de trouver les valeurs de x, y, z, etc., en fonction de v, en ayant recours à une autre formule de M. Betti. Pour cela, reportons-nous à l'équation (16) du paragraphe précédent. En la soumettant à l'opérant $\Delta_{n,t}$, il viendra

$$\sum x_1^{\theta-\rho} \Delta_{n,t} P_\rho + \sum P_\rho(\theta-\rho) x_1^{\theta-\rho} x^{n-t} = 0;$$

d'où, à cause de la (16),

$$x_{n-t} = \frac{\Sigma x_i{}^{\theta - \rho}\Delta_{n,t}\mathrm{P}_\rho}{\Sigma_\rho \mathrm{P}_\rho^- x_i{}^{\theta - \rho}} \, ;$$

formule qui fera connaître les valeurs d'une variable quelconque en fonction d'une autre choisie arbitrairement, dont les valeurs sont représentées par les racines de la même équation (16).

§ IV.

Méthode de Liouville.

M. Liouville a encore donné dans son *Journal* (1841) une méthode qui permet d'approcher des valeurs de ces solutions autant que l'on veut, ce qui dans la pratique pourrait être quelquefois plus expéditif et même suffisant. D'ailleurs, elle nous fait connaître de plus près la formation de la résultante et nous conduit à des propriétés très-intéressantes. C'est pourquoi il sera convenable d'en dire quelques mots ici.

Soient

$$(1) \quad \begin{cases} \varphi_a = \sum a_{pqr\ldots st}x^p y^q z^r \ldots u^s, \quad p + q + r + \ldots + s + t = (a, b, \ldots k), \\ \varphi_b = \sum b_{pqr\ldots st}x^p y^q z^r \ldots u^s, \\ \ldots \ldots \ldots \ldots \ldots \ldots \ldots \ldots \\ \varphi_h = \sum h_{pqr\ldots st}x^p y^q z^r \ldots u^s, \\ \varphi_k = \sum k_{pqr\ldots st}x^p y^q z^r \ldots u^s, \end{cases}$$

λ équations complètes de degré $a, b, c, \ldots h, k$ respectivement à λ variables $x, y, z, \ldots u$, dont il s'agit de trouver les solutions communes. Posons $\frac{y}{x} = y, \frac{z}{x} = z, \ldots \frac{u}{x} = u$, et donnons aux $\lambda - 1$ premières équations la forme

$$(2) \quad \begin{cases} \varphi_a = x^a \psi_0(y, z, \ldots u) + x^{a-1}\psi_1(y, z, \ldots u) + x^{a-2}\psi_2(y, z, \ldots u) + \ldots \\ \varphi_b = x^b \theta_0(y, z, \ldots u) + x^{b-1}\theta_1(y, z, \ldots u) + x^{b-2}\theta_2(y, z, \ldots u) + \ldots \\ \ldots \ldots \ldots \ldots \ldots \ldots \ldots \ldots \ldots \ldots \\ \varphi_h = x^h \xi_0(y, z, \ldots u) + x^{h-2}\xi_1(y, z, \ldots u) + x^{h-2}\xi_2(y, z, \ldots u) + \ldots \end{cases}$$

où ψ_i, θ_i, ... ξ_i désignent en général des fonctions homogènes de degré $a-i$, $b-i$, ... $h-i$ par rapport aux variables y, z, ... u. Si l'on fait $x=\infty$, les racines de ces équations se réduiront évidemment à celles des équations

$$(3) \qquad \psi_0(y, z, \dots u)=0, \quad \theta_0(y, z, \dots u). \dots \xi_0(y, z, \dots u)=0,$$

dont nous appellerons α, β, ... γ les solutions communes. Alors on pourra poser pour toute autre valeur de x,

$$(4) \qquad y=\alpha+\varepsilon, \quad z=\beta+\eta, \quad \dots \quad u=\gamma+\chi,$$

ε, η, ... χ désignant des quantités qui s'évanouiront avec $\dfrac{1}{x}$.

Substituons ces valeurs dans les équations (2), et divisons par x^{a-1}, x^{b-1}, ... x^{h-1}; il viendra

$$(5) \qquad \varphi_a=\psi_1(\alpha, \beta, \dots \gamma)+(\varepsilon x)D'_\alpha\psi_0+(\eta y)D_\beta\psi_0+\dots+(\chi u)D_\gamma\psi_0$$
$$+\frac{1}{x}\left\{\begin{array}{l}\psi_2(\alpha, \beta, \dots \gamma)+(\varepsilon x)D_\alpha\psi_1+(\eta y)D_\beta\psi_1+\dots+(\chi u)D_\gamma\psi_1 \\[2mm] +\frac{(\varepsilon x)^2}{1.2}D^2_\beta\psi_0+\frac{(\eta y)^2}{1.2}D^2_\beta\psi_0+\dots+\frac{(\chi u)^2}{1.2}D^2_\gamma\psi_0\end{array}\right\}+\dots,$$

et autant d'équations semblables en φ_b, ... φ_h.

De ces équations on tire, en désignant par α', β', ... γ' les limites de εx, ηy, ... χu, et en faisant $x=\infty$,

$$(6) \quad \left\{\begin{array}{l} \dfrac{d\psi_0}{d\alpha}\alpha'+\dfrac{d\psi_0}{d\beta}\beta'+\ \dots\ +\dfrac{d\psi_0}{d\gamma}\gamma'+\psi_1(\alpha, \beta, \dots \gamma)=0, \\[4mm] \dfrac{d\theta_0}{d\alpha}\alpha'+\dfrac{d\theta_0}{d\beta}\beta'+\ \dots\ +\dfrac{d\theta_0}{d\gamma}\gamma'+\theta_1(\alpha, \beta, \dots \gamma)=0, \\[4mm] \dots\dots\dots\dots\dots\dots\dots\dots\dots\dots \\[2mm] \dfrac{d\xi_0}{d\alpha}\alpha'+\dfrac{d\xi_0}{d\beta}\beta'+\ \dots\ +\dfrac{d\xi_0}{d\gamma}\gamma'+\xi_1(\alpha, \beta, \dots \gamma)=0. \end{array}\right.$$

Une fois qu'au moyen de ces équations on aura obtenu les valeurs de α', β', ... γ', on les substituera dans les équations (4), et l'on aura

$$y=\alpha+\frac{\alpha'}{x}+\frac{\varepsilon''}{x}, \quad z=\beta+\frac{\beta'}{x}+\frac{\eta''}{x}, \quad \dots \quad u=\gamma+\frac{\gamma'}{x}+\frac{\chi''}{x},$$

$\varepsilon'x$, $\eta'y$, ... $\chi'u$ étant des quantités qui s'évanouissent avec $\dfrac{1}{x}$.

En procédant ensuite comme au § II de la deuxième partie, on trouvera, sous forme de série descendante en x,

$$(7) \quad \begin{cases} y = \alpha + \dfrac{\alpha'}{x} + \dfrac{\alpha''}{x^2} + \dots, \\[2mm] z = \beta + \dfrac{\beta'}{x} + \dfrac{\beta''}{x^2} + \dots, \\[2mm] \cdots \cdots \cdots \cdots \cdots \\[2mm] u = \gamma + \dfrac{\gamma'}{x} + \dfrac{\gamma''}{x^2} + \dots; \end{cases}$$

d'où l'on conclura

$$(8) \quad \begin{cases} y = \alpha x + \alpha' + \dfrac{\alpha''}{x} + \dots, \\[2mm] z = \beta x + \beta' + \dfrac{\beta''}{x} + \dots, \\[2mm] \cdots \cdots \cdots \cdots \cdots \\[2mm] u = \gamma x + \gamma' + \dfrac{\gamma''}{x} + \dots \end{cases}$$

Ayant obtenu de la sorte les valeurs de y, z, ... u en fonction de x, il ne restera plus, pour avoir les solutions communes, qu'à substituer ces valeurs dans la dernière des équations (1) et à la résoudre par rapport à x. Chacune des racines x fournira, au moyen des équations (8), autant de systèmes de solutions communes.

Appelons pour un moment

$$y_1, z_1, \dots u_1, \quad y_2, z_2, \dots u_2, \dots$$

les valeurs de y, z, ... u, qui satisfont aux $\lambda-1$ premières équations. L'équation qui résultera de cette substitution sera, d'après ce qui a été expliqué au § II, le produit

$$(9) \quad \mathrm{R} = \varphi_k(x, y_1, z_1, \dots u_1)\,\varphi_k(x, y_2, z_2, \dots u_2)\dots = 0.$$

Pour former à présent cette fonction R, nous commencerons par observer qu'on a aussi

$$(10) \quad \varphi_k(x, y, z, \dots u) = x^k \omega_0(y, z, \dots u) + x^{k-1}\omega_1(y, z, \dots u) + \dots$$

Alors, en y remplaçant y, z, ... u par leurs valeurs (4), il viendra

$$\frac{1}{x^k}\varphi_k(x, y, z, \dots u) = \omega_0(\alpha + \varepsilon, \beta + \eta, \dots \gamma + \chi)$$
$$+ \frac{1}{x}\omega_1(\alpha + \varepsilon, \beta + \eta, \dots \gamma + \chi) + \dots;$$

équation qui, ayant égard à ce que les quantités ε, η, ... χ s'évanouissent avec $\dfrac{1}{x}$, pourra être mise sous la forme

$$\varphi_k(x, y, z, \ldots u) = x^k \omega_0(\alpha, \beta, \ldots \gamma) + x^k E,$$

E étant une quantité qui s'évanouira aussi avec $\dfrac{1}{x}$. On aura donc, pour chacune des solutions y, z, ... u, dont nous appellerons ρ le nombre,

$$\varphi_k(x, y_1, z_1, \ldots u_1) = x^k \omega_0(\alpha_1, \beta_1, \ldots \gamma_1) + x^k E_1,$$
$$\varphi_k(x, y_2, z_2, \ldots u_2) = x^k \omega_0(\alpha_2, \beta_2, \ldots \gamma_2) + x^k E_2,$$
$$\cdot \quad \cdot \quad \cdot \quad \cdot \quad \cdot \quad \cdot \quad \cdot \quad \cdot \quad \cdot \quad \cdot \quad \cdot \quad \cdot \quad \cdot \quad \cdot$$
$$\varphi_k(x_\rho, y_\rho, z_\rho, \ldots u_\rho) = x^k \omega_0(\alpha_\rho, \beta_\rho, \ldots \gamma_\rho) + x^k E_\rho.$$

En multipliant maintenant ces équations membre à membre, on en déduira que le premier terme de R est

$$x^{k\rho} \omega_0(\alpha_1, \beta_1, \ldots \gamma_1) \omega_0(\alpha_2, \beta_2, \ldots \gamma_2) \ldots \omega_0(\alpha_\rho, \beta_\rho, \ldots \gamma_\rho);$$

et l'on reconnaîtra dans ce premier coefficient, d'après ce que l'on dira plus tard, la résultante des équations (1) réduites à leurs termes homogènes les plus hauts.

Pour trouver le second terme, il suffira de faire dans l'équation (10)

$$y = \alpha + \frac{\alpha'}{x} + \frac{\varepsilon'}{x}, \quad z = \beta + \frac{\beta'}{x} + \frac{\varepsilon'}{x}, \quad u = \gamma + \frac{\gamma'}{x} + \frac{\chi'}{x},$$

et l'on obtiendra en général

$$\varphi_k(x, y, z, \ldots u) = x^k \omega_0(\alpha, \beta, \ldots \gamma)$$
$$+ x^{k-1} \left\{ \alpha' D_\alpha \omega_0 + \beta' D_\beta \omega_0 + \ldots + \gamma' D_\gamma \omega_0 + \omega_1(\alpha, \beta, \ldots \gamma) \right\} + x^{k-1} I,$$

I étant une quantité qui s'annule avec $\dfrac{1}{x}$.

En y remplaçant α, β, ... γ successivement par leurs valeurs, on aura

$$\varphi_k(x y_1 z_1 \ldots u_1) = x^k \omega_0(\alpha_1 \beta_1 \ldots \gamma_1) + x^{k-1} \left\{ \Sigma_1 \alpha' D_\alpha \omega_0 + \omega_1(\alpha_1 \beta_1 \ldots \gamma_1) \right\} + x^{k-1} I_1,$$
$$\varphi_k(x y_2 z_2 \ldots u_2) = x^k \omega_0(\alpha_2 \beta_2 \ldots \gamma_2) + x^{k-1} \left\{ \Sigma_2 \alpha' D_\alpha \omega_0 + \omega_1(\alpha_2 \beta_2 \ldots \gamma_2) \right\} + x^{k-1} I_2,$$
$$\cdot \quad \cdot \quad \cdot \quad \cdot \quad \cdot \quad \cdot \quad \cdot \quad \cdot \quad \cdot \quad \cdot \quad \cdot \quad \cdot$$
$$\varphi_k(x y_\rho z_\rho \ldots u_\rho) = x^k \omega_0(\alpha_\rho \beta_\rho \ldots \gamma_\rho) + x^{k-1} \left\{ \Sigma_\rho \alpha' D_\alpha \omega_0 + \omega_1(\alpha_\rho \beta_\rho \ldots \gamma_\rho \right\} + x^{k-1} I_\rho,$$

où I_1, I_2, ... I_ρ représentent des quantités qui s'évanouissent avec $\dfrac{1}{x}$.

Multipliant ces équations membre à membre, il viendra

$$(11) \quad R = x^{k\rho}\omega_0(\alpha_1\beta_1\ldots\gamma_1)\omega_0(\alpha_2\beta_2\ldots\gamma_2)\ldots\omega_0(\alpha_\rho\beta_\rho\ldots\gamma_\rho)$$

$$+ x^{k\rho-1}\omega_0(\alpha_1\beta_1\ldots\gamma_1)\omega_0(\alpha_2\beta_2\ldots\gamma_2)\ldots\omega_0(\alpha_\rho\beta_\rho\ldots\gamma_\rho)$$

$$\times \sum_{i=1}^{i=\rho} \frac{\alpha' D_\alpha \omega_0 + \beta' D_\beta \omega_0 + \ldots + \gamma' D_\gamma \omega_0 + \omega_1(\alpha_i\beta_i\ldots\gamma_i)}{\omega_0(\alpha_i\beta_i\ldots\gamma_i)}$$

$$+ \ldots \ldots \ldots \ldots \ldots \ldots \ldots \ldots \ldots$$

et l'on aura ainsi obtenu les deux premiers termes de R.

Si l'on voulait trouver encore plus de termes, il n'y aurait qu'à en prendre davantage dans les séries (7), pour les substituer au lieu de y, z, ... u dans l'équation (10), d'où l'on déduirait la valeur de R, en suivant la même marche que nous venons de tracer.

On aurait pu développer les valeurs de y, z, ... u en série ascendante de x, en préparant les équations (1) de cette manière :

$$\varphi_a = \psi_0(y, z, \ldots u) + x\psi_1(y, z, \ldots u) + x^2\psi_2(y, z, \ldots u),$$
$$\varphi_b = \theta_0(y, z, \ldots u) + x\theta_1(y, z, \ldots u) + x^2\theta_2(y, z, \ldots u),$$
$$\cdots \cdots \cdots \cdots \cdots \cdots \cdots \cdots \cdots$$
$$\varphi_h = \xi_0(y, z, \ldots u) + x\xi_1(y, z, \ldots u) + x^2\xi_2(y, z, \ldots u),$$
$$\varphi_k = \omega_0(y, z, \ldots u) + x\omega_0(y, z, \ldots u) + x^2\omega_2(y, z, \ldots u),$$

ψ, θ, ... ω désignant maintenant d'autres fonctions qu'auparavant ; et l'on trouverait

$$y = \alpha + \alpha'x + \ldots, \quad z = \beta + \beta'x + \ldots, \quad u = \gamma + \gamma'x + \ldots;$$

$(\alpha, \beta, \ldots \gamma)$, $(\alpha', \beta', \ldots \gamma)$, etc., étant déterminés successivement par les systèmes d'équations

$$\{\psi_0(\alpha, \beta, \ldots \gamma) = 0, \quad \theta_0(\alpha, \beta, \gamma) = 0, \quad \ldots \quad \xi_0(\alpha, \beta, \ldots \gamma) = 0\},$$

$$\begin{cases} \dfrac{d\psi_0}{d\alpha}\alpha' + \dfrac{d\psi_0}{d\beta}\beta' + \ldots + \dfrac{d\psi_0}{d\gamma}\gamma' + \psi_1(\alpha, \beta, \ldots \gamma) = 0, \\[2mm] \dfrac{d\theta_0}{d\alpha}\alpha' + \dfrac{d\theta_0}{d\beta}\beta' + \ldots + \dfrac{d\theta_0}{d\gamma}\gamma' + \theta_1(\alpha, \beta, \ldots \gamma) = 0, \\[2mm] \cdots \cdots \cdots \cdots \cdots \cdots \cdots \cdots \cdots \\[2mm] \dfrac{d\xi_0}{d\alpha}\alpha' + \dfrac{d\xi_0}{d\beta}\beta' + \ldots + \dfrac{d\xi_0}{d\gamma}\gamma' + \xi_1(\alpha, \beta, \ldots \gamma) = 0, \end{cases}$$

etc.

Alors la dernière équation φ_k, traitée d'une manière semblable à la précédente, fournira l'expression de R qui suit :

$$R = \omega_0(\alpha_1\beta_1\ldots\gamma_1)\omega_0(\alpha_2\beta_2\ldots\gamma_2)\ldots\omega_0(\alpha_\rho\beta_\rho\ldots\gamma_\rho)$$
$$+ \, x\omega_0(\alpha_1\beta_1\ldots\gamma_1)\omega_0(\alpha_2\beta_2\ldots\gamma_2)\ldots\omega_0(\alpha_\rho\beta_\rho\ldots\gamma_\rho)$$
$$\times \sum_{1}^{\rho} \frac{\alpha'D_\alpha\omega_0 + \beta'D_\beta\omega_0 + \ldots + \gamma'D_\gamma\omega_0 + \omega_1(\alpha_1\beta_1\ldots\gamma_1)}{\omega_0(\alpha_1\beta_1\ldots\gamma)}$$
$$+ \ldots \ldots \ldots \ldots \ldots \ldots \ldots$$

Ainsi, les deux premiers et les deux derniers termes de l'équation finale sont connus ; et l'on reconnaîtra de même, dans le dernier terme de R, la résultante des équations réduites aux termes indépendants de x, ce que l'on pouvait prévoir *à priori*.

Comme il est aisé de voir, la méthode de Liouville ramène encore la formation de l'équation finale de k équations à k variables à celle de $k-1$ équations à $k-1$ variables. Mais elle a l'avantage de faire mieux ressortir la nature des termes qui composent la résultante, et de nous conduire tout naturellement à des conséquences très-importantes. Parmi elles, nous choisissons la démonstration très-ingénieuse que M. Liouville a tirée d'un théorème déjà énoncé par Jacobi, et qui est assez important pour former le sujet du paragraphe suivant.

§ V.

Théorème de Jacobi.

Si l'on déduit de l'équation (11) la valeur de la somme des solutions communes x, on aura

$$(1) \qquad \sum x = -\sum \frac{\alpha'D_\alpha\omega_0 + \beta'D_\beta\omega_0 + \ldots + \gamma'D_\gamma\omega_0 + \omega_1(\alpha,\beta,\ldots\gamma)}{\omega_0(\alpha,\beta,\ldots\gamma)}.$$

Or, en substituant dans le second membre les valeurs de α', β', $\ldots$ γ' fournies par les équations (6), le numérateur sous le signe Σ deviendra une fonction linéaire des fonctions φ_1, θ_1, $\ldots$ ξ_1, et lorsque celles-ci seront nulles, il se réduira à $\omega_1(\alpha,\beta,\ldots\gamma)$. Par conséquent, on aura dans ce cas

$$(2) \qquad \sum x = -\sum \frac{\omega_1(\alpha,\beta,\ldots\gamma)}{\omega_0(\alpha,\beta,\ldots\gamma)}.$$

Mais on aurait pu obtenir cette somme d'une autre façon. On aurait pu, par exemple, substituer les valeurs de y, z, ... u déduites des $\lambda-1$ dernières équations dans la première.

Désignant alors par λ, μ, ... ν les racines simultanées des équations

$$(3) \quad \theta_0(\lambda, \mu, \ldots \nu) = 0, \quad \ldots \xi_0(\lambda, \mu, \ldots \nu) = 0, \quad \omega_0(\lambda, \mu, \ldots \nu) = 0,$$

et déterminant λ', μ', ... ν', comme avant, par les équations

$$(4) \quad \begin{cases} \dfrac{d\theta_0}{d\lambda}\lambda' + \dfrac{d\theta_0}{d\mu}\mu' + \ldots + \dfrac{d\theta_0}{d\nu}\nu' + \theta_1 = 0, \\[2mm] \cdots\cdots\cdots\cdots\cdots\cdots\cdots \\[2mm] \dfrac{d\xi_0}{d\lambda}\lambda' + \dfrac{d\xi_0}{d\mu}\mu' + \ldots + \dfrac{d\xi_0}{d\nu}\nu' + \xi_1 = 0, \\[2mm] \dfrac{d\omega_0}{d\lambda}\lambda' + \dfrac{d\omega_0}{d\mu}\mu' + \ldots + \dfrac{d\omega_0}{d\nu}\nu' + \omega_1 = 0, \end{cases}$$

on obtiendra

$$(5) \quad \sum x = -\sum \frac{\lambda'D_\lambda\psi_0 + \mu'D_\mu\psi_0 + \ldots + \nu'D_\nu\psi_0 + \psi_1(\lambda, \mu, \ldots \nu)}{\psi_0(\lambda, \mu, \ldots \nu)}.$$

Or, si l'on appelle $\Delta(\lambda, \mu, \ldots \nu)$ ou simplement Δ le déterminant

$$(6) \quad \begin{vmatrix} \dfrac{d\theta_0}{d\lambda} & \dfrac{d\theta_0}{d\mu} & \cdots & \dfrac{d\theta_0}{d\nu} \\[2mm] \cdots & \cdots & \cdots & \cdots \\[2mm] \dfrac{d\xi_0}{d\lambda} & \dfrac{d\xi_0}{d\mu} & \cdots & \dfrac{d\xi_0}{d\nu} \\[2mm] \dfrac{d\omega_0}{d\lambda} & \dfrac{d\omega_0}{d\mu} & \cdots & \dfrac{d\omega_0}{d\nu} \end{vmatrix},$$

et si l'on suppose, comme ci-dessus, que l'on ait

$$\psi_1 = 0, \quad \theta_1 = 0, \quad \ldots \xi_1 = 0,$$

il viendra simplement, d'après la théorie des déterminants,

$$(7) \quad \begin{cases} \lambda' = -\dfrac{1}{\Delta}\Delta_\lambda\,\omega_1(\lambda, \mu, \ldots \nu), \\[2mm] \cdots\cdots\cdots\cdots\cdots\cdots \\[2mm] \mu' = -\dfrac{1}{\Delta}\Delta_\mu\,\omega_1(\lambda, \mu, \ldots \nu), \\[2mm] \nu' = -\dfrac{1}{\Delta}\Delta_\nu\,\omega_1(\lambda, \mu, \ldots \nu), \end{cases}$$

où par Δ_λ, etc., l'on entend les dérivées de Δ par rapport à $\dfrac{d\omega_0}{d\lambda}$, etc.

En substituant ces valeurs dans la formule (5) et en posant, pour abréger,

$$(\Delta_\lambda D_\lambda + \Delta_\mu D_\mu + \ldots + \Delta_\nu D_\nu)\psi_0 = -D(\lambda, \mu, \ldots \nu),$$

on aura

$$(8) \qquad \sum x = -\sum \frac{\omega_1(\lambda, \mu, \ldots \nu)\, D(\lambda, \mu, \ldots \nu)}{\psi_0(\lambda, \mu, \ldots \nu)\, \Delta(\lambda, \mu, \ldots \nu)}.$$

En identifiant maintenant cette formule à l'autre (2), on obtiendra

$$(9) \qquad \sum \frac{\omega_1(\alpha, \beta, \ldots \gamma)}{\omega_0(\alpha, \beta, \ldots \gamma)} = \sum \frac{\omega_1(\lambda, \mu, \ldots \nu)\, D(\lambda, \mu, \ldots \nu)}{\psi_0(\lambda, \mu, \ldots \nu)\, \Delta(\lambda, \mu, \ldots \nu)}.$$

Cette équation exprimera donc une propriété qui doit exister entre les fonctions ψ_0, ω_0, ω_1 des solutions communes. Mais il est à noter qu'à l'exception de la dernière, dont le degré sera au moins inférieur d'une unité à celui de ω_0, ces fonctions peuvent être supposées quelconques.

On peut supposer en particulier

$$\omega_0(y, z, \ldots u) = D(y, z, \ldots u),$$

et alors le second membre de l'équation (9) s'évanouira de lui-même, car on a par hypothèse

$$\omega_0(\lambda, \mu, \ldots \nu) = 0,$$

et par conséquent $D(\lambda, \mu, \ldots \nu) = 0$ aussi.

On aura donc

$$\sum_1^\rho \frac{\omega_1(\alpha, \beta, \ldots \gamma)}{D(\alpha, \beta, \ldots \gamma)} = 0,$$

où ω_1 est nécessairement d'un degré inférieur au moins d'une unité à celui de la fonction D.

Nous pouvons donc énoncer ce théorème :

Soient α, β, $\ldots \gamma$ un système quelconque de solutions communes à x équations à x variables :

$$(10) \qquad \psi(x, y, z, \ldots u) = 0, \quad \theta(x, y, z \ldots u) = 0, \quad \ldots \xi(x, y, z, \ldots u),$$

et D *le déterminant*

$$
\begin{vmatrix}
\dfrac{d\psi}{d\alpha} & \dfrac{d\psi}{d\beta} & \cdot & \cdot & \cdot & \dfrac{d\psi}{d\gamma} \\[2mm]
\dfrac{d\theta}{d\alpha} & \dfrac{d\theta}{d\beta} & \cdot & \cdot & \cdot & \dfrac{d\theta}{d\gamma} \\[2mm]
\cdot & \cdot & \cdot & \cdot & \cdot & \cdot \\[2mm]
\dfrac{d\xi}{d\alpha} & \dfrac{d\xi}{d\beta} & \cdot & \cdot & \cdot & \dfrac{d\xi}{d\gamma}
\end{vmatrix},
$$

on aura, en étendant le signe Σ *à toutes, les systèmes des solutions communes aux équations* (10),

$$
(11) \qquad \sum \frac{f_i(\alpha, \beta, \dots \gamma)}{D(\alpha, \beta, \dots \gamma)} = 0,
$$

$f_i(\alpha, \beta, \dots \gamma)$ *désignant une fonction quelconque de degré inférieur à celui de* D.

§ VI.

Nombre des solutions indépendantes.

En vertu du dernier théorème, on aura l'équation

$$
(1) \qquad \frac{\alpha_1{}^p\beta_1{}^q\dots\gamma_1{}^t}{D_1} + \frac{\alpha_2{}^p\beta_2{}^q\dots\gamma_2{}^t}{D_2} + \dots + \frac{\alpha_\rho{}^p\beta_\rho{}^q\dots\gamma_\rho{}^t}{D_\rho} = 0,
$$

en désignant par ρ le nombre des solutions communes, et par D_1, D_2, ... D_ρ ce que devient la fonction $D(\alpha, \beta, \dots \gamma)$ par la substitution des solutions $\alpha_1\beta_1\dots\gamma_1$, $\alpha_2\beta_2\dots\gamma_2$, ...

Or, il est évident qu'on peut former autant de ces équations que de fois on peut faire varier la somme $p+q+\dots+t$ depuis 0 jusqu'au nombre exprimé par le degré de D diminué d'une unité.

Appelons λ le nombre des variables, et $a_1 a_2 \dots a_\lambda$ les degrés des équations ψ, θ, ... ω ; posons de plus

$$
(2) \qquad \varsigma = a_1 + a_2 + \dots + a_\lambda.
$$

En observant que le degré de D est $\varsigma - \lambda$, le nombre de ces équations sera

$$
(3) \qquad A_0 = \frac{(\varsigma-\lambda)(\varsigma-\lambda+1)\dots(\varsigma+1)\,.\,\varsigma\,(\varsigma-1)}{1.2.3\dots\lambda};
$$

car il devra être évidemment égal à celui des termes compris dans une équation de degré $\varsigma - \lambda - 1$.

Les A_0 équations (1), dont on peut faire dépendre toute autre de la formule (11), nous prouvent que les ρ solutions ne sont pas toutes arbitraires, puisqu'elles sont assujetties à les vérifier. Cependant il ne faudrait pas en conclure que le nombre des solutions indépendantes est $\rho - A_0$; car, comme nous allons voir, ces A_0 équations de condition ne sont pas toutes indépendantes. Multiplions, en effet, les équations $\psi = 0$, $\theta = 0$, $\omega_0 = 0$ par des arguments d'ordre au plus $\varsigma - a_1 - \lambda - 1$, $\varsigma - a_2 - \lambda - 1$, ... $\varsigma - a_\lambda - \lambda - 1$, on formera des équations de degré $\varsigma - \lambda - 1$, dont le nombre sera

$$(4)\quad \left\{ \begin{aligned} A_1 &= \frac{(\varsigma - a_1 - \lambda)(\varsigma - a_1 - \lambda + 1)\ldots(\varsigma - a_1 - 1)}{1.2.3\ldots\lambda}, \\ &+ \frac{(\varsigma - a_2 - \lambda)(\varsigma - a_2 - \lambda + 1)\ldots(\varsigma - a_2 - 1)}{1.2.3\ldots\lambda}, \\ &+ \ldots\ldots\ldots\ldots\ldots\ldots\ldots \\ &+ \frac{(\varsigma - a_\lambda - \lambda)(\varsigma - a_\lambda - \lambda + 1)\ldots(\varsigma - a_\lambda - 1)}{1.2.3\ldots\lambda}, \end{aligned} \right.$$

Or, au moyen d'une quelconque de celles-ci, on pourra faire dépendre une quelconque des équations (1) des autres $A_0 - 1$. Car, en faisant la somme de toutes les A_0 équations (1), après les avoir respectivement multipliées par des constantes convenables, on retrouvera les équations que fournira une des (A_1), en y substituant successivement les solutions, et l'on aura, par conséquent, une somme nulle.

Remarquons toutefois que les équations A_1 ne sont pas non plus toutes indépendantes. Appelons, en effet, μ_2 un argument d'ordre non supérieur à $\varsigma - a_1 - a_2 - \lambda - 1$, on pourra former avec le type

$$\mu_2\psi\theta = 0, \quad \ldots \mu_2\varphi\xi = 0, \quad \mu_2\psi\omega = 0, \quad \ldots \mu_2\xi\omega = 0,$$

des équations d'ordre au plus $\varsigma - \lambda - 1$, en nombre

$$(5)\quad \left\{ \begin{aligned} A_2 &= \frac{(\varsigma - a_1 - a_2 - \lambda)(\varsigma - a_1 - a_2 - \lambda + 1)\ldots(\varsigma - a_1 - a_2 - 1)}{1.2.3\ldots\lambda}, \\ &+ \frac{(\varsigma - a_1 - a_3 - \lambda)(\varsigma - a_1 - a_3 - \lambda + 1)\ldots(\varsigma - a_1 - a_3 - 1)}{1.2.3\ldots\lambda}, \\ &+ \ldots\ldots\ldots\ldots\ldots\ldots\ldots \\ &+ \frac{(\varsigma - a_{\lambda-1} - a_\lambda - \lambda)(\varsigma - a_{\lambda-1} - a_\lambda - \lambda + 1)\ldots(\varsigma - a_{\lambda-1} - a_\lambda - 1)}{1.2.3\ldots\lambda}, \end{aligned} \right.$$

qu'il faudra retrancher du nombre A_1 pour avoir le nombre des équations (A_1) qui resteront indépendantes.

Mais, de la même manière, les équations (A_2) ne sont pas non plus toutes indépendantes; car, en appelant μ_3 un argument d'ordre au plus $\varsigma - a_1 - a_2 - a_3 - \lambda - 1$, on pourra former avec le type

$$\mu_3 \psi \theta \xi = 0, \quad \dots \quad \mu_3 \theta \xi \omega = 0$$

des équations d'ordre au plus $\varsigma - \lambda - 1$ en nombre

$$(6) \quad \begin{cases} A_3 = \dfrac{(\varsigma - a_1 - a_2 - a_3 - \lambda)(\varsigma - a_1 - a_2 - a_3 - \lambda + 1)\dots(\varsigma - a_1 - a_2 - a_3 - \lambda + 1)}{1.2.3\dots\lambda}, \\ + \dots\dots\dots\dots\dots\dots\dots\dots\dots \\ + \dfrac{(\varsigma - a_{\lambda - 2} - a_{\lambda - 1} - a_\lambda - \lambda)\dots(\varsigma - a_{\lambda - 2} - a_{\lambda - 1} - a_\lambda + 1)}{1.2.3\dots\lambda}, \end{cases}$$

par lesquelles on réduira le nombre des équations (A_2) indépendantes à $A_2 - A_3$, et par conséquent celui des équations (A_1) indépendantes à $A_1 - A_2 - A_3$.

En continuant ainsi, on voit qu'en posant en général

$$(7) \quad \begin{cases} A_i = \dfrac{(\varsigma - a_1 - a_2 - \dots - a_i - \lambda)(\varsigma - a_1 - a_2 - \dots - a_i - \lambda + 1)\dots(\varsigma - a_1 - a_2 - \dots - a_i + 1)}{1.2.3\dots\lambda}, \\ + \dots\dots\dots\dots\dots\dots\dots\dots\dots \\ + \dfrac{(\varsigma - a_{\lambda - i} - a_{\lambda - i + 1} - \dots - a_\lambda - \lambda)\dots(\varsigma - a_{\lambda - i} - a_{\lambda - i + 1} - \dots - a_\lambda + 1)}{1.2.3\dots\lambda}, \end{cases}$$

le nombre des équations (A_1) indépendantes sera

$$A_1 - A_2 + A_3 - \dots + (-1)^{\lambda + i} A_{\lambda - 1}.$$

Par conséquent, le nombre des équations de condition (1) indépendantes, c'est-à-dire qu'on ne pourra pas retrouver à l'aide des équations proposées, sera

$$(8) \quad N = A_0 - A_1 + A_2 - A_3 + \dots - (-1)^\lambda A_{\lambda - 1}.$$

Or, je dis que ce nombre N se réduit simplement à $a_1 a_2 a_3 \dots a_{\lambda - 1} a_\lambda - 1$.

En effet, on peut mettre ce second membre sous la forme

$$\frac{1}{1.2.3\ldots\lambda}\mathrm{D}_x^\lambda\left[\begin{array}{l}(1+x)^{\varsigma-1}-\{(1+x)^{\varsigma-a_1-1}+(1+x)^{\varsigma-a_2-1}+\ldots+(1+x)^{\varsigma-a_\lambda-1}\}\\[4pt]+\{(1+x)^{\varsigma-a_1-a_2-1}+(1+x)^{\varsigma-a_1-a_2-1}+\ldots+(1+x)^{\varsigma-a_{\lambda-1}-a_\lambda-1}\}\\[4pt]-\{(1+x)^{\varsigma-a_1-a_2-a_3-1}+(1+x)^{\varsigma-a_1-a_2-a_3}+\ldots+(1+x)^{\varsigma-a_{\lambda-2}-a_{\lambda-1}-a_\lambda-1}\}\\[4pt]+\ \cdot\ \cdot\ \cdot\ \cdot\ \cdot\ \cdot\ \cdot\ \cdot\ \cdot\ \cdot\ \cdot\ \cdot\ \cdot\ \cdot\\[4pt]-\ \cdot\ \cdot\ \cdot\ \cdot\ \cdot\ \cdot\ \cdot\ \cdot\ \cdot\ \cdot\ \cdot\ \cdot\ \cdot\ \cdot\\[4pt](-1)^\lambda\{(1+x)^{a_1-1}+(1+x)^{a_2-1}+(1+x)^{a_3-1}+\ldots+(1+x)^{a_\lambda-1}\}\end{array}\right]$$

$$=\frac{1}{(\lambda)}\mathrm{D}_x^\lambda\left[\frac{1}{1+x}\big((1+x)^{a_1}-1\big)\big((1+x)^{a_2}-1\big)\big((1+1)^{a_3}-1\big)\ldots\big((1+x)^{a_\lambda}-1\big)-\frac{(-1)^\lambda}{1+x}\right]_{x=0}$$

$$-1+\frac{1}{(\lambda)}\mathrm{D}_x^\lambda\left[\frac{x^\lambda}{1+x}\Big(a_1+\frac{a_1(a_1-1)}{2}x+\ldots\Big)\Big(a_2+\frac{a_2(a_2-1)}{2}x+\ldots\Big)\Big(a_\lambda+\frac{a_\lambda(a_\lambda-1)}{2}x+\ldots\Big)\right]_{x=0}$$

$$=-1+a_1a_2a_3\ldots a_{\lambda-1}a_\lambda.$$

Observons maintenant que le nombre des quantités D est égal à $a_1a_2\ldots a_\lambda=\rho$. Si donc on élimine des A_0 équations de condition (1) les fonctions D, ce qui pourra se faire en éliminant simplement leurs rapports, et exigera $\rho-1$ équations, on aura précisément employé le nombre d'équations de condition qui, d'après ce qui précède, doivent rester indépendantes. Les autres, dont le nombre sera

$$(9)\qquad\qquad B=A_0-a_1a_2\ldots a_\lambda+1,$$

exprimeront des conditions qui doivent exister entre les quantités

$$x_1y_1z_1\ldots u_1,\quad x_2y_2z_2\ldots u_2,\quad\ldots\ x_\rho y_\rho z_\rho\ldots u_\rho,$$

afin qu'elles puissent être regardées comme des solutions des équations proposées.

Ainsi les ρ solutions communes, loin d'être arbitraires, sont assujetties à vérifier B équations de condition.

Cependant ces B équations ne sont pas encore toutes indépendantes. Pour le prouver dans un cas particulier, nous chercherons quel est ce nombre lorsqu'on suppose $a_1=a_2=a_3\ldots=a_\lambda=n$. A cet effet, nous donnerons d'abord ce théorème :

Pour déterminer un système de λ équations de $a^{ème}$ ordre à λ variables, il est nécessaire et suffisant de connaître

$$\frac{(n+1)(n+2)\ldots(n+\lambda)}{1.2.3\ldots\lambda}-\lambda$$

systèmes de solutions.

Appelons, en effet, P ce nombre, et substituons, dans une équation de $a^{ème}$ ordre, dont les coefficients seront considérés comme inconnus, P de ces systèmes de solutions ; nous obtiendrons P équations linéaires par rapport aux coefficients. Mais le nombre des coefficients qu'il faudrait déterminer étant

$$\frac{(n+1)(n+2)\dots(n+\lambda)}{1.2.3\dots\lambda} = P + \lambda,$$

et n'ayant, d'autre part, à notre disposition, que P équations, il restera λ coefficients dont les valeurs seront arbitraires, et que nous appellerons α, β, … γ. En éliminant maintenant les autres coefficients, la valeur de l'un quelconque d'entre eux, du coefficient, par exemple, de l'argument $x^p y^q z^r \dots u^l$, aura cette expression

$$\alpha A_{pqr\dots l} + \beta B_{pqr\dots l} + \dots + \gamma C_{pqr\dots l} ;$$

$A_{pqr\dots l}$, $B_{pqr\dots l}$, … $C_{pqr\dots l}$, désignant des fonctions d'arguments formées à l'aide des solutions communes. On pourra donc mettre une des équations, telle que φ, sous la forme

$$(10) \qquad \varphi = \alpha \sum A_{pqr\dots l} x^p y^q z^r \dots u^l$$
$$+ \beta \sum B_{pqr\dots l} x^p y^q z^r \dots u^l + \dots + \gamma \sum C_{pqr\dots l} x^p y^q z^r \dots u^l.$$

Toute autre équation θ, qui, par hypothèse, devra s'évanouir en vertu des mêmes solutions, prendra aussi la forme

$$(11) \qquad \theta = \alpha' \sum A_{pqr\dots l} x^p y^q z^r \dots u^l$$
$$+ \beta' \sum B_{pqr\dots l} x^p y^q z^r \dots u^l + \dots \gamma' \sum C_{pqr\dots l} x^p y^q z^r \dots u^l,$$

où α', β', … γ' sont d'autres coefficients arbitraires différents des premiers ; autrement les deux équations φ et θ coïncideraient. On aura de la sorte λ équations de la forme (10) et (11), auxquelles satisferont les P systèmes de solutions ; et l'on remarquera que toutes les équations en nombre infini, susceptibles d'avoir les ρ solutions, par cela seul qu'elles en admettent P, doivent avoir les formes susdites. Or, il est bien évident qu'en supposant que pour les ρ systèmes de solutions on ait

$$(12) \qquad \sum \mathrm{A}_{pqr\ldots t}\, x^p y^q z^r \ldots u^t = 0,$$

$$\sum \mathrm{B}_{pqr\ldots t}\, x^p y^q z^r \ldots u^t, \quad \ldots \quad \sum \mathrm{C}_{pqr\ldots t}\, x^p y^q z^r \ldots u^t;$$

les équations $\varphi = 0$, $\theta = 0$, etc., seront satisfaites aussi par ces ρ solutions. Réciproquement, en exprimant, à l'aide des équations (10), (11), etc., les fonctions (12) en fonction linéaire de φ, θ, etc., on verra qu'elles devront s'annuler en même temps qu'elles. D'ailleurs, les équations (12) sont bien de $a^{\text{ème}}$ ordre et à λ variables; donc on aura bien trouvé les équations que l'on cherchait, à l'aide seulement de P systèmes de solutions.

De là on conclut que les autres systèmes de solutions

$$(13) \qquad \rho - \mathrm{P} = n^\lambda - \frac{(n+1)(n+2)\ldots(n+\lambda)}{1.2.3\ldots\lambda} + \lambda$$

sont dépendants des autres, et l'on a, par conséquent, cet autre théorème :

Étant donnés n^λ *systèmes de solutions communes à* λ *équations de* $n^{\text{ème}}$ *ordre, il y aura entre ces solutions*

$$(14) \qquad \lambda(\rho - \mathrm{P}) = \lambda(n^\lambda + \lambda) - \frac{(n+1)(n+2)\ldots(n+\lambda)}{1.2.3\ldots(\lambda-1)}$$

équations de condition.

Or, dans le cas particulier que nous considérons, le nombre B des équations de condition aurait été, d'après la formule (9),

$$\mathrm{B} = \frac{(\lambda n - \lambda)(\lambda n - \lambda + 1)\ldots(\lambda n - 1)}{1.2.3\ldots\lambda} - n^\lambda + 1;$$

mais puisque, au contraire, ce vrai nombre est donné par la formule (14), il y aura parmi les équations (B) un nombre

$$(15)\ \mathrm{B} - \lambda(\rho - \mathrm{P}) = \frac{(\lambda n - \lambda)\ldots(\lambda n - 1)}{1.2.3\ldots\lambda} + \frac{(n+1)(n+2)\ldots(n+\lambda)}{1.2.3\ldots(\lambda-1)} + 1 - \lambda^2 - n^\lambda(1+\lambda)$$

d'équations qui dépendent encore des autres.

Supposons, par exemple, $\lambda = 3$; on aura

$$\lambda(\rho - \mathrm{P}) = \frac{(n-1)(5n^2 - n - 12)}{2}, \quad \mathrm{B} = \frac{(n-1)(7n^2 - 11n)}{2},$$

$$\mathrm{B} - \lambda(\rho - \mathrm{P}) = (n-1)(n-2)(n-3).$$

Pour $\lambda = n$ on trouvera

$$B - \lambda\,(\rho - P) = \frac{(n-1)(81\,n^3 - 89\,n^2 + 16\,n - 84)}{1.2.3}.$$

Lorsque les exposants a seront quelconques, la réduction du nombre B exigera l'examen de chaque cas particulier, car elle dépend de la grandeur même des exposants. Le lecteur studieux pourra consulter utilement à ce sujet l'excellent Mémoire de M. Jacobi (*Journal de Crelle*, XV), dont nous avons tâché de généraliser ici les résultats. Ce sera assez pour nous de l'avoir mis en garde contre cet arbitraire dont, au premier abord, paraissent douées les solutions communes. De plus amples détails seraient contraires à la nature de cet ouvrage.

CHAPITRE II.

§ I.

Expression et degré de la résultante.

Soient

$$(1) \quad \begin{cases} \varphi_a = \sum a_{pqr\ldots st}\, x^p y^q z^r \ldots u^s, \\[4pt] \varphi_b = \sum b_{pqr\ldots st}\, x^p y^q z^r \ldots u^s, \\[4pt] \varphi_c = \sum c_{pqr\ldots st}\, x^p y^q z^r \ldots u^s, \\[4pt] \cdots\cdots\cdots\cdots\cdots\cdots \\[4pt] \varphi_k = \sum k_{pqr\ldots st}\, x^p y^q z^r \ldots u^s, \\[4pt] \varphi_l = \sum l_{pqr\ldots st}\, x^p y^q z^r \ldots u^s, \end{cases}$$

λ équations homogènes entre $\lambda - 1$ variables $x,\ y,\ z,\ \ldots u$.

Il est évident que le nombre de ces équations étant supérieur d'une unité à celui des variables, il ne pourra pas exister une solution commune à ces équations, à moins que leurs coefficients ne remplissent une certaine condition, sans quoi la solution commune pourrait toujours être rendue impossible. La fonction qui exprimera la condition nécessaire et suffisante pour que les proposées admettent une solution commune sera appelée la *résultante*. Voici la manière de la trouver.

Soient

$$(2) \quad x_1 y_1 z_1 \ldots u_1, \quad x_2 y_2 z_2 \ldots u_2, \quad \ldots \quad x_\rho y_\rho z_\rho \ldots u_\rho$$

les ρ solutions communes aux $\lambda - 1$ premières équations. Substituons chacune d'elles dans la dernière, et formons le produit de toutes les fonctions qui en résulteront. En appelant R la résultante, on aura

$$(3) \quad R = C\varphi_l(x_1 y_1 \ldots u_1)\varphi_l(x_2 y_2 \ldots u_2)\ldots\varphi_l(x_\rho y_\rho \ldots u_\rho),$$

C désignant une constante propre à rendre entière la fonction représentée par le second membre.

Ce produit, étant une fonction symétrique de toutes les solutions communes, pourra se décomposer en une somme de fonctions semblables à la ω_l, p. 147, et sera par conséquent une fonction des coefficients des équations proposées. On aura obtenu de la sorte la résultante ; car on voit que ce produit s'annulera toutes les fois qu'il y aura une solution commune ; et que, réciproquement, il ne s'annulera pas si cette solution n'existe pas.

Cette fonction, contenant autant de facteurs ω_i qu'il y a de systèmes de solutions communes aux $\lambda - 1$ premières équations, sera, par rapport aux coefficients de la dernière, de degré égal au nombre de ces solutions. Or, d'après ce que nous avons vu au § III, chapitre I, en appelant ρ ce nombre, et $a, b, c, \ldots k, l$ les degrés respectifs des équations (1), on a

$$\rho = abc \ldots k = \frac{\pi}{l},$$

π désignant, pour abréger, le produit des degrés. Donc $\frac{\pi}{l}$ sera le degré de la résultante par rapport aux coefficients de l'équation φ_l. Mais les mêmes raisonnements auraient pu être appliqués sur une autre quelconque des équations (1) ; et l'on se convaincra ainsi que la résultante sera de degré

$$\frac{\pi}{a}, \quad \frac{\pi}{b}, \quad \frac{\pi}{c}, \quad \ldots \frac{\pi}{l}$$

par rapport aux coefficients des équations $\varphi_a, \varphi_b, \varphi_c, \ldots \varphi_l$ respectivement. Par conséquent, comme la résultante les contient tous, le degré total de la résultante sera

$$\pi\left(\frac{1}{a} + \frac{1}{b} + \frac{1}{c} + \ldots + \frac{1}{l}\right).$$

On aura ensuite le facteur C, en prenant le plus grand dénominateur dont peuvent être affectées les fonctions ω_l. Le dénominateur est toujours une puissance de la résultante des $\lambda - 1$ premières équations réduites à leurs plus hauts termes homogènes, que nous appellerons

A_l. Or, comme la plus grande des sommes des exposants de ω_l sera l, il s'ensuit qu'on aura, d'après le théorème de Schlæffli,

$$C = A_l{}^l,$$

et, par conséquent,

$$(4) \qquad R = A_l{}^l \varphi_l(x_1 y_1 \ldots u_1)\, \varphi_l(x_2 y_2 \ldots u_2) \ldots \varphi_l(x_\rho y_\rho \ldots u_\rho).$$

D'ailleurs, en raisonnant comme au § I, chap. II, deuxième partie, on prouvera que la résultante est isobarique et de poids π par rapport à chaque indice des coefficients (a, b, c, ... k, l). Ainsi, de ce qui précède on déduira aisément le théorème qui suit :

Étant données λ équations homogènes entre λ variables, x, y, ... v, *telles que*

$$\varphi_a = \sum a_{pqr\ldots st}\, x^p y^q z^r \ldots u^s v^t,$$

$$\varphi_b = \sum b_{pqr\ldots st}\, x^p y^q z^r \ldots u^s v^t,$$

$$\varphi_c = \sum c_{pqr\ldots st}\, x^p y^q z^r \ldots u^s v^t,$$

$$\cdots\cdots\cdots\cdots\cdots\cdots$$

$$\varphi_l = \sum l_{pqr\ldots st}\, x^p y^q z^r \ldots u^s v^t,$$

de degré respectivement a, b, c, ... l, *dont nous désignerons le produit par π, et dans lesquelles les indices des coefficients suivent la grandeur et l'ordre des exposants, leur résultante sera :* 1° *une fonction homogène et de degré respectivement* $\frac{\pi}{a}$, $\frac{\pi}{b}$, $\frac{\pi}{c}$, ... $\frac{\pi}{l}$, *par rapport aux coefficients des équations* φ_a, φ_b, ... φ_l, *et de degré* $\pi\left(\frac{1}{a} + \frac{1}{b} + \frac{1}{c} + \ldots + \frac{1}{l}\right)$ *par rapport à leur ensemble ;* 2° *isobarique et de poids π par rapport aux indices correspondants à une même variable, qui servent avec les autres à caractériser les coefficients dans les diverses équations ;* 3° *isobarique et de poids π par rapport à l'ensemble des indices.*

Il est bon encore de remarquer que *la valeur numérique de la résultante ne change pas si l'on y change entre eux deux des indices des coefficients relatifs à deux des variables ;* c'est-à-dire si l'on change, par exemple, tous les indices p en q, et tous les indices q en p. En effet, cet échange revient à échanger entre elles deux des variables, par exemple x et y; ce qui ne peut pas altérer le nombre ni la valeur des solutions communes, ni non plus, par conséquent, la condition de leur coexistence. La même chose aura lieu si l'on échange entre eux les coefficients de deux équations quelconques. Par conséquent, on pourra déduire d'un terme donné de la résultante $\left(1 + \frac{\lambda(\lambda-1)}{2}\right)^2 - 1$ autres termes, qui auront, au signe près, le même coefficient. On peut vérifier cela sur la résultante que nous avons donnée p. 139.

§ II.

Formation de la résultante au moyen des fonctions symétriques.

Comme nous avons fait observer dans le paragraphe précédent, en décomposant la résultante en une somme de facteurs symétriques de la forme ω_l, on pourra en calculer l'expression au moyen des coefficients des équations proposées. Mais ce calcul sera encore bien pénible, et l'on ne pourra gagner quelque chose en suivant cette voie qu'en ayant recours à la méthode logarithmique de Lagrange, que nous rappellerons ici bas. Cependant, avant de l'exposer, il sera bon de faire voir comment on peut obtenir facilement quelques termes.

D'abord, un des termes de R sera évidemment

$$A_l^l\, l^\rho{}_{loo\ldots o}(x_1 x_2 x_3 \ldots x_\rho).$$

Mais le numérateur de $x_1 x_2 \ldots x_\rho^{\overline{}}$ est ce que devient la résultante des $\lambda - 1$ premières équations, après y avoir fait $x = 0$. Soit A_x cette résultante, on aura

$$x_1 x_2 x_3 \ldots x_\rho = \frac{A_x}{A_l},$$

et, par conséquent, ce terme deviendra

$$l^\rho{}_{loo\ldots o} A^l{}_x.$$

En appelant de la même manière A_y, A_z, etc., les résultantes des équations susdites pour $y = 0$, $z = 0$, etc., et en observant que le terme constant de φ_l fournit le terme $A_l^l\, l^\rho{}_{oo\ldots ol}$, qu'on peut écrire par symétrie $A^l_v l^\wp_{00\ldots 0l}$, lorsqu'on suppose les équations homogènes, on aura

$$(1)\quad R = l^\wp_{l00\ldots 0} A^l_x + l^l_{0l0\ldots 0} A^l_y + l_{00l\ldots 0} A^l_z + \ldots + l^\wp_{00\ldots l0} A_u + l^\wp_{00\ldots 0l} A_v + \ldots$$

L'échange ensuite des lettres et des indices fera connaître une quantité d'autres termes.

Les termes, maintenant, qui dépendent des fonctions Σx, Σy, ... Σu seront aussi faciles à trouver ; car il suffira d'opérer sur A_l avec les symboles

$$\Sigma a_{p-1,q,r\ldots} \partial a_{p,q,r\ldots}, \quad \Sigma a_{p,q-1,r\ldots} \partial a_{p,q,r}, \quad \ldots \Sigma a_{p,q,r\ldots s-1,t} \partial a_{p,q,r},$$

en convenant de remplacer sous le signe Σ la lettre a par les $\lambda - 1$ premières lettres a, b, c, ... k. Pour comprendre cela, il faut observer que l'équation finale en x des $\lambda - 1$ premières équations peut être considérée comme la résultante de ces $\lambda - 1$ équations. En supposant pour un moment que la variable x se réduise à une constante, et que les coefficients des arguments formés avec les $\lambda - 1$ variables restantes, lesquels seront des fonctions de x, aient été désignés par de simples lettres, il suffira, pour développer et ordonner la résultante par rapport à x, de remplacer ces lettres par les fonctions qu'elles représentent, en tenant compte successivement des termes, à mesure qu'ils peuvent servir à former le même argument en x dans la résultante. Or, pour obtenir la puissance $x^{abc\ldots k-1}$, il suffira de conserver, dans chaque lettre qui entre dans un terme de la résultante, la puissance la plus haute de x, excepté dans une, où l'on prendra la puissance immédiatement inférieure ; ce qui exigera simplement de remplacer le coefficient $a_{p,q,r\ldots}$ par $a_{p-1,q,r\ldots}$, dont est affectée une puissance de x inférieure d'une unité.

Par conséquent, en appelant $(A_l)_{-x}$, $(A_l)_{-y}$, ... $(A_l)_{-u}$ les résultats respectifs de ces opérations, on aura les valeurs suivantes des termes en question :

$$(2)\quad \begin{cases} l^{\overset{\wp-1}{}}_{0,0\ldots 0,l}\, l_{1,0\ldots 0,l-1}\, A^{\overset{l-1}{}}_l\, (A_l)_{-x}, \\[2mm] l^{\overset{\wp-1}{}}_{00\ldots 0,l}\, l_{010\ldots 0,l-1}\, A^{\overset{l-1}{}}_l\, (A_l)_{-y}, \\[2mm] \cdots\cdots\cdots\cdots\cdots \\[2mm] l^{\overset{\wp-1}{}}_{0,0\ldots 0,l}\, l_{0,0\ldots 1,l-1}\, A^{\overset{l-1}{}}_l\, (A_l)_{-u}. \end{cases}$$

Il sera encore aisé de voir que les termes dépendant des fonctions

$$\sum \frac{x_1 x_2 \ldots x_\rho}{x_i}, \qquad \sum \frac{y_1 y_2 \ldots y_\rho}{y_i}, \text{ etc.,}$$

fourniront dans la résultante les termes

$$(3) \quad \left\{ \begin{array}{l} l_{10\ldots0,l-1}^{\rho-1} \, l_{00\ldots0l} \, A_l^{\,l-1} \, (A_x)_x, \\[1ex] l_{010\ldots0,l-1}^{\rho-1} \, l_{00\ldots0l} \, A_l^{\,l-1} \, (A_y)_y, \\[1ex] \cdot \quad \cdot \quad \cdot \quad \cdot \quad \cdot \quad \cdot \quad \cdot \quad \cdot \\[1ex] l_{00\ldots0l-1}^{\rho-1} \, l_{00\ldots0l} \, A_l^{\,l-1} \, (A_u)_u, \end{array} \right.$$

en appelant

$$(A_x)_x, \quad (A_y)_y, \quad \ldots (A_u)_u$$

les résultats des opérations faites avec les symboles

$$\sum a_{p+1,q,r\ldots} \partial a_{p,q,r\ldots}, \quad \sum a_{p,q+1,r\ldots} \partial a_{p,q,r\ldots}, \quad \ldots \sum a_{p,q,r\ldots s+1,l} \partial a_{p,q,r\ldots}$$

sur les fonctions A_x, A_y, $\ldots A_u$.

En joignant les termes (2) et (3) à ceux du second membre de l'équation (1), on aura déjà formé une partie de la résultante. Si ensuite on échange dans les termes deux à deux, soit les indices, soit les lettres, on connaîtra une plus grande quantité de termes. Mais si l'on continuait à suivre ce procédé, on s'apercevrait bientôt, par les calculs rebutants qu'entraînent les fonctions symétriques multiples, qu'il est presque impossible en pratique. Il sera donc préférable d'employer la méthode logarithmique que Lagrange avait déjà donnée pour le cas d'une variable, et qui réduit les calculs à ceux des fonctions symétriques simples. Observons, à cet effet, que de l'équation (4) du paragraphe précédent on tire

$$\log R = l \log A_l + \log \varphi_l(x_1 y_1 \ldots u_1) + \log \varphi_l(x_2 y_2 \ldots u_2) + \ldots$$

Développant chaque logarithme, on obtiendra

$$\log R = l \log A_l + \Sigma C_{pqr\ldots s} [\Sigma x^p y^q z^r \ldots u^s],$$

où $C_{pqr\ldots s}$ désigne une certaine fonction des coefficients de φ_l, et la quantité sous parenthèse une fonction symétrique simple des solutions communes, qu'on pourra plus aisément calculer. Alors, en posant

$$r = \Sigma C_{pqr\ldots s}\left[\Sigma x^p y^q z^r \ldots u^s\right],$$

on aura la valeur de R par la série

$$R = A_l\left[1 + r + \frac{r^2}{1.2} + \frac{r^3}{1.2.3} + \ldots\right],$$

pourvu que l'on néglige, dans le développement des fonctions r, les termes dont le degré dépassera celui que doit avoir la résultante.

§ III.

Méthode de Bezout.

Quoique cette méthode ait le défaut d'introduire des facteurs étrangers dans la résultante, le principe sur lequel elle repose mérite de ne pas être oublié. Peut-être pourra-t-il un jour conduire à de meilleurs résultats, comme l'a déjà fait M. Silvester pour le cas de trois équations. Dans cette méthode, on se propose d'obtenir, au moyen des équations données, un système d'équations tel, que leur nombre soit précisément égal au nombre des coefficients arbitraires qu'elles sont amenées à contenir. Alors on comprend qu'en éliminant ces coefficients arbitraires, on obtiendra la résultante que l'on cherchait.

A cet effet, on multiplie chaque équation φ_a par un polynome Φ_a à coefficients arbitraires tellement choisis que la somme des produits ainsi obtenus soit égale à zéro. Soit F cette somme, on aura

$$(1) \qquad F = \Phi_a\varphi_a + \Phi_b\varphi_b + \Phi_c\varphi_c + \ldots + \Phi_l\varphi_l = 0.$$

Égalons à zéro les coefficients de tous les arguments de F, dont nous appellerons δ le degré ; on obtiendra entre les coefficients arbitraires un nombre

$$(2) \qquad N = \frac{(\delta+1)(\delta+2)\ldots(\delta+\lambda-1)}{1.2.3\ldots(\lambda-1)}$$

d'équations linéaires. Lorsque l'élimination des coefficients arbitraires compris dans ces N équations sera possible, les équations proposées φ admettront évidemment une solution commune ; car alors une équation quelconque φ_a sera la conséquence des autres. Ainsi la résultante, ou la condition de la coexistence des équations proposées, dépendra de la condition de la coexistence des équations N, c'est-à-dire de leur résultante. Tout se réduit donc à éliminer les variables d'un système d'équations linéaires données. Si le nombre des coefficients arbitraires qui figurent dans les N équations linéaires était égal au nombre de ces mêmes équations, la résultante en serait bientôt connue. Mais il est généralement impossible d'égaliser ces deux nombres; ainsi, on ne peut se proposer que d'assigner la valeur la plus convenable au degré ∂ de F, pour que la différence entre ces deux nombres soit la moindre possible.

On peut poser, d'après Bezout,

$$(3) \qquad \partial = a + b + c + \ldots + l - (\lambda - 1),$$

en appelant, comme avant, a, b, c, ... les degrés des équations φ_a, φ_b, φ_c, ..., et λ leur nombre. Il est d'ailleurs assez naturel de prendre les degrés des fonctions Φ_a, Φ_b, Φ_c, ... égaux respectivement à $\partial - a$, $\partial - b$, $\partial - c$, ..., afin de donner aux produits $\Phi\varphi$ le même degré. On s'assurera facilement que par cette valeur de ∂ le nombre des coefficients arbitraires sera bien plus grand que celui des équations de condition, mais non inférieur; autrement, l'élimination serait impossible. Supposons, par exemple, $\lambda = 4$. Le raisonnement que nous faisons dans ce cas s'appliquera aisément à un cas quelconque. Le nombre des coefficients arbitraires est, d'une part, la somme des arguments des fonctions Φ, à savoir :

$$\frac{1}{1.2.3} \sum (s - a - 2)(s - a - 1)(s - a),$$

en posant, pour abréger, $s = a + b + c + d$, et en faisant successivement $a = a$, $= b$, $= c$, $= d$; d'autre part, le nombre des équations de condition est égal au nombre des arguments de la fonction F, c'est-à-dire à

$$\frac{1}{1.2.3}(s - 2)(s - 1).s ;$$

il s'agira de prouver que le premier nombre est plus grand que le second, ou que

$$\left.\begin{array}{l}(a+b+c-2)(a+b+c-1)(a+b+c)\\+(a+b+d-2)(a+b+d-1)(a+b+d)\\+(a+c+d-2)(a+c+d-1)(a+c+d)\\+(b+c+d-2)(b+c+d-1)(b+c+d)\end{array}\right\} > \begin{array}{c}(a+b+c+d-2)(a+b+c+d-2)\\(a+b+c+d).\end{array}$$

Or, quels que soient les termes littéraux qu'on choisisse dans les trois facteurs du second membre, par exemple, abd, b^2d, ..., pour les multiplier ensemble, il est évident qu'ils se trouveront reproduits au moins une fois dans un des quatre produits formés par les combinaisons trois à trois des degrés a, b, c, d. Car, en formant un terme du second membre, on ne fait que former une des combinaisons avec ou sans répétition des quatre quantités a, b, c, d prises trois à trois, lesquelles se trouvent déjà toutes faites dans le premier membre. Mais il est évident que les combinaisons avec répétition se trouveront un plus grand nombre de fois dans le premier membre que dans le second ; ainsi l'inégalité susdite aura bien certainement lieu.

Les transformations suivantes confirmeront davantage ce que nous venons de dire. On a pour $\lambda = 4$:

$$\Sigma (s-a-2)(s-a-1)(s-a)$$
$$=(s-2)(s-1)s+(s-2)\Sigma a(a-1)+(s-1)\Sigma a(a-2)+\Sigma a^2(s-a),$$

et pour $\lambda = 5$,

$$\Sigma (s-a-3)(s-a-2)(s-a-1)(s-a)$$
$$=(s-3)(s-2)(s-1)s+(s-3)(s-2)\Sigma a(a-1)+(s-3)(s-1)\Sigma a(a-2)$$
$$+(s-2)(s-1)\Sigma a(a-3)+\Sigma a^2(s-a)\{3(s-2)-a\};$$

d'où l'on voit qu'au delà de a, etc. $=2$, ou $=3$, les premiers membres seront toujours plus grands que les premiers termes des seconds (*).

<hr>

(*) M. Cayley a généralisé cette propriété, et il a trouvé qu'en posant, pour abréger,

$$s=a_1+a_2+\ldots+a_\lambda,$$
$$A=[s]^{\lambda-1},\quad B=\Sigma[s-a_i]^{\lambda-1},\quad C=\Sigma\Sigma[s-a_i-a_j]^{\lambda-1},\text{ etc.},$$

on a

$$A-B+C-D+E-\text{etc.}=0,$$
$$B-C+D-E+\text{etc.}>0,$$
$$C-D+E-\text{etc.}\ldots>0,$$
$$D-E+\text{etc.}\ldots\ldots>0.$$

On aura ainsi généralement

$$(4) \quad \frac{1}{1.2.3...(\lambda-1)} \sum (s-a-\lambda+2)(s-a-\lambda+3)...(s-a) > \frac{(s-\lambda+2)(s-\lambda+3)...s}{1.2.3...(\lambda-1)}.$$

En supposant maintenant que la résultante des équations linéaires ait été obtenue, il nous reste encore à vérifier si le degré de cette fonction sera au moins non inférieur au degré que doit avoir la résultante des équations proposées, à savoir :

$$\pi \left(\frac{1}{a} + \frac{1}{b} + ... + \frac{1}{l} \right) ;$$

et à vérifier, par conséquent, si la valeur de ∂ a été convenablement choisie. Or, le degré de la résultante des équations linéaires étant égal à leur nombre, l'inégalité qu'il s'agit de prouver se réduit à celle-ci :

$$(5) \quad \frac{(s-\lambda+2)(s-\lambda+3)...(s-1)s}{1.2.3...(\lambda-1)} > \pi \left(\frac{1}{a} + \frac{1}{b} + ... + \frac{1}{l} \right).$$

C'est ce qui se rendra très-évident en mettant cette inégalité sous la forme suivante :

$$\left\{ D_x^{\lambda-1} \left[(1+x)^s - (1+ax)(1+bx)(1+cx)...(1+lx) \right] \right\}_{=0} > 0,$$

et en observant qu'on a toujours

$$(1+x)^s = (1+ax+...)(1+bx+...)...(1+lx+...) > (1+ax)...(1+lx).$$

Supposons donc que l'on ait adopté la valeur (3) de ∂. Il y aura dans les

$$N = \frac{(s-\lambda+2)(s-\lambda+3)...(s-1)s}{1.2.3...(\lambda-1)}$$

équations un nombre de coefficients inutiles indiqué par l'excès du premier membre de l'inégalité (5) sur le second. Soit E cet excès. Ces coefficients étant tout à fait arbitraires, on pourra s'en servir pour rendre le nombre des équations égal à celui des coefficients à éliminer, soit en les annulant, soit en les assujettissant à E équations de condition nouvelles et entièrement arbitraires. A l'aide de ces nouvelles équations, qu'on établira en plus des premières N équations de condition, on pourra le plus souvent abréger les calculs, à cause de la symétrie des calculs, lesquels feront ressortir immédiatement les facteurs étrangers au résultat final de l'élimination. C'est dans la recherche de ce facteur étranger, d'autant plus pénible que son degré sera plus grand, que consistent la difficulté et le défaut de la méthode. Afin de diminuer ce degré ou cet excès, il conviendra donc de prendre pour ∂ le nombre le plus petit possible propre à satisfaire aux deux inégalités

$$\sum(\partial-a+2)(\partial-a+2)...(\partial-a+\lambda-1)>(\partial+1)(\partial+2)...(\partial+\lambda-1)$$
$$>\pi\left(\frac{1}{a}+\frac{1}{b}+...+\frac{1}{l}\right),$$

en se rappelant que, d'après ce qui précède, la limite supérieure de ce nombre sera $\partial-\lambda+1$.

Ainsi, pour $a=b=c=d=3$, $\lambda=4$, cette limite serait 9 ; cependant, en prenant $\partial=7$, on trouve encore

$$\frac{4}{1.2.3}\,5.6.7>\frac{8.9.10}{1.2.3}>4.27.$$

Si l'on prenait, au contraire, $\partial=6$, on aurait

$$\frac{4}{1.2.3}\,4.5.6<\frac{7.8.9}{1.2.3}<4.27,$$

et, par conséquent, on ne pourrait rien obtenir. Dans le premier cas, le facteur étranger sera de degré $120-108=12$.

Supposons encore $a=b=c=d=2$. On prendra $\partial=4$ au lieu de $\partial=5$, que donnerait la formule (3), et le facteur étranger se réduira à n'être que du troisième degré.

§ IV.

Méthode de Sylvester.

Les quelques mots que nous allons donner sur cette méthode seront assez compris, si l'on se rappelle ce que nous avons déjà écrit, au § IV, chap. II, deuxième partie, sur ce sujet.

Cette méthode, comme on aura remarqué, a pour but de déduire des équations proposées des équations telles, que le nombre des arguments qui y figurent soit égal au nombre des équations et au degré de la résultante. Alors, en traitant les arguments comme des variables d'un système linéaire d'équations, on aura par leur élimination l'expression de la résultante sous forme de déterminant.

A cet effet, on multiplie chaque équation φ_a par un augmentatif

$$x^p y^q z^r \dots v^t. \quad (p+q+r+\dots+t=\delta-a),$$

et l'on forme autant de ces produits qu'il est nécessaire pour que le nombre des augmentatifs

$$\sum \frac{(\delta-a+1)(\delta-a+2)\dots(\delta-a+1)}{1.2.3\dots(\lambda-1)},$$

qui sera le nombre même des équations, devienne égal au nombre des arguments contenus dans une équation de degré δ, ou

$$\frac{(\delta+1)(\delta+2)\dots(\delta+\lambda-1)}{1.2.3\dots(\lambda-1)}.$$

On voit immédiatement que cette méthode, sauf à remplacer les augmentatifs par des coefficients arbitraires, ressemble beaucoup à celle de Bezout. Mais elle a sur celle-ci l'avantage de pouvoir être appliquée plus aisément à la recherche de la résultante, en tirant parti des propriétés de la résultante elle-même, dont nous parlerons ensuite, ou de nouvelles équations que l'on peut déduire en combinant convenablement les équations proposées.

Soient, par exemple, les équations

$$\varphi_0 = ax^2 + by^2 + cz^2 + du^2 + 2exy + 2fxz + 2gxu + 2hyz + 2kyu + 2lzu = 0,$$
$$\varphi_1 = a'x^2 + b'y^2 + c'z^2 + d'u^2 + 2e'xy + 2f'xz + 2g'xu + 2h'yz + 2k'yu + 2l'zu,$$
$$\varphi_2 = a''x^2 + b''y^2 + c''z^2 + d''u^2 + 2e''xy + 2f''xz + 2g''xu + 2h''yz + 2k''yu + 2l''zu,$$
$$\varphi_3 = a'''x^2 + b'''y^2 + c'''z^2 + d'''u^2 + 2ex'''y + 2f'''xz + 2g'''xu + 2h'''yz + 2k'''yu + 2l'''zu,$$

de second degré à quatre variables.

D'après le théorème de Hess, qu'on trouvera démontré au chapitre III, les dérivées partielles

$$\frac{d\Delta}{dx}, \quad \frac{d\Delta}{dy}, \quad \frac{d\Delta}{dz}, \quad \frac{d\Delta}{du}$$

du déterminant

$$\Delta = \begin{vmatrix} \dfrac{d\varphi_0}{dx}, & \dfrac{d\varphi_0}{dy}, & \dfrac{d\varphi_0}{dz}, & \dfrac{d\varphi_0}{du} \\[2mm] \dfrac{d\varphi_1}{dx}, & \dfrac{d\varphi_1}{dy}, & \dfrac{d\varphi_1}{dz}, & \dfrac{d\varphi_1}{du} \\[2mm] \dfrac{d\varphi_2}{dx}, & \dfrac{d\varphi_2}{dy}, & \dfrac{d\varphi_2}{dz}, & \dfrac{d\varphi_2}{du} \\[2mm] \dfrac{d\varphi_3}{dx}, & \dfrac{d\varphi_3}{dy}, & \dfrac{d\varphi_3}{dz}, & \dfrac{d\varphi_3}{du} \end{vmatrix}$$

s'annulent en même temps que les équations proposées. Or, ces dérivées sont de troisième degré par rapport aux variables, et de quatrième par rapport aux coefficients. En multipliant donc les proposées par les augmentatifs x, y, z, u, on formera avec les dérivées un système de $16+4=20$ équations de troisième degré, qui comprendront précisément $\dfrac{4.5.6}{1.2.3}=20$ arguments. D'ailleurs, la résultante qu'on obtiendra en éliminant les arguments sera de degré $16+4.4=32=4.2^3$, qui est celui de la résultante des équations proposées.

En désignant ainsi, en général, par le symbole $(abcd)$ le déterminant

$$\begin{vmatrix} a & b & c & d \\ a' & b' & c' & d' \\ a'' & b'' & c'' & d'' \\ a''' & b''' & c''' & d''' \end{vmatrix}$$

et en posant

$$a_1 = (aefg) \qquad a_2 = -(behk) \qquad a_3 = (cfhl) \qquad a_4 = -(dgkl)$$
$$a_5 = (aefk) - (aegh) + (abfg) \qquad a_6 = (aefl) - (aceg) + (afgh)$$
$$a_7 = (adef) - (aegl) + (afgk) \qquad a_8 = (begh) - (befk) + (abhk)$$
$$a_9 = (bcek) - (behl) + (cehk) \qquad a_{10} = (bdeh) - (bghk) + (bekl)$$
$$a_{11} = (achl) - (cefl) + (cfhg) \qquad a_{12} = (bcfl) + (cehl) + (cfhk)$$
$$a_{13} = (cdfh) + (efkl) + (cghl) \qquad a_{14} = (adkl) - (dfgk) + (degl)$$
$$a_{15} = -(bdgl) + (dghk) - (dekl) \qquad a_{16} = -(dfkl) + (cdgk) - (dghl)$$
$$a_{17} = (aehk) + (abfk) - (abgh) - (befg)$$
$$a_{18} = -(aecl) - (afhl) - (cefg) + (ahcg)$$
$$a_{19} = (adel) + (agkl) + (defy) - (adfk)$$
$$a_{20} = (bcek) + (cehk) + (bcfk) - (bfhl)$$
$$a_{21} = (dehk) + (bgkl) + (bdgh) - (bdkl)$$

$$a_{22}=-(cdfk)-(cdgh)-(dfhl)+(cgkl)$$
$$a_{23}=(abcg)+(aehl)+(abfl)-(acek)-(afhk)+2(efgh)$$
$$a_{24}=(adeh)+(aghk)-aekl+(abdf)-(abgl)+(fegk)$$
$$a_{25}=(acde)+(aghl)+(acgk)-(adfh)-(afkl)+2(efgl)$$
$$a_{26}=(befl)+(bceg)+(abhl)+(bfgh)+(abck)-2efhk$$
$$a_{27}=(begl)+(bfgk)-(bdef)-(abdh)-(abkl)-2(eghk)$$
$$a_{28}=(bcgk)-(bcde)-(bdfh)-(bghl)+bfkl-2(ehkl)$$
$$a_{29}=(abcl)+(bcfg)-(cefk)-(achk)-(cehg)-2efhl$$
$$a_{30}=-(acdh)-(akcl)-(cdef)-(cegl)-(cfgk)+2(fghl)$$
$$a_{31}=(cghk)+(bcgl)+(cekl)-(bcdf)-(cdeh)-2(fhkl)$$
$$a_{32}=(defk)+(degh)+(bdfg)-adhk-abdl+2(egkl)$$
$$a_{33}=(acdk)+(adhk)+(defl)-(dceg)-(dghl)+2(fgkl)$$
$$a_{34}=(dfhk)-(bdfl)-(bcdg)-(cdek)-(dehl)-2(ghkl)$$
$$a_{35}=(abcd)-2(ahkl)-2(efkl)+2(defh)+2(eghl)+2(cegk)+2(bfgl)+2(fghk),$$

la résultante sera le déterminant qui suit, en supposant que les places vides soient remplies par des zéros :

x^3	y^3	z^3	u^3	x^2y	x^2z	x^2u	y^2x	y^2z	y^2u	z^2x	z^2y	z^2u	u^2x	u^2y	u^2z	xyz	xyu	xzu	yzu
a				$2e$	$2f$	$2g$	b			c			d			$2h$	$2k$	$2l$	
a'				$2e'$	$2f'$	$2g'$	b'			c'			d'			$2h'$	$2k'$	$2l'$	
a''				$2e''$	$2f''$	$2g''$	b''			c''			d''			$2h''$	$2k''$	$2l''$	
a'''				$2e'''$	$2f'''$	$2g'''$	b'''			c'''			d'''			$2h'''$	$2k'''$	$2l'''$	
	b			a			$2e$	$2h$	$2k$		c			d		$2f$	$2g$		$2l$
	b'			a'			$2e'$	$2h'$	$2k'$		c'			d'		$2f'$	$2g'$		$2l'$
	b''			a''			$2e''$	$2h''$	$2k''$		c''			d''		$2f''$	$2g''$		$2l''$
	b'''			a'''			$2e'''$	$2h'''$	$2k'''$		c'''			d'''		$2f'''$	$2g'''$		$2l'''$
		c			a			b		$2f$	$2h$	$2l$			d	$2e$		$2g$	$2k$
		c'			a'			b'		$2f'$	$2h'$	$2l'$			d'	$2e'$		$2g'$	$2k'$
		c''			a''			b''		$2f''$	$2h''$	$2l''$			d''	$2e''$		$2g''$	$2k''$
		c'''			a'''			b'''		$2f'''$	$2h'''$	$2l'''$			d'''	$2e'''$		$2g'''$	$2k'''$
			d			a			b			c	$2g$	$2k$	$2l$		$2e$	$2f$	$2h$
			d'			a'			b'			c'	$2g'$	$2k'$	$2l'$		$2e'$	$2f'$	$2h'$
			d''			a''			b''			c''	$2g''$	$2k''$	$2l''$		$2e''$	$2f''$	$2h''$
			d'''			a'''			b'''			c'''	$2g'''$	$2k'''$	$2l'''$		$2e'''$	$2f'''$	$2h'''$
$4a_1$	a_8	a_{11}	a_{14}	$3a_5$	$3a_6$	$3a_7$	$2a_{11}$	a_{26}	a_{27}	$2a_{18}$	a_{29}	a_{30}	$2a_{19}$	a_{32}	a_{33}	$2a_{23}$	$2a_{24}$	$2a_{25}$	a_{35}
a_1	$4a_2$	a_{12}	a_{13}	$2a_{17}$	a_{23}	a_{24}	$3a_8$	$3a_9$	$3a_{10}$	a_{29}	$2a_{20}$	a_{31}	a_{32}	$2a_{24}$	a_{34}	$2a_{26}$	$2a_{27}$	a_{33}	$2a_{28}$
a_6	a_9	$4a_3$	a_{16}	a_{23}	$2a_{18}$	a_{25}	a_{26}	$2a_{20}$	a_{28}	$3a_{11}$	$3a_{12}$	$3a_{15}$	a_{23}	a_{34}	$2a_{22}$	$2a_{20}$	a_{33}	$2a_{30}$	$2a_{31}$
a_7	$3a_{10}$	$3a_{13}$	$4a_4$	a_{24}	a_{25}	$2a_{19}$	a_{27}	a_{28}	$2a_{21}$	a_{27}	a_{28}	$2a_{22}$	$3a_{14}$	$3a_{15}$	$3a_{16}$	a_{35}	$2a_{32}$	$2a_{33}$	$2a_{34}$

De là il est aisé de voir que la résultante sera une fonction linéaire de produits de huit déterminants formés par quatre colonnes quelconques des coefficients des équations proposées, soumis pourtant à la loi de l'équipollence. Un, par exemple, de ces produits sera un quelconque du produit

$$(abcd)^4 \begin{vmatrix} 2a_{23} & 2a_{24} & 2a_{25} & a_{35} \\ 2a_{26} & 2a_{27} & a_{35} & 2a_{28} \\ 2a_{29} & a_{35} & 2a_{30} & 2a_{31} \\ a_{35} & 2a_{32} & 2a_{33} & 2a_{34} \end{vmatrix}$$

Soient encore, comme exemple, les équations

$$x+y+z=0, \quad x^4=a, \quad y^4=b, \quad z^4=c.$$

On trouvera que leur résultante peut se mettre sous la forme d'un déterminant, ainsi qu'il suit :

R =

y^2z	yz^2	x^2z	xz^2	x^2y	xy^2	x^3	y^3	z^3	x^3y^3z	x^3z^3y	y^3z^3x	$x^3y^2z^2$	$y^2x^3z^2$	$z^3x^2y^2$	xyz
				1	1										1
1	1														1
		1	1												1
		1		1		1									
1					1		1								
	1		1					1							
												1	1	1	
						b	a		1						
						c		a		1					
							c	b			1				
a									1			1			
	a									1		1			
		b								1			1		
			b								1		1		
				c						1	1				
					c							1			1

en sous-entendant que les places vides soient comblées par des zéros. Les produits marqués dessus servent à vérifier la provenance des éléments du déterminant.

CHAPITRE III.

PROPRIÉTÉS DE LA RÉSULTANTE.

PREMIER THÉORÈME. *Étant données λ équations homogènes entre λ variables* x, y, z, ... v,

$$(1)\quad \begin{cases} \varphi_a = \sum a_{p,q,r,\ldots t}\, x^p y^q z^r \ldots v^t, \\[4pt] \varphi_b = \sum b_{p,q,r,\ldots t}\, x^p y^q z^r \ldots v^t, \\[4pt] \varphi_c = \sum c_{p,q,r,\ldots t}\, x^p y^q z^r \ldots v^t, \\[4pt] \cdots\cdots\cdots\cdots\cdots\cdots \\[4pt] \varphi_l = \sum l_{p,q,r,\ldots t}\, x^p y^q z^r \ldots v^t, \end{cases}$$

de degré a, b, c, ... l *respectivement, leur résultante* R *satisfera aux* $\dfrac{\lambda(\lambda+1)}{2}$ *équations aux dérivées partielles de la forme*

$$(2)\quad \sum \frac{dR}{da_{p,q,r,\ldots t}}\,\partial_{xy} a_{p,q,r,\ldots t} + \sum \frac{dR}{db_{p,q,r,\ldots t}}\,\partial_{xy} b_{p,q,r,\ldots t}$$
$$+\sum \frac{dR}{dc_{p,q,r,\ldots t}}\,\partial_{xy} c_{p,q,r,\ldots t} + \ldots + \sum \frac{dR}{dl_{p,q,r,\ldots t}}\,\partial_{xy} l_{p,q,r,\ldots t} = 0.$$

$\partial_{xy} a_{p,q,r\ldots}$ *étant le coefficient de* ε *dans l'accroissement que reçoit le coefficient* $a_{p,q,r\ldots}$, *lorsqu'on change dans les équations proposées* x *en* $x+\varepsilon y$, *et* xy *désignant une quelconque des combinaisons que l'on peut faire deux à deux des* λ *variables.*

Posons, en effet, $x = x' + \varepsilon y$ dans les équations susdites ; elles se transformeront dans les suivantes :

$$(3)\quad \begin{cases} \Phi_a = \sum A_{p,q,r,\ldots t}\, x'^p y^q z^r \ldots v^t, \\[4pt] \Phi_b = \sum B_{p,q,r,\ldots t}\, x'^p y^q z^r \ldots v^t, \\[4pt] \Phi_c = \sum C_{p,q,r,\ldots t}\, x'^p y^q z^r \ldots v^t, \\[4pt] \cdots\cdots\cdots\cdots\cdots\cdots \\[4pt] \Phi_l = \sum L_{p,q,r,\ldots t}\, x'^p y^q z^r \ldots v^t, \end{cases}$$

$\mathbf{A}$, $\mathbf{B}$, $\mathbf{C}$, ... $\mathbf{L}$ étant des fonctions des mêmes coefficients, de la forme

$$(4) \quad \begin{cases} \mathrm{A} = a_{p,q,r,\ldots t} + \partial^{(1)} a_{p,q,r,\ldots t}\,\varepsilon + \partial^{(2)} a_{p,q,r,\ldots t}\,\varepsilon^2 \ldots, \\ \mathrm{B} = b_{p,q,r,\ldots t} + \partial^{(1)} b_{p,q,r,\ldots t}\,\varepsilon + \partial^{(2)} b_{p,q,r,\ldots t}\,\varepsilon^2 \ldots, \\ \cdot\ \cdot\ \cdot\ \cdot\ \cdot\ \cdot\ \cdot\ \cdot\ \cdot\ \cdot\ \cdot\ \cdot\ \cdot\ \cdot\ \cdot\ \cdot \\ \mathrm{L} = l_{p,q,r,\ldots t} + \partial^{(1)} l_{p,q,r,\ldots t}\,\varepsilon + \partial^{(2)} l_{p,q,r,\ldots t}\,\varepsilon^2 \ldots, \end{cases}$$

où $\qquad \partial^{(i)} a_{p,q,r,\ldots t}, \quad \partial^{(i)} b_{p,q,r,\ldots t}, \quad \partial^{(i)} l_{p,q,r,\ldots t}$

désignent en général les coefficients de ε^i dans les expressions des nouveaux coefficients.

La résultante R, qui était par hypothèse représentée par la fonction

$$\mathrm{F}(a_{p,q,r,\ldots t},\ b_{p,q,r,\ldots t},\ c_{p,q,r,\ldots t},\ l_{p,q,r,\ldots t}),$$

deviendra

$$\mathrm{F}(\mathrm{A}_{p,q,r,\ldots t},\ \mathrm{B}_{p,q,r,\ldots t},\ \mathrm{C}_{p,q,r,\ldots t},\ \mathrm{L}_{p,q,r,\ldots t})$$

et sera, par conséquent, de la forme

$$\mathrm{R} + \partial^{(1)}\mathrm{R}\,\varepsilon + \partial^{(2)}\mathrm{R}\,\varepsilon^2 + \ldots,$$

où l'on a en particulier pour le coefficient de ε.

$$(5) \quad \partial^{(1)}\mathrm{R} = \sum \frac{d\mathrm{R}}{da_{p,p,r,\ldots t}} \partial^{(1)} a_{p,q,r,\ldots t} + \sum \frac{d\mathrm{R}}{db_{p,q,r,\ldots t}} \partial^{(1)} b_{p,q,r,\ldots t}$$
$$+ \sum \frac{d\mathrm{R}}{dc_{p,q,r,\ldots t}} \partial^{(1)} c_{p,q,r,\ldots t} + \ldots + \sum \frac{d\mathrm{R}}{dl_{p,q,r,\ldots t}} \partial^{(1)} l_{p,q,r,\ldots t},$$

et $\qquad \partial^{(1)} a_{p,q,r,\ldots t}$ en général $= (p+1)\,a_{p+1,\ q-1,\ r\ldots t}.$

Supposons maintenant que le système $(x_k, y_k, z_k, \ldots v_k)$ de valeurs particulières attribuées aux variables $x, y, z, \ldots v$ soit propre à vérifier les équations (1), on aura dans cette hypothèse

$$(6) \qquad\qquad\qquad \mathrm{R} = 0.$$

Mais le système $(x_k + \varepsilon y_k, y_k, z_k, \ldots, v_k)$ sera encore propre à vérifier les équations transformées (3), et, par conséquent, on aura encore

$$\mathrm{R} + \partial^{(1)}\mathrm{R}\,\varepsilon + \partial^{(2)}\mathrm{R}\,\varepsilon^2 + \ldots = 0,$$

ou bien, en vertu de l'équation (6),

$$\partial^{(1)}\mathrm{R} + \partial^{(2)}\varepsilon + \ldots = 0\,;$$

et, comme la quantité ε est quelconque, il faudra que

$$(7) \qquad\qquad\qquad \partial^{(1)}\mathrm{R} = 0.$$

Ainsi, la résultante R devra satisfaire à l'équation aux dérivées partielles fournie par le second membre de l'équation (5) égalée à zéro. Si l'on avait changé y en $y + \varepsilon x$, on aurait obtenu une autre équation aux dérivées partielles, laquelle, ne différant de la première que par l'échange des deux premiers indices dans les coefficients x, ce qui (voir page 180) n'altère pas la résultante, n'offrirait aucune équation nouvelle de condition différente de celles que fournirait la première équation aux dérivées partielles, que nous avons déjà considérée. Ainsi, le nombre des équations aux dérivées partielles indépendantes sera égal au nombre des combinaisons des λ variables deux à deux, c'est-à-dire à $\dfrac{\lambda(\lambda+1)}{2}$.

DEUXIÈME THÉORÈME. *Les arguments formés avec les solutions communes sont proportionnels aux dérivées de la résultante prises par rapport aux coefficients respectifs de ces arguments dans une même équation, c'est-à-dire qu'en appelant* x, y, z, ... v *les solutions communes, on a*

$$(8) \qquad x^p y^q z^r \ldots v^t : x^{p'} y^{q'} z^{r'} v^{t'} : : \frac{dR}{da_{pqr\ldots t}} : \frac{dR}{da_{p'q'r'\ldots t'}}.$$

Posons, pour abréger, $a_{p,q,r,\ldots t} = a$, $a_{p',q',r',\ldots t'} = a'$. Il est clair qu'on pourra donner à a et à a' les accroissements ∂a, $\partial a'$, sans que les x, y, z, ... v cessent d'être des solutions communes de l'équation $\varphi_a = 0$, pourvu qu'on les assujettisse à la condition

$$(9) \qquad \partial a\, x^p y^q z^r \ldots v^t + \partial a'\, x^{p'} y^{q'} z^{r'} \ldots v^{t'} = 0.$$

Alors la résultante formée avec les nouveaux coefficients continuera de s'annuler, et il faudra que

$$(10) \qquad \partial a\, \frac{dR}{da} + \partial a'\, \frac{dR}{da'} = 0.$$

De ces deux équations (9) et (10) on tire évidemment la proposition énoncée. Cette démonstration très-simple est due à M. Schlæffli.

Remarque. Lorsque les fonctions φ_a, φ_b, etc., sont les dérivées $\dfrac{d\varphi}{dx}$, $\dfrac{d\varphi}{dy}$, etc., d'une même fonction φ, et qu'elles s'annulent, les arguments de la fonction φ sont proportionnels aux dérivées de la résultante prises par rapport aux coefficients correspondant à ces arguments. En effet, dans notre hypothèse, la fonction φ devra encore s'annuler, et, par conséquent, les deux équations (9) et (10) continuant dans ce cas à subsister, la proportion (8), qui en est la conséquence, aura encore lieu.

Troisième théorème. *Si dans l'équation proposée on remplace les variables par des fonctions homogènes d'autres variables* x', y', z', ... v' *définies par les équations*

$$(11) \quad \begin{cases} x = \psi_1(x'y'z'...v'), \\ y = \psi_2(x'y'z'...v'), \\ \cdot\ \cdot\ \cdot\ \cdot\ \cdot\ \cdot\ \cdot\ \cdot\ \cdot \\ v = \psi_\lambda(x'y'z'...v'), \end{cases}$$

de sorte que les équations proposées deviennent respectivement

$$(12) \qquad \Phi_a = 0, \quad \Phi_b = 0, \quad \Phi_c = 0, \quad ... \quad \Phi_l = 0,$$

en appelant R' *la résultante de ces équations et* R *celle des équations*

$$(13) \qquad \psi_1 = 0, \quad \psi_2 = 0, \quad \psi_3 = 0, \quad ... \quad \psi_\lambda = 0,$$

on aura

$$(14) \qquad\qquad\qquad R' = R^r R'^{r'},$$

r et r' étant des exposants à déterminer dans chaque cas particulier.

Pour le démontrer, nous poserons d'abord un lemme qui, bien qu'évident par lui-même, mérite cependant quelques instants d'attention.

Lemme. *Si les équations proposées* (1) *ont ou n'ont pas une solution commune, elles continueront à l'avoir ou à ne pas l'avoir, quelque transformation que l'on opère sur les variables.*

En effet, étant donné un système de valeurs

$$x,\ y,\ z,$$

on pourra toujours trouver un autre système de valeurs

$$x',\ y',\ z',\ ...$$

par lequel les équations (11) seront satisfaites. Puis donc que ces valeurs $x'y'z'...$ reproduisent les anciennes $x,\ y,\ z,\ ...$, elles seront évidemment des solutions ou non des équations transformées, suivant que les $x, y, z, \ldots$ seront ou non des solutions des équations primitives (1). Il faut cependant observer que lorsque les équations (11) ne sont pas linéaires, il y aura un nombre déterminé σ de systèmes de valeurs $x', y', z', \ldots$ qui reproduisent le système unique $x, y, z, \ldots$ Alors, en appelant s le nombre des solutions communes aux équations (1), celui des solutions communes aux équations transformées (12) sera σs.

De ce qui précède il suit que les équations primitives φ et les transformées Φ auront en même temps des solutions communes; ce qui ne peut pas avoir lieu sans que leurs résultantes respectives R et R' s'évanouissent simultanément. On aura donc $R'=P.R$, P désignant un facteur à déterminer. D'autre part, les équations transformées Φ et les équations

$$\psi_1 = 0, \quad \psi_2 = 0, \quad \ldots \quad \psi_\lambda = 0$$

pourront être aussi satisfaites simultanément par les valeurs $x', y', z', \ldots$, distinctes de zéro; car il suffira de trouver les solutions communes au système (1) pour que les Φ soient aussi nécessairement satisfaites. On aura ainsi $R'=Q.R$, Q étant un autre facteur à déterminer. Or, des deux équations $R'=PR, =QR$ on déduit évidemment que

$$R'=M.R.R.$$

Observons maintenant que M doit être une fonction de R et de R seulement; car, si elle contenait d'autres fonctions des coefficients φ et ψ différentes de R et de R, on pourrait s'en servir pour annuler R', sans que R et R s'évanouissent; ainsi les transformées auraient des solutions communes, tandis que, comme R et R ne s'annulent pas, elles ne devraient pas en avoir. D'ailleurs, R' est une fonction homogène par rapport aux coefficients de φ et de ψ; donc R' ne pourra être que de la forme

$$R'=R^r R^r,$$

r et r étant des exposants qu'on peut déterminer comme il suit.

Les équations transformées contiennent linéairement les anciens coefficients a, b, c, ... l des équations φ, et au degré a, b, c, ... l respectivement les coefficients des équations ψ de substitution, que nous supposerons de même degré égal à μ. Par conséquent, la résultante R' des équations transformées, qui sera de degré

$$\rho' = \mu^{\lambda-1}\pi\left(\frac{1}{a} + \frac{1}{b} + \frac{1}{c} + ... + \frac{1}{l}\right),$$

contiendra les coefficients a, b, c, ... l au degré ρ' et les coefficients de substitution au degré $\mu\lambda^{\lambda-1}\pi$.

Mais les fonctions R, R sont déjà de degré

$$\pi\left(\frac{1}{a} + \frac{1}{b} + \frac{1}{c} + ... + \frac{1}{l}\right), \quad \lambda\mu^{\lambda-1};$$

donc on aura

$$r = \mu^{\lambda-1}, \quad \mathbf{r} = \pi,$$

et enfin

(15) $$\mathrm{R}' = \mathrm{R}^{\mu^{\lambda-1}} R^{\mathrm{abc...l}}.$$

Mais dans le cas général que nous considérons, il arrive quelque chose de plus. Nous avons vu que si les équations (11) de substitution admettent σ solutions, les transformées des fonctions φ_a, φ_b, φ_c, ... φ_l en admettaient σ, lorsque celles-ci ont une solution, c'est-à-dire si R = 0. Si donc on appelle T le dernier terme de l'une des équations transformées

$$\Phi_a, \quad \Phi_b, \quad \Phi_c, \quad ... \quad \Phi_l,$$

il y aura σ fonctions de la série

$$\mathrm{R}', \quad \frac{d\mathrm{R}'}{d\mathrm{T}}, \quad \frac{d^2\mathrm{R}'}{d\mathrm{T}^2}, \quad \frac{d^3\mathrm{R}'}{d\mathrm{T}^3}, \quad ...,$$

qui s'évanouiront en même temps que R, et seulement quand R s'annule. Ces fonctions contiendront donc une puissance de R en facteur, et l'autre facteur pourra être composé des coefficients des équations proposées, mêlés à ceux de la substitution.

Supposons, par exemple, que dans les équations

$$ax + by = 0,$$
$$cx + dy = 0,$$

on fasse la substitution

$$x = lu^2 + muv + nv^2,$$
$$y = l'u^2 + m'uv + n'v^2;$$

il y aura alors deux fonctions de la série qui s'évanouiront, et l'on aura pour un des deux systèmes

$$R' = (ad - bc)^2 \left[ln' - l'n)^2 - (lm' - ml')(mn' - m'n) \right],$$
$$\frac{dR'}{dT} = (ad - bc) \left[mc + m'd)(lm' - l'm) - 2(cl + dl')(ln' - l'n) \right].$$

En général, on verra facilement que, pour des fonctions à deux variables, le nombre de ces fonctions qui reproduiront une puissance de la résultante est n, n désignant le degré commun des équations de substitution.

Remarque. Lorsque les équations ψ sont linéaires, de la forme

$$(16) \quad \begin{cases} x = a'x' + b'x' + c'z' + \ldots + l'v', \\ y = a''x + b''y' + c''z' + \ldots + l''v', \\ z = a'''x' + b'''y' + c'''z' + \ldots + l'''v', \\ \cdot \cdot \cdot \cdot \cdot \cdot \cdot \cdot \cdot \cdot \cdot \cdot \cdot \\ v = a^{(\lambda)}x' + b^{(\lambda)}y' + c^{(\lambda)}z' + \ldots + l^{(\lambda)}v', \end{cases}$$

on aura

$$(17) \qquad R' = S^{abc\ldots l} R,$$

en appelant S le déterminant

$$(18) \qquad \begin{vmatrix} a' & b' & c' & \ldots & l' \\ a'' & b'' & c'' & \ldots & l'' \\ \cdot & \cdot & \cdot & \ldots & \cdot \\ a^{(\lambda)} & b^{(\lambda)} & c^{(\lambda)} & \ldots & l^{(\lambda)} \end{vmatrix}.$$

On peut facilement vérifier l'équation (17). Si, en effet, dans les équations transformées nous remplaçons les variables x, y, z, … v' par leurs valeurs déduites des équations (16), il faudra retrouver, pour la résultante des nouvelles équations transformées, la fonction R. Or, d'après le théorème ci-dessus, cette résultante, en posant

$$S' = \frac{1}{S^\lambda} \begin{vmatrix} \dfrac{dS}{da'}, & \dfrac{dS}{da''}, & \cdots & \dfrac{dS}{da^{(\lambda)}} \\[2mm] \dfrac{dS}{db'}, & \dfrac{dS}{db''}, & \cdots & \dfrac{dS}{db^{(\lambda)}} \\[2mm] \cdots & \cdots & \cdots & \cdots \\[2mm] \dfrac{dS}{dl'}, & \dfrac{dS}{dl''}, & \cdots & \dfrac{dS}{dl^{(\lambda)}} \end{vmatrix}$$

sera $S'^\pi R$. Mais, d'après une propriété connue de la théorie des déterminants, on a $S' = \frac{1}{S}$. Donc la nouvelle résultante sera

$$\left(\frac{1}{S}\right)^\pi R' = \left(\frac{1}{S}\right)^\pi . S^\pi R = R,$$

ce qu'il fallait démontrer.

QUATRIÈME THÉORÈME. *Étant données des fonctions homogènes définies comme au premier théorème, la résultante des équations*

$$(19) \quad \begin{cases} \Phi_1 = a'\varphi_a + b'\varphi_b + c'\varphi_c + \ldots + l'\varphi_l, \\ \Phi_2 = a''\varphi_a + b''\varphi_b + c''\varphi_c + \ldots + l''\varphi_l, \\ \Phi_3 = a'''\varphi_a + b'''\varphi_b + c'''\varphi_c + \ldots + l'''\varphi_l, \\ \cdots\cdots\cdots\cdots\cdots\cdots\cdots\cdots \\ \Phi_\lambda = a^{(\lambda)}\varphi_a + b^{(\lambda)}\varphi_b + c^{(\lambda)}\varphi_c + \ldots + l^{(\lambda)}\varphi_l, \end{cases}$$

est égale à la résultante R *multipliée par une puissance du déterminant*

$$(20) \quad \begin{vmatrix} a' & b' & c' & \ldots & l' \\ a'' & b'' & c'' & \ldots & l'' \\ \cdots & \cdots & \cdots & \cdots & \cdots \\ a^{(\lambda)} & b^{(\lambda)} & c^{(\lambda)} & \ldots & l^{(\lambda)} \end{vmatrix}$$

indiquée par le degré de la résultante R, *c'est-à-dire par*

$$\frac{\pi}{\lambda} \cdot \left(\frac{1}{a} + \frac{1}{b} + \frac{1}{c} + \ldots + \frac{1}{l}\right).$$

En effet, on peut supposer que les équations (19) soient le résultat
de la substitution de

$$x' = \varphi_a, \quad y' = \varphi_b, \quad z' = \varphi_c, \ldots \quad v' = \varphi_l,$$

dans les équations

$$(21) \quad \begin{cases} \Phi_1 = a'x' + b'y' + c'z' + \ldots, \\ \Phi_2 = a''x' + b''y' + c''z' + \ldots, \\ \cdots \cdots \cdots \cdots \cdots \cdots \\ \Phi_\lambda = a^{(\lambda)}x' + b^{(\lambda)}y' + c^{(\lambda)}z' + \ldots, \end{cases}$$

et alors, d'après la formule (17), on aura $R' = S^r.R^r$, S étant le déterminant ci-dessus. Pour déterminer r et r, on n'a qu'à observer que les équations Φ sont linéaires par rapport aux coefficients de substitution, c'est-à-dire par rapport aux coefficients des équations φ et des éléments du déterminant (20). Par conséquent, r doit être égal à l'unité, et les éléments indiqués entreront dans la résultante au même degré que les coefficients des équations φ, c'est-à-dire au degré $\pi\left(\dfrac{1}{\mathrm{a}} + \dfrac{1}{\mathrm{b}} + \ldots + \dfrac{1}{\mathrm{l}}\right)$. Mais S est déjà de degré λ ; donc

$$(22) \qquad \mathrm{r} = \frac{\pi}{\lambda}\left(\frac{1}{\mathrm{a}} + \frac{1}{\mathrm{b}} + \ldots + \frac{1}{\mathrm{l}}\right).$$

Soit maintenant φ une fonction de λ variables x, y, z, ... v et de degré m, qui est transformée dans une autre Φ par une substitution de la forme (16), on démontrera aisément ce théorème :

Cinquième théorème. *La résultante des équations*

$$(23) \qquad \frac{d\Phi}{dx'} = 0, \quad \frac{d\Phi}{dy'} = 0, \quad \frac{d\Phi}{dz'} = 0, \quad \ldots \quad \frac{d\Phi}{dv'} = 0$$

est égale à celle des équations

$$(24) \qquad \frac{d\varphi}{dx} = 0, \quad \frac{d\varphi}{dy} = 0, \quad \frac{d\varphi}{dz} = 0, \quad \ldots \quad \frac{d\varphi}{dv} = 0$$

multipliée par la puissance $\mathrm{m(m-1)}^{\lambda-1}$ *du déterminant de la substitution.*

Sixième théorème. *Lorsqu'une fonction est le produit de plusieurs autres fonctions en nombre moindre que celui des variables, son discriminant s'annule.*

Soit, par exemple, une fonction $\varphi(x, y, z, \ldots) = \psi(f, f', f'', \ldots)$, où ψ peut être une fonction non homogène d'autres fonctions homogènes f, f', f'' de x, y, z, ..., sans contenir cependant aucun terme linéaire. Le discriminant sera la résultante des équations

$$(25)\quad\begin{cases}\dfrac{d\varphi}{dx}=\dfrac{d\psi}{df}\dfrac{df}{dx}+\dfrac{d\psi}{df'}\dfrac{df'}{dx}+\dfrac{d\psi}{df''}\dfrac{df''}{dx}+\ldots=0,\\[2ex]\dfrac{d\varphi}{dy}=\dfrac{d\psi}{df}\dfrac{df}{dy}+\dfrac{d\psi}{df'}\dfrac{df'}{dy}+\dfrac{d\psi}{df''}\dfrac{df''}{dy}+\ldots=0,\\[2ex]\dfrac{d\varphi}{dz}=\dfrac{d\psi}{df}\dfrac{df}{dz}+\dfrac{d\psi}{df'}\dfrac{df'}{dz}+\dfrac{d\psi}{df''}\dfrac{df''}{dz}+\ldots=0,\\[1ex]\cdots\cdots\cdots\cdots\cdots\cdots\end{cases}$$

lesquelles seront satisfaites dès que les équations

$$(26)\qquad \dfrac{d\psi}{df}=0,\quad \dfrac{d\psi}{df'}=0,\quad \dfrac{d\psi}{df''}=0,\quad\ldots$$

auront lieu. Mais celles-ci, étant en nombre moindre que les variables qu'elles contiennent, pourront toujours être satisfaites, indépendamment des valeurs attribuées aux coefficients, et, par conséquent, la résultante des équations (25) devra s'annuler identiquement.

Septième théorème. *La résultante des équations*

$$(27)\quad\begin{cases}\varphi_a(x,\,y,\,z,\,\ldots)+h_1(px+qy+\ldots)^a=0,\\[1ex]\varphi_b(x,\,y,\,z,\,\ldots)+h_2(px+qy+\ldots)^b=0,\\[1ex]\varphi_c(x,\,y,\,z,\,\ldots)+h_3(px+qy+\ldots)^c=0,\\[1ex]\cdots\cdots\cdots\cdots\cdots\cdots\end{cases}$$

par rapport aux facteurs h_1, h_2, ..., *est au plus de degré égal au degré de la résultante par rapport aux coefficients de l'équation la moins élevée.*

En effet, au moyen d'une variable auxiliaire, le système (27) peut être remplacé par le suivant.

$$(28)\quad\begin{cases}px+qy+\ldots+sw=0,\\[1ex]\varphi_a(x,\,y,\,z,\,\ldots)+h_1 s^a w^a=0,\\[1ex]\varphi_b(x,\,y,\,z,\,\ldots)+h_2 s^b w^b=0,\\[1ex]\cdots\cdots\cdots\cdots\cdots\cdots\end{cases}$$

Posons, comme avant, $\pi=abc\ldots l$, le degré de la résultante sera $\dfrac{\pi}{a}$, etc., par rapport aux coefficients des fonctions φ_a, et aux coefficients $h_1 s^a$, etc. Soient maintenant k, α, β, ... les exposants de s, $h_1 s^a$, $h_2 s^b$, ..., respectivement dans un terme de la résultante; à

cause de l'équipollence relative à l'indice correspondant à la variable w, et en remarquant que ces indices sont respectivement a, b, c, ...,
on aura

$$k + \alpha a + \beta b + \dots = \pi.$$

Si a est le plus petit des degrés, il viendra

$$(\alpha + \beta + \gamma + \dots)a \lessgtr \pi - k ;$$

d'où

$$(29) \qquad (\alpha + \beta + \gamma + \dots) \lessgtr \frac{\pi}{a}.$$

Huitième théorème. *Formons, avec les variables* x, y, z, ..., *un nombre* l' *d'arguments* p, q, ... *du même degré* δ, *et imaginons que l'on ait formé avec l' variables* ξ, ν, ζ, ... *un second système de* l' *équations de degré* a', b', c', ..., *dont les coefficients seront ainsi déterminés. — Substituons les premiers* l' *arguments dans les nouvelles équations à la place des variables* ξ, ν, ζ, ...; *on obtiendra* l' *fonctions de nouveaux arguments, qui seront respectivement de degré* $\delta a'$, $\delta b'$, $\delta c'$, ..., *nombres qui par hypothèse ne dépasseront pas le plus grand des degrés* a, b, c, ... *des équations proposées. Multiplions ces* l' *fonctions par des arguments formés avec les variables* x, y, z, ... (*l'unité comprise*), *de telle sorte que celles-ci deviennent de même degré que* l' *des équations proposées* (1), *n'importe lesquelles, que nous appellerons les* $\alpha, \beta, \gamma, \dots$ *Prenons les dérivées de la résultante* R *par rapport aux coefficients des équations* α, β, γ, ..., *tellement choisis que, en ayant égard à leur indice, ils représentent les coefficients correspondant aux arguments des* l' *fonctions nouvellement proposées, ce seront ces dérivées qu'on prendra pour coefficients des arguments en* ξ, ν, ζ, ... *du second système, en les supposant toutefois multipliées par les nombres des combinaisons relatifs à ces arguments. Soit* R' *la résultante des* l' *équations ainsi obtenues après l'élimination des variables* ξ, ν, ζ, ... *En posant*

$$\pi' = a'b'c'\dots, \qquad \sigma' = \pi'\left(\frac{1}{a'} + \frac{1}{b'} + \frac{1}{c'} + \dots\right),$$

on aura R' *divisible par* $R^{\sigma' - \frac{\pi'}{a'}}$, a' *désignant par hypothèse le plus petit des degrés* a', b', c'...

En effet, en supposant le premier système (1) satisfait, les dérivées de R sont proportionnelles aux arguments correspondant aux coefficients par rapport auxquels on a différentié. Par conséquent, les équations du second système pourront se mettre sous la forme

$$(30) \qquad t(p\xi + q\nu + \ldots)^{a'}, \quad t'(p\xi + q\nu + \ldots)^{b'}, \quad \ldots,$$

et seront évidemment satisfaites, si l'on a seulement $p\xi + q\nu + \ldots = 0$; ce qui prouve que la résultante R' doit s'évanouir d'elle-même, et contenir, par conséquent, en facteur une puissance de R. Pour la trouver, observons qu'un coefficient c quelconque des équations proposées, qui entrerait dans R au degré ρ, figurera aussi au degré ρ dans les nouvelles équations (30), excepté dans une, où il n'entrera qu'au degré $\rho - 1$. Par conséquent, la résultante R', qui est de degré σ par rapport à l'ensemble des coefficients du second système, lorsqu'on suppose ceux-ci linéaires, contiendra le coefficient c à la puissance $\rho\sigma' - k\rho$, en appelant k le produit des degrés des autres $l' - 1$ équations où il entre au degré ρ. Or, la plus grande valeur de k étant $\dfrac{\pi'}{a'}$, la plus petite de $\rho\sigma' - k\rho$ sera $\rho\left(\sigma' - \dfrac{\pi'}{a'}\right)$, et par conséquent, on est certain que tous les coefficients entreront au moins à la puissance $\rho\left(\sigma' - \dfrac{\pi'}{a'}\right)$ dans R'. Le même théorème a lieu lorsqu'on remplace le système (1) par une seule fonction ρ et la résultante par son discriminant. Dans ce cas, le second système sera encore remplacé par les dérivées d'une seule fonction.

Soit, par exemple, la fonction

$$(31) \qquad ax^3 + 3bx^2y + 3cxy^2 + dy^3 = 0,$$

dont le discriminant est

$$(32) \qquad R = (ad - bc)^2 - 4(bd - c^2)(ac - b^2),$$

la nouvelle fonction

$$(33) \qquad \frac{dR}{da}\xi^3 + \frac{dR}{db}\xi^2\eta + \frac{dR}{dc}\xi\eta^2 + \frac{dR}{dd}\eta^3 .$$

aura pour discriminant $R' = 16 R^3$.

Neuvième théorème. *Le déterminant formé avec* nn *dérivées équidistantes de la résultante* R *prises par rapport aux coefficients d'une même équation est divisible par* R^{n-1}. *Il sera identiquement nul, si* n *est plus grand du degré de* R *par rapport aux coefficients d'une quelconque des équations proposées.*

Soit $\varphi(x, y, z, \ldots)$ cette équation de degré a. Pour y représenter convenablement les coefficients équidistants, adoptons pour un instant la notation $[\alpha + \eta, \beta + \theta, \gamma + \chi, \ldots]$ formée par deux groupes de nombres entiers et positifs $\alpha, \beta, \gamma, \ldots$ et $\eta, \theta, \chi, \ldots$, assujettis à la condition

$$\alpha + \eta + \beta + \theta + \gamma + \chi + \ldots = a.$$

En faisant varier les nombres $\alpha, \beta, \gamma, \ldots$ du premier groupe, on aura une suite de n éléments, et puis, en faisant varier le second, on obtiendra une série de nn coefficients.

Posons, comme avant, $\pi = abc\ldots$ et représentons par $\varphi(1), \varphi(2), \ldots \varphi(\pi)$, les valeurs de φ correspondant aux π solutions des équations proposées, on aura

$$R = \varphi(1)\,\varphi(2)\ldots\varphi(\pi).$$

Alors une quelconque des dérivées de R, que l'on considère, sera

$$\frac{dR}{d[\alpha + \eta, \beta + \theta, \gamma + \chi\ldots]} = R\left\{ \frac{x_1^{\eta}y_1^{\theta}\ldots}{\varphi(1)} x_1^{\alpha}y_1^{\beta}\ldots + \frac{x_2^{\eta}y_2^{\theta}}{\varphi(2)} x_2^{\alpha}y_2^{\beta} + \ldots \right\},$$

ou bien
$$= R\left\{ p_1 X_1 + p_2 X_2 + \ldots + p_\pi X_\pi \right\},$$

en posant
$$p = \frac{x^{\eta}y^{\theta}z^{\chi}}{\varphi(x, y, z)}, \quad X = x^{\alpha}y^{\beta}z^{\gamma}\ldots$$

Selon que l'on fera varier le groupe $\alpha, \beta, \gamma, \ldots$ ou le groupe $\eta, \theta, \chi, \ldots$, X se changera en Y, Z, $\ldots$, et p en $q, r, \ldots$ Supposons ensuite, pour abréger, $n = 3$ et appelons Δ le déterminant susdit, on aura

$$\Delta = R^3 \begin{vmatrix} \Sigma pX & \Sigma pY & \Sigma pZ \\ \Sigma qX & \Sigma qY & \Sigma qZ \\ \Sigma rX & \Sigma rY & \Sigma rZ \end{vmatrix} = R^3 \begin{vmatrix} p_1 & q_1 & r_1 \\ p_2 & q_2 & r_2 \\ \cdot & \cdot & \cdot \\ \cdot & \cdot & \cdot \\ p_\pi & q_\pi & r_\pi \end{vmatrix} \begin{vmatrix} X_1 & Y_1 & Z_1 \\ X_2 & Y_2 & Z_2 \\ \cdot & \cdot & \cdot \\ \cdot & \cdot & \cdot \\ X_\pi & Y_\pi & Z_\pi \end{vmatrix}$$

ou bien, d'après un principe connu de la théorie des déterminants :

$$\Delta = R^3 \Sigma \begin{vmatrix} p_a & p_b & p_a \\ p_b & q_b & r_b \\ p_c & q_c & r_c \end{vmatrix} \times \begin{vmatrix} X_a & Y_a & Z_a \\ X_b & Y_b & Z_b \\ X_c & Y_c & Z_c \end{vmatrix}$$

où le signe Σ s'étend à toutes les combinaisons abc que l'on peut former avec les indices 1, 2, 3, .., π. Or, le déterminant $\Sigma \pm p_a q_b r_c$ a pour dénominateur commun $\varphi(a)\varphi(b)\varphi(c)$; donc, pour rendre entière la fonction sous le signe Σ, il suffit de la multiplier par R, et, par conséquent, Δ sera divisible par R^2, et en général par R^{n-1}.

On aura, par exemple, par les équations (9), p. 137,

$$(34) \qquad \begin{vmatrix} \dfrac{dR}{da} & \dfrac{dR}{df} & \dfrac{dR}{de} \\[2ex] \dfrac{dR}{df} & \dfrac{dR}{db} & \dfrac{dR}{d.d} \\[2ex] \dfrac{dR}{de} & \dfrac{dR}{d.d} & \dfrac{dR}{dc} \end{vmatrix} = q.R^2,$$

q désignant une fonction entière des coefficients.

Les quatre théorèmes précédents sont dus à M. Schlæffli.

DIXIÈME THÉORÈME. *La résultante de* l *équations homogènes à* l *variables de degré* m *est la somme de produits isobariques et de poids* m^l *par rapport à chaque série d'indices qu'on obtient en multipliant ensemble* m^{l-1} *déterminants quelconques formés respectivement par* l *colonnes de coefficients choisies arbitrairement parmi celles que présentent les équations, en les supposant rangées l'une au-dessous de l'autre terme à terme.*

Prenons en effet, pour plus de simplicité, les trois fonctions

$$(35) \qquad \begin{cases} \varphi = \sum a_{p,q,r}\, x^p y^q z^r, \\[1ex] \psi = \sum b_{p,q,r}\, x^p y^q z^r, \\[1ex] \theta = \sum c_{p,q,r}\, x^p y^q z^r, \end{cases}$$

et supposons-les toutes de degré m. En vertu du premier théorème général, la résultante sera de degré $3m^2$ et de poids $3m^3$ par rapport à l'ensemble des indices. Considérons maintenant un déterminant quel-

conque formé par trois colonnes de coefficients, choisies arbitrairement parmi celles que présentent les coefficients des équations φ, ψ,
θ, rangées terme à terme l'une sous l'autre, tel que

$$(36) \qquad \begin{vmatrix} a_{p,q,r}\,, & a_{p',q',r'}\,, & a_{p'',q'',r'''} \\ b_{p,q,r}\,, & b_{p',q',r'}\,, & b_{p'',q'',r'''} \\ c_{p,q,r}\,, & c_{p',q',r'}\,, & c_{p'',q'',r'''} \end{vmatrix}.$$

On pourra former autant de ces déterminants qu'il y a de combi-
naisons possibles trois à trois de $\dfrac{(m+1)(m+2)}{1.2}$ quantités ; et il est évident que tous les termes fournis par le développement de chaque
déterminant seront du même poids.

Parmi ces déterminants, choisissons-en à volonté m^2, et multiplions-les ensemble, de sorte cependant que le produit soit de poids
m^3 par rapport à chaque indice p, q, r. La somme de tous ces produits
sera bien une fonction qui satisfera au premier théorème ; mais elle
satisfera encore au sixième, car le déterminant correspondant fourni
par les fonctions transformées Φ, Ψ, Θ serait

$$\begin{vmatrix} a'\,a_{p,q,r}+b'\,b_{p,q,r}+c'\,c_{p,q,r}, & a'\,a_{p',q',r'}+b'\,b_{p',q',r'}+c'\,c_{p',q',r'}, & a'\,a_{p'',q'',r''}+b'\,b_{p'',q'',r''}+c'\,c_{p'',q'',r'''}, \\ a''\,a_{p,q,r}+b''\,b_{p,q,r}+c''\,c_{p,q,r}, & a''\,a_{p',q',r'}+b''\,b_{p',q',r'}+c''\,c_{p',q',r'}, & a''\,a_{p'',q'',r''}+b''\,b_{p'',q'',r''}+c''\,c_{p'',q'',r''}, \\ a'''a_{p,q,r}+b'''b_{p,q,r}+c'''c_{p,q,r}, & a'''a_{p',q',r'}+b'''b_{p',q',r'}+c'''c_{p',q',r'}, & a'''a_{p'',q'',r''}+b'''b_{p'',q'',r''}+c'''c_{p'',q'',r''}, \end{vmatrix}$$

égal, comme on sait, au produit des deux déterminants

$$\begin{vmatrix} a'\,b'\,c' \\ a''\,b''\,c'' \\ a'''b'''c''' \end{vmatrix} \qquad \begin{vmatrix} a_{p,q,r}\,, & a_{p',q',r'}\,, & a_{p'',q'',r''}\,, \\ b_{p,q,r}\,, & b_{p',q',r'}\,, & b_{p'',q'',r''}\,, \\ c_{p,q,r}\,, & c_{p',q',r'}\,, & c_{p'',q'',r''}\,, \end{vmatrix}$$

D'ailleurs, le déterminant (36), quel qu'il soit, doit bien figurer dans
la résultante, car, en supposant nuls tous les autres coefficients, excepté les (36), la résultante doit se réduire, dans ce cas, en une
fonction de ce déterminant.

Ainsi, la résultante sera évidemment une fonction linéaire et isobarique de produits des déterminants de la forme (36). Les fonctions R, données p. 139 et 191, en sont un exemple.

Onzième théorème. *Étant données λ équations homogènes entre λ*

variables x, y, z, ... v *définies comme au premier théorème, le déter-*
minant

$$(37) \qquad \begin{vmatrix} D_x\varphi_a, & D_y\varphi_a, & D_z\varphi_a, & \ldots & D_v\varphi_a, \\ D_x\varphi_b, & D_y\varphi_b, & D_z\varphi_b, & \ldots & D_v\varphi_b, \\ D_x\varphi_c, & D_y\varphi_c, & D_z\varphi_c, & \ldots & D_v\varphi_c, \\ \cdot & \cdot & \cdot & \cdot & \cdot \\ D_x\varphi_l, & D_y\varphi_l, & D_z\varphi_l, & \ldots & D_v\varphi_l, \end{vmatrix}$$

ainsi que ses dérivées par rapport aux diverses variables x, y, z, ... v,
s'évanouiront en même temps que les équations proposées pour les va-
leurs des variables, qui leur satisfont simultanément.

En effet, on a

$$(38) \qquad \left\{ \begin{aligned} & x D_x\varphi_a + y D_y\varphi_a + \ldots + v D_v\varphi_a = m\varphi_a, \\ & x D_x\varphi_b + y D_y\varphi_b + \ldots + v D_v\varphi_b = m\varphi_b, \\ & \cdot \quad \cdot \quad \cdot \quad \cdot \quad \cdot \quad \cdot \quad \cdot \quad \cdot \\ & x D_x\varphi_l + y D_y\varphi_l + \ldots + v D_v\varphi_l = m\varphi_l, \end{aligned} \right.$$

En admettant que $(x, y, \ldots v)$ soit un système de solutions communes, les seconds membres seront nuls, et alors, pour que les premiers membres puissent subsister pour des valeurs des variables distinctes de zéro, il faut, d'après un principe connu, que le déterminant
(37) soit nul (*).

On tire maintenant des équations (38), en appelant Δ le déterminant (37) et en posant

$$D_x\varphi_a, \text{ etc.} = \omega_{x,a}, \text{ etc.}; \qquad \frac{d\Delta}{d\omega_{x,a}} = \Omega_{x,a}, \text{ etc.},$$

$$(39) \qquad \left\{ \begin{aligned} & x\Delta = m \{ \varphi_a\Omega_{x,a} + \varphi_b\Omega_{x,b} + \ldots + \varphi_l\Omega_{x,l} \}, \\ & y\Delta = m \{ \varphi_a\Omega_{y,a} + \varphi_b\Omega_{y,b} + \ldots + \varphi_l\Omega_{y,l} \}, \\ & \cdot \quad \cdot \quad \cdot \quad \cdot \quad \cdot \quad \cdot \quad \cdot \quad \cdot \\ & v\Delta = m \{ \varphi_a\Omega_{v,a} + \varphi_b\Omega_{v,b} + \ldots + \varphi_l\Omega_{v,l} \}. \end{aligned} \right.$$

Différentions la première de ces équations par rapport à $x, y, \ldots v$,
et observons qu'on a

$$D_x\varphi_a\Omega_{x,a} + D_x\varphi_b\Omega_{x,b} + \ldots + D_k\varphi_l\Omega_{x,l} = \Delta,$$

$$D_k\varphi_a\Omega_{x,a} + D_k\varphi_b\Omega_{x,b} + \ldots + D_k\varphi_l\Omega_{x,l} = 0 \text{ (pour } k = y, z, \ldots v),$$

____

(*) Cette première partie du théorème aurait encore lieu, en supposant inégaux les
degrés des équations.

il viendra

$$(40) \begin{cases} x\dfrac{d\Delta}{dx} - (m-1)\,\Delta = m\left\{ \varphi_a \dfrac{d}{dx}\,\Omega_{x,a} + \varphi_b \dfrac{d}{dx}\,\Omega_{x,b} + \ldots + \varphi_l \dfrac{d}{dx}\,\Omega_{x,l} \right\}, \\[2mm] x\dfrac{d\Delta}{dy} = m\left\{ \varphi_a \dfrac{d}{dy}\,\Omega_{x,a} + \varphi_b \dfrac{d}{dy}\,\Omega_{x,b} + \ldots + \varphi_l \dfrac{d}{dy}\,\Omega_{x,l} \right\}, \\[2mm] \cdot\ \ \cdot\ \ \cdot\ \ \cdot\ \ \cdot\ \ \cdot\ \ \cdot\ \ \cdot\ \ \cdot\ \ \cdot\ \ \cdot\ \ \cdot\ \ \cdot\ \ \cdot\ \ \cdot \\[2mm] x\dfrac{d\Delta}{dv} = m\left\{ \varphi_a \dfrac{d}{dv}\,\Omega_{x,a} + \varphi_b \dfrac{d}{dv}\,\Omega_{x,b} + \ldots + \varphi_l \dfrac{d}{dv}\,\Omega_{x,l} \right\}. \end{cases}$$

Chacune des autres équations (39) donnera lieu à un système d'é-quations de la forme (40). Or, il est évident que, pour un système (x, y, z, v) de solutions communes, les seconds membres (40) disparaissent; il en sera donc de même pour les dérivées de Δ qui figurent dans les premiers membres. Ce théorème peut être quelquefois utile pour trouver la résultante. Soient, par exemple, les équations

$$\varphi = ax^2 + by^2 + cz^2 + dyz + exz + fxy,$$
$$\psi = a'x^2 + b'y^2 + c'z^2 + d'yz + e'xz + f'xy,$$
$$\theta = a''x^2 + b''y^2 + c''z^2 + d''yz + e''xz + f''xy.$$

Dans ce cas, les dérivées du déterminant ci-dessus sont de même degré que les proposées, et sont, par conséquent, de la forme

$$\varphi_1 = Ax^2 + By^2 + Cz^2 + Dyz + Exz + Fxy,$$
$$\psi_1 = A'x^2 + B'y^2 + C'z^2 + D'yz + E'xz + F'xy,$$
$$\theta_1 = A''x^2 + B''y^2 + C''z^2 + D''yz + E''xz + F''xy.$$

Alors, en considérant x^2, y^2, z^2, yz, xz, xy comme des inconnues, on a

$$R = \begin{vmatrix} a & b & c & d & e & f \\ a' & b' & c' & d' & e' & f' \\ a'' & b'' & c'' & d'' & e'' & f'' \\ A & B & C & D & E & F \\ A' & B' & C' & D' & E' & F' \\ A'' & B'' & C'' & D'' & E'' & F'' \end{vmatrix} = \begin{vmatrix} a & b & c & d & e & f \\ a' & b' & c' & d' & e' & f' \\ a'' & b'' & c'' & d'' & e'' & f'' \\ A & B & C & D & 2A'' & 2A' \\ A' & B' & C' & 2B' & D & 2B' \\ A'' & B'' & C'' & 2C' & 2C & D \end{vmatrix};$$

car

$$
\begin{aligned}
&A=-3(aef), &&A'=(abe)-(adf), &&A''=(ade)-(acf),\\
&B=(abd)+(bef), &&B'=3(bdf), &&B''=(bde)+(bcf),\\
&C=-(acd)+(cef), &&C'=(cdf)+(bce), &&C''=-3(cde),\\
&D=abc+2(def), &&D'=2[(bcf)+(bde)], &&D''=2[(bce)-(cdf)],\\
&E=2[-(acf)+(ade), &&E'=(abc)+2(def)], &&E''=2[(cef)+(acd)],\\
&F=2[-(adf)+(abe)], &&F'=2[(abd)+(bef)], &&F''=+(abc)+2(def);
\end{aligned}
$$

d'où

$$D=E'=F'', \quad E=2A'', \quad D'=2B'', \quad D''=2C',$$
$$F=2A', \quad F'=2B', \quad E''=2C.$$

Notons, en passant, que le déterminant R peut se mettre sous la forme

$$
R=\begin{vmatrix}
(abc) & (abd) & (abe) & (abf)\\
C & D & E & F\\
C' & D' & E' & F'\\
C'' & D'' & E'' & F''
\end{vmatrix}
-
\begin{vmatrix}
0 & (acd) & (ace) & (acf)\\
B & D & E & F\\
B' & D' & E' & F'\\
B'' & D'' & E'' & F''
\end{vmatrix}
$$

$$
+
\begin{vmatrix}
0 & (bcd) & (bce) & (bcf)\\
A & D & E & F\\
A' & D' & E' & F'\\
A'' & D'' & E'' & F''
\end{vmatrix}
+
\begin{vmatrix}
(aef) & (bef) & (cef) & (def)\\
A & B & C & D\\
A' & B' & C' & D'\\
A'' & B'' & C'' & D''
\end{vmatrix}
$$

$$
-
\begin{vmatrix}
(adf) & (bdf) & (cdf) & 0\\
A & B & C & E\\
A' & B' & C' & E'\\
A'' & B'' & C'' & E''
\end{vmatrix}
+
\begin{vmatrix}
(ade) & (bde) & (cde) & 0\\
A & B & C & F\\
A' & B' & C' & F'\\
A'' & B'' & C'' & F''
\end{vmatrix}
$$

par lequel la résultante des équations proposées est mise sous la forme de six déterminants quartenaires, dont chaque élément est de troisième ordre par rapport aux coefficients.

DOUZIÈME THÉORÈME. *Soient* t, t', t'', ... $t^{(\lambda-1)}$ *les derniers termes des équations* (1) *dans la supposition* v$=$1. *Ces équations admettront* p *solutions communes, si parmi une quelconque des suites*

$$(41) \quad \begin{cases} R, & \dfrac{dR}{dt}, & \dfrac{d^2R}{dt^2}, & \dfrac{d^3R}{dt^3}, & \dots, \\[2mm] R, & \dfrac{dR}{dt'}, & \dfrac{d^2R}{dt'^2}, & \dfrac{d^3R}{dt'^3}, & \dots, \\[2mm] R, & \dfrac{dR}{dt''}, & \dfrac{d^2R}{dt''^2}, & \dfrac{d^3R}{dt''^3}, & \dots, \\[2mm] \multicolumn{5}{c}{\dotfill} \\[2mm] R, & \dfrac{dR}{dt^{(\lambda-1)}}, & \dfrac{d^2R}{dt^{(\lambda-1)2}}, & \dfrac{d^3R}{dt^{(\lambda-1)3}}, & \dots, \end{cases}$$

il y a p fonctions qui s'annulent.

Posons, en effet,

$$(42) \quad \begin{cases} \varphi_a = \varphi_1 = (x, y, \dots v, a, b, c, \dots t)^a. \\[1mm] \varphi_b = \varphi_2 = (x, y, \dots v, a', b', c', \dots t')^b, \\[1mm] \dotfill \\[1mm] \varphi_l = \varphi_\lambda = (x, y, \dots v, a^{(\lambda-1)}, b^{(\lambda-1)}, \dots t^{(\lambda-1)})^l, \end{cases}$$

et substituons pour un moment à ce système le suivant :

$$(43) \quad \begin{cases} \varphi_1 = \omega, \\ \varphi_2 = 0, \\ \dotfill \\ \varphi_\lambda = 0. \end{cases}$$

Si la résultante des équations (42) était de la forme

$$R = F(a, b, c, \dots t; \quad a', b', c', \dots t; \quad a^{(\lambda-1)}, b^{(\lambda-1)}, \dots t^{(\lambda-1)}),$$

celle R' des équations (43) serait

$$R' = F(a, b, c, \dots t-\omega; \quad a', b', c', \dots t; \quad a^{(\lambda-1)}, b^{(\lambda-1)}, \dots t^{(\lambda-1)});$$

ou, par le théorème de Taylor,

$$(44) \qquad R' = R - \frac{dR}{dt}\omega + \frac{1}{1.2}\frac{d^2R}{dt^2}\omega^2 - + \dots$$

Par conséquent, pour chaque racine ω de l'équation

$$(45) \qquad 0 = R - \frac{dR}{dt}\omega + \frac{1}{1.2}\frac{d^2R}{dt^2}\omega^2 - + \dots,$$

le système des équations (43) admettra une solution. Si donc p fonctions parmi les suivantes :

$$R, \quad \frac{dR}{dt}, \quad \frac{d^2R}{dt^2}, \quad \dots \quad \frac{d^pR}{dt^p}, \quad \frac{d^{p+1}R}{dt^{p+1}}, \quad \dots,$$

s'évanouissent, l'équation (45) aura p solutions $\omega = 0$. Dans ce cas, le système des équations (43) ou l'équivalent (42) admettront pareillement p solutions communes.

On parviendrait à des conséquences semblables si, au lieu du système (43), on avait considéré un quelconque des suivants :

$$
\begin{vmatrix} \varphi_1 = 0 \\ \varphi_2 = \omega \\ \varphi_3 = 0 \\ \cdots \\ \varphi_\lambda = 0 \end{vmatrix}, \quad
\begin{vmatrix} \varphi_1 = 0 \\ \varphi_2 = 0 \\ \varphi_3 = \omega \\ \cdots \\ \varphi_\lambda = 0 \end{vmatrix}, \quad \ldots \quad
\begin{vmatrix} \varphi_1 = 0 \\ \varphi_2 = 0 \\ \varphi_3 = 0 \\ \cdots \\ \varphi_\lambda = \omega \end{vmatrix}.
$$

De là on est naturellement conduit au théorème énoncé, qui comprend celui que Lagrange avait donné pour le cas de deux équations, et que nous avons cité page 84.

NOTES.

—

NOTE 1.

Démonstration d'une formule donnée à la page 3.

Pour démontrer la formule (12), page 3, il faut d'abord observer que quant
à la forme on a bien

$$D_y{}^n \varphi = \Sigma C[D_x{}^p \varphi] \, \psi'^{k_1} \psi''^{k_2} \psi'''^{k_3} \ldots \psi^{(n)^{k_n}},$$

sous les conditions (13) ; car si cela est vrai pour un indice égal à n, cela aura
encore lieu pour un indice égal à $n+1$. En effet, comme on a $D_y{}^{n+1}\varphi = D_y . D_y{}^n\varphi$,
on déduit de l'équation précédente que, si l'on différentie $[D_x\varphi]^p$, p et k_i aug-
mentent d'une unité, et que si l'on différentie $\psi^{(i)}$, on obtient $\psi^{(i)^{k_i}} \psi^{(i+1)^{k_i-1}}$,
d'où la somme $k_i + k_{i+1}$ restera encore la même. Par conséquent, la première
des équations (13) sera vérifiée, et l'autre aussi ; car on a encore

$$n+1 = k_1 + 2k_2 + \ldots i(k_i-1) + (i+1)(k_i+1) + \ldots + nk_n.$$

Ensuite les coefficients se détermineront aisément en prenant pour $\psi(y)$ une
fonction particulière, par exemple la

$$\psi(y) = a_0 + a_1 y + a_2 y^2 + a_3 y^3 + \ldots$$

La formule (12) renferme beaucoup d'autres formules données par Laplace
et par Schlömilch.

———

NOTE 2.

Sur une formule de Borchardt.

M. Borchardt a présenté à l'Académie de Berlin (5 mars 1855) une formule
très-remarquable pour calculer les fonctions symétriques, qu'il appelle fonction génératrice, et que, faute de l'avoir connue plus tôt, je ne puis maintenant qu'indiquer. Elle est connue implicitement dans l'équation

$$\sum \frac{1}{(t_1-\alpha_1)(t_2-\alpha_2)\ldots(t_n-\alpha_n)} = (-)^n \frac{f(t_1)f(t_2)\ldots f(t_n)}{\pi(t_1, t_2, \ldots t_n)} \frac{d}{dt_1} \frac{d}{dt_2} \cdots \frac{d}{dt_n} \frac{\pi(t_1, t_2 \ldots t_n)}{f(t_1)f(t_2)\ldots f(t_n)},$$

où $f(t)$ désigne une équation de degré n, dont les racines sont $\alpha_1, \alpha_2, \ldots \alpha_n$; et

$\pi(t_1, t_2, \ldots t_n)$ le produit de toutes les différences des quantités t_1, t_2, $\ldots t_n$, que l'on considère comme des variables. Il est sous-entendu que le signe Σ, qui figure dans le premier membre, s'étend à toutes les permutations que l'on peut faire dans les racines α_1, α_2, α_n. Si maintenant on développe les deux membres suivant les puissances descendantes de t_1, t_2, $\ldots t_n$, et si l'on compare les coefficients des mêmes arguments en t_1, t_2, $\ldots t_n$, on aura dans le premier membre une fonction symétrique quelconque $\Sigma \alpha_1^{p_1} \alpha_2^{p_2} \ldots \alpha_n^{p_n}$, dont la valeur en fonction des coefficients de l'équation proposée $f(t)$ sera fournie par le coefficient correspondant du même argument dans le second membre.

Exemple. Posons $f(t) = t^2 + bt + c$, $t_1 = x$, $t_2 = y$, $\alpha_1 = \alpha$, $\alpha_2 = \beta$. On aura

$$\frac{1}{(x - \alpha_1)(y - \alpha_2)} + \frac{1}{(x - \alpha_2)(y - \alpha_1)}$$
$$= \frac{1}{xy}\left\{1 + (\alpha + \beta)\left(\frac{1}{x} + \frac{1}{y}\right) + (\alpha^2 + \beta^2)\left(\frac{1}{x^2} + \frac{1}{y^2}\right) + \text{etc.}\right\},$$

et $\dfrac{f(t_1) f(t_2)}{t_1 - t_2} \dfrac{d}{dt_1} \dfrac{d}{dt_2} \dfrac{t_1 - t_2}{f(t_1) f(t_2)}$ deviendra, toute réduction faite,

$$\frac{2xy + b(x+y) + 2c}{(x^2 + bx + c)(y^2 + by + c)}.$$

En développant cette expression suivant les puissances descendantes de x, y, on aura, par la comparaison des arguments avec ceux de la série ci-dessus, les valeurs de toutes les fonctions symétriques que l'on peut former avec les racines d'une équation de second degré.

M. Betti a généralisé cette formule de Borchardt pour le cas d'un nombre quelconque d'équations algébriques à plusieurs variables (*Annali di Matematica*, Rome, 1858).

<hr>

NOTE 3.

Sur un théorème de Cayley, relatif aux fonctions symétriques.

Pour ne laisser rien ignorer de ce qu'on a trouvé relativement aux fonctions symétriques, il sera encore bon de mentionner un beau théorème que M. Cayley a donné dans les *Phil. Trans.*, 1857. Appelons $x_1, x_2, \ldots x_m$ les racines de l'équation

$$x^m + a_1 x^{m-1} + a_2 x^{m-2} + \ldots + a_m = 0,$$

et supposons que l'on veuille exprimer la *combinaison* (terme littéral) des coefficients, par exemple :

$$a_1^p a_2^q \ldots a_{m-1}^s a_m^t = (\Sigma - x_1)^p (\Sigma x_1 x_2)^q \ldots (\Sigma x_1 x_2 \ldots x_m)^t$$

en fonction des fonctions symétriques des racines, ce qui n'exige que le développement du second membre, ou bien, *vice versá*, une fonction symétrique des racines en fonction des combinaisons des coefficients $a_1, a_2, \ldots a_m$, on aura ce théorème :

Le coefficient (numérique) *d'une combinaison* P *des coefficients dans la fonction symétrique* Q *est égal au coefficient de la combinaison* Q *des coefficients dans la fonction symétrique* P ; VICE VERSA, *le coefficient d'une fonction symétrique* P *dans la combinaison* Q *est égal au coefficient de la fonction symétrique* Q *dans la combinaison* P.

Exemple. Soit $m=6$, et appelons $\alpha, \beta, \gamma, \delta, \ldots$ les racines ; on aura

$$\begin{cases} \Sigma\alpha^4\beta^2 = \ldots + 4a_1a_2a_3 + \ldots \\ \Sigma\alpha^3\beta^2\gamma^1 = \ldots + 4a_2a_4 + \ldots \end{cases}$$

$$\begin{cases} a_1{}^2a_2{}^2 = \ldots + 18\Sigma\alpha^2\beta^1\gamma^1\delta^1 + \ldots \\ a_1{}^3a_3 = \ldots + 18\Sigma\alpha^2\beta^2 + \ldots \end{cases}$$

En se fondant sur cette propriété, bien propre à abréger les calculs, M. Cayley a pu former des tableaux de toutes les expressions des fonctions symétriques en fonction des coefficients, et *vice versá* pour les dix premiers degrés.

NOTE 4.

Sur le développement d'une fonction à plusieurs variables, suivant les puissances ascendantes de ces variables et de leurs produits.

Il n'existe jusqu'à présent, à notre connaissance, aucune méthode générale pour ce genre de développements. Aussi, nous espérons que celle que nous allons exposer sera bien accueillie, tant pour sa simplicité que pour la facilité de son emploi. Pour mieux fixer les idées, supposons pour le moment qu'il ne s'agisse que d'une fonction à trois variables. Désignons toujours le coefficient d'un argument $x^p y^q z^r$ par a_{pqr}, et soit

$$(1) \qquad F = \varphi(\psi) = \varphi \begin{Bmatrix} a + a_{100}x + a_{010}y + a_{001}z + a_{200}x^2 + a_{020}y^2 + a_{002}z_2 \\ + a_{110}xy + a_{101}xz + a_{011}yz + a_{300}x^3 + \ldots \end{Bmatrix}$$

la fonction qu'il s'agit de développer. Ce que nous nous proposons, c'est de trouver le coefficient en général A_{PQR} de l'argument $x^P y^Q z^R$ dans le développement de F.

Désignons, à cet effet, par le symbole $(P, Q, R)^i$ une fonction entière et homogène de degré i par rapport aux coefficients isobarique et de poids respectivement P, Q, R par rapport aux indices p, q, r, c'est-à-dire une fonction telle que l'on ait

$$(2) \qquad (P, Q, R)^i = \Sigma C\, a_{p_0 q_0 r_0}^{h_0}\, a_{p_1 q_1 r_1}^{h_1}\, a_{p_2 q_2 r_2}^{h_2}\, a_{p_3 q_3 r_3}^{h_3} \ldots$$

sous les conditions

$$(3) \qquad h_0 + h_1 + h_2 + h_3 + \ldots = i,$$

$$(4) \qquad \begin{cases} p_0 h_0 + p_1 h_1 + p_2 h_2 + p_3 h_3 + \ldots = P, \\ q_0 h_0 + q_1 h_1 + q_2 h_2 + q_3 h_3 + \ldots = Q, \\ r_0 h_0 + r_1 h_1 + r_2 h_2 + r_3 h_3 + \ldots = R, \end{cases}$$

C étant un coefficient numérique variable d'un terme à l'autre, qu'on déterminera par la suite.

Le coefficient cherché sera de la forme

$$(5) \qquad \begin{cases} A_{PQR} = \varphi'(a)(P, Q, R)^1 + \varphi''(a)(P, Q, R)^2 + \varphi'''(a)(P, Q, R)^3 + \ldots \\ \qquad\qquad + \varphi^{(P+Q+R)}(a)(P, Q, R)^{(P+Q+R)}. \end{cases}$$

Pour démontrer cette formule, observons qu'à l'aide de la série de Maclaurin, on a, à un coefficient numérique près,

$$(6) \qquad A_{PQR} = \Sigma \left\{ (D_x^P D_y^Q D_z^R) F \right\} x, y, z = 0.$$

Or, il est bien évident qu'à mesure que l'on différentie, on introduit dans le résultat un coefficient de plus. Ainsi, chaque dérivée de l'ordre i dans A_{PQR} devra être accompagnée d'une fonction entière et homogène de degré i. D'ailleurs, changeons dans la fonction ψ les variables x, y, z, respectivement en hx, ky, lz ; alors le terme

$$A_{PQR}\, x^P y^Q z^R$$

du développement de F se changera en

$$(7) \qquad h^P k^Q l^R\, A_{PQR}\, x^P y^Q z^R.$$

Mais le changement indiqué des variables dans ψ revient à celui des coefficients a_{pqr} en $a_{pqr} h^p k^q l^r$. Effectuons donc ce même changement dans la première expression de A_{PQR} ; le résultat devra concorder avec (7). Or, cela ne pourra évidemment avoir lieu à moins que les conditions (4) soient satisfaites. Ainsi, la forme (5) est bien justifiée. Il reste à trouver les coefficients numériques. Pour cela, supposons que l'on ait en particulier

$$F = \psi^m = (a + a_{100} x + a_{010} y + a_{001} z + a_{200} x^2 + a_{020} y^2 + a_{002} z^2 + \ldots)^m,$$

il viendra, à l'aide d'une formule connue,

$$F = \Pi_{(m)} \sum \frac{a^{i_0}}{\Pi(i_0)} \cdot \frac{(a_{100} x + a_{010} y + a_{001} z)^{i_1}}{\pi(i_1)} \cdot \frac{(a_{200} x^2 + a_{020} y^2 + a_{002} z^2 + a_{110} xy + a_{101} xz + a_{011} yz)^{i_2}}{\pi(i_2)} \ldots,$$

où l'on a $\pi_{(i)} = 1.2.3\ldots i$, et où chaque parenthèse du numérateur comprend successivement des fonctions partielles complètes de degré 1, 2, 3, 4, etc. Développons par la même formule chacune de ces parenthèses, on aura

$$F = \Pi_{(m)} \sum \frac{a^{i_0}}{\Pi_{(i_0)}} \sum \frac{\overset{a_1}{a_{100}}\overset{a_2}{a_{010}}\overset{a_3}{a_{001}}}{\Pi_{(a_1)}\Pi_{(a_2)}\Pi_{(a_3)}} x^{\alpha_1}y^{\alpha_2}z^{\alpha_3} \sum \frac{\overset{b_1}{a_{200}}\overset{b_2}{a_{020}}\overset{b_3}{a_{002}}\overset{b_4}{a_{110}}\overset{b_5}{a_{101}}\overset{b_6}{a_{011}}}{\Pi_{(b_1)}\Pi_{(b_2)}\Pi_{(b_3)}\Pi_{(b_4)}\Pi_{(b_5)}\Pi_{(b_6)}} x^{\beta_1}y^{\beta_2}z^{\beta_3}\ldots$$

Il est à noter maintenant que, grâce à la décomposition que nous avons faite de la fonction donnée, chaque coefficient qui se trouve sous un des signes Σ ne se rencontrera plus dans les autres. Par conséquent, on voit immédiatement que, quel que soit le terme que l'on considère, un coefficient quelconque a_{pqr} n'y entrera qu'en apportant avec lui en diviseur une factorielle $\Pi_{(l)}$, si l est l'exposant dont il y sera affecté. Ainsi donc les coefficients numériques cherchés seront pour chaque terme l'unité divisée par le produit des factorielles

$$\Pi_{(h_0)}, \quad \Pi_{(h_1)}, \quad \Pi_{(h_2)}, \ldots,$$

en admettant que $h_0, h_1, h_2,\ldots$ soient les exposants qui figurent dans ce terme.

En résumant ce qui vient d'être dit, on conclut que le coefficient demandé sera fourni par l'équation (5), pourvu que l'on désigne maintenant, sous les mêmes conditions (3) et (4), par le symbole $(P, Q, R)^i$, la fonction

$$\sum \frac{\overset{h_0}{a_{p_0 q_0 r_0}}\overset{h_1}{a_{p_1 q_1 r_1}}\overset{h_2}{a_{p_2 q_2 r_2}}}{\Pi h_0 . \Pi h_1 . \Pi h_2 \ldots}.$$

En général, *soit à développer la fonction*

$$F = \varphi(\psi) = \varphi \, \Sigma a_{p,q,r,\ldots t} x^p y^q z^r w^t,$$

le coefficient $x^P y^Q z^R \ldots w^T$, *dans le développement de* F, *sera*

$$A_{P, Q, R,\ldots T} = \overset{i=P+Q+\ldots+T}{\underset{i=1}{\Sigma}} \varphi^{(i)}(a)(P, Q, R, \ldots T)^i,$$

$(P, Q, R,\ldots, T)^i$ *désignant une fonction entière et homogène de degré* i, *par rapport aux coefficients* $(a_{p,q,r,\ldots,t})$, *isobarique et de poids respectivement* P, Q, R, $\ldots$ T *par rapport aux indices* (p), (q), (r), $\ldots$ (t), *telle enfin que pour chaque terme le coefficient* $(a_{p,q,r,\ldots,t})^l$ *qui y entre soit divisé par le produit* 1, 2, 3, $\ldots$ l; *et* $\varphi^{(i)}(a)$ *représentant la dérivée* ième *de la fonction réduite à son premier terme* a.

Exemples. Supposons qu'il n'y ait que deux variables, et remplaçons le premier indice par un indice placé en haut de la lettre précédente, elle donnera, par exemple, pour les coefficients de xy^3, x^2y^4, dans le développement de la fonction $\varphi(\psi)$:

$$\varphi'(a)a'' + \varphi''(a)\left[a'a_3 + a'_2 a_4 + a'_1 a_2\right]$$
$$+ \varphi'''(a)\left[a'_1 a_1 a_2 + \frac{a'(a_1)^2}{1.2}\right] + \varphi^{IV}(a)\frac{a'(a_1)^3}{1.2.3} ;$$

$$\left\{ \begin{aligned}
&\varphi'(a)a_4^2 + \varphi''(a)\left[\frac{(a'_2)^3}{1.2} + a_2 a''_2 + a'_1 a'_5\right], \\
&+ \varphi'''(a)\left[\frac{(a')^2 a_4}{1.2} + \frac{a''(a_2)^2}{2} + a'' a_1 a_3 + a_1 a''_1 a_2 + \frac{a_2(a'_1)^2}{1.2}\right], \\
&+ \varphi^{\mathrm{IV}}(a)\left[\frac{a''_1(a_1)^3}{1.2.3} + \frac{(a')^2(a_2)^3}{1.2.1.2} + \frac{(a'_1)^2(a_1)^2}{1.2.1.2}\right], \\
&+ \varphi^{\mathrm{V}}(a)\left[\frac{a'' a_1^4}{1.2.3.4} + \frac{(a_1)^2 a_2 (a')^2}{1.2.1.2} + \frac{(a_1)^3 a' a'_1}{1.2.3}\right], \\
&+ \varphi^{\mathrm{VI}}(a)\frac{(a)^2(a_1)^4}{1.2.3.4}.
\end{aligned} \right.$$

Soit à trouver dans le cas de trois variables le coefficient de $x^2 y z$, on aura

$$\begin{aligned}
\mathrm{A}_{2,1,1} ={}& \varphi'(a)a_{211} + \varphi''(a)\left[a_{111}a_{100} + a_{101}a_{101} + a_{200}a_{011} + a_{2}^2{}_{11}\right], \\
&+ \varphi'''(a)\left[\frac{a^2{}_{100}a_{011}}{1.2} + a_{200}a_{010}a_{001} + a_{100}a_{110}a_{001} + a_{100}a_{101}a_{010}\right], \\
&+ \varphi^{\mathrm{IV}}(a)\frac{a^2{}_{100}a_{010}a_{001}}{1.2}.
\end{aligned}$$

NOTE 5.

Sur un théorème de Betti.

Soient

$$(1) \qquad \varphi_1 = 0, \quad \varphi_2 = 0, \quad \varphi_3 = 0, \quad \dots \quad \varphi_\lambda = 0,$$

λ équations à λ inconnues $x_1, x_2, \dots x_\lambda$, de degré respectivement $m_1, m_2, \dots m_\lambda$. La résultante sera, par rapport à une quelconque des variables, de degré $\rho = m_1 m_2 \dots m_\lambda$. Désignons par

$$(2) \qquad \left\{ \begin{matrix}
\alpha_{11}, & \alpha_{12}, & \alpha_{13}, & \dots & \alpha_{1\lambda}, \\
\alpha_{21}, & \alpha_{22}, & \alpha_{23}, & \dots & \alpha_{2\lambda}, \\
\cdot & \cdot & \cdot & \cdot & \cdot \\
\alpha_{\rho 1}, & \alpha_{\rho 2}, & \alpha_{\rho 3}, & \dots & \alpha_{\rho \lambda},
\end{matrix} \right.$$

les ρ systèmes de solutions communes aux équations (1). On aura ce théorème :

Une fonction rationnelle et entière de degré quelconque d'un seul des systèmes (2) est équivalente à une fonction rationnelle et entière des quantités du même système, qui contient un seul terme de degré $\mathrm{m}_1 + \mathrm{m}_2 + \dots + \mathrm{m}_\lambda - \lambda$, *et tous les autres à un degré inférieur.*

Soit f cette fonction, et désignons par $f_1 f_2 \dots f_\rho$ les valeurs qu'elle prend lorsqu'on y substitue respectivement les ρ systèmes de solutions (2).

Prenons une fonction ψ rationnelle et entière des variables $x_1 x_2 \ldots x_\lambda$, composée de ρ termes, et par conséquent de ρ coefficients indéterminés.

$$(3) \qquad \psi = k_0 + k_1 x_1 + k_2 x_2 + \ldots + k_i x_1^p x_2^q \ldots x_\lambda^t + \ldots$$

Déterminons $k_1 k_2 \ldots k_i \ldots$ de manière que les ρ équations

$$(4) \quad \begin{cases} f_1 = k_0 + k_1 \alpha_{11} + k_2 \alpha_{12} + \ldots + k_i \alpha_{11}^p \alpha_{12}^q \alpha \ldots \alpha_{1\lambda}^t + \ldots \\[2mm] f_2 = k_0 + k_1 \alpha_{21} + k_2 \alpha_{22} + \ldots + k_i \alpha_{21}^p \alpha_{22}^q \ldots \alpha_{2\lambda}^t + \ldots \\[2mm] \cdot\ \cdot\ \cdot\ \cdot\ \cdot\ \cdot\ \cdot\ \cdot\ \cdot\ \cdot\ \cdot\ \cdot\ \cdot\ \cdot \\[2mm] f_\rho = k_0 + k_1 \alpha_{\rho 1} + k_2 \alpha_{\rho 2} + \ldots + k_i \alpha_{\rho 1}^p \alpha_{\rho 2}^q \ldots \alpha_{\rho\lambda}^t + \ldots \end{cases}$$

soient satisfaites. Afin que celles-ci puissent subsister simultanément, il est nécessaire et il suffit que le déterminant

$$D = \begin{vmatrix} 1, & \alpha_{11}, & \alpha_{12}, & \ldots & \alpha_{11}^p \alpha_{12}^q \ldots \alpha_{1\lambda}^t \ldots \\[2mm] 1, & \alpha_{21}, & \alpha_{22}, & \ldots & \alpha_{21}^p \alpha_{22}^q \ldots \alpha_{2\lambda}^t \ldots \\[1mm] \cdot & \cdot\ \cdot\ \cdot\ \cdot & & \cdot\ \cdot\ \cdot\ \cdot\ \cdot & \cdot \\[2mm] 1, & \alpha_{\rho 1}, & \alpha_{\rho 2}, & \ldots & \alpha_{\rho 1}^p \alpha_{\rho 2}^q \ldots \alpha_{\rho\lambda}^t \ldots \end{vmatrix}$$

soit nul.

Posons maintenant

$$\Delta = \begin{vmatrix} \dfrac{d\varphi_1}{dx_1}, & \dfrac{d\varphi_1}{dx_2}, & \ldots & \dfrac{d\varphi_1}{dx_\lambda}, \\[4mm] \dfrac{d\varphi_2}{dx_1}, & \dfrac{d\varphi_2}{dx_2}, & \ldots & \dfrac{d\varphi_2}{dx_\lambda}, \\[2mm] \cdot & \cdot & & \cdot \\[4mm] \dfrac{d\varphi_\lambda}{dx_1}, & \dfrac{d\varphi_\lambda}{dx_2}, & \ldots & \dfrac{d\varphi_\lambda}{dx_\lambda}, \end{vmatrix}$$

et désignons par $\Delta_1, \Delta_2, \ldots \Delta_\rho$ les valeurs respectives de Δ, lorsqu'on y remplace successivement les variables par les ρ systèmes (2), on pourra donner à D la forme qui suit :

$$D = \Delta_1 \Delta_2 \ldots \Delta_\rho \begin{vmatrix} \sum \dfrac{1}{\Delta_1}, & \sum \dfrac{\alpha_{11}}{\Delta_1}, & \ldots & \sum \dfrac{\alpha_{11}^p \alpha_{12}^q \ldots \alpha_{1\lambda}^t}{\Delta_1}, & \ldots \\[4mm] \sum \dfrac{1}{\Delta_2}, & \sum \dfrac{\alpha_{21}}{\Delta_2}, & \ldots & \sum \dfrac{\alpha_{21}^p \alpha_{22}^q \ldots \alpha_{2\lambda}^t}{\Delta_2}, & \ldots \\[2mm] \cdot & \cdot & & \cdot & \\[4mm] \sum \dfrac{1}{\Delta_\rho}, & \sum \dfrac{\alpha_{\rho 1}}{\Delta_\rho}, & \ldots & \sum \dfrac{\alpha_{\rho 1}^p \alpha_{\rho 2}^q \ldots \alpha_{\rho\lambda}^t}{\Delta_\rho}, & \ldots \end{vmatrix}$$

Or, en vertu du théorème de Jacobi (page 170), et en observant que le degré de Δ est $m_1+m_2+\ldots+m_\lambda-\lambda$, les éléments de la première ligne de ce déterminant sont tous nuls, si les termes de ψ sont de degré $<m_1+m_2+\ldots+m_\lambda-\lambda$; par conséquent, le déterminant D sera, dans ce cas, encore nul. Donc, afin qu'il ne s'annule pas, et que les équations (4) puissent coexister, il faudra que ψ comprenne au moins un terme de degré $m_1+m_2+\ldots+m_\lambda-\lambda$. Cette condition sera bien suffisante; car si ψ contient un seul terme de degré $m_1+m_2+\ldots+m_\lambda-\lambda$, et si malgré cela D s'annule, les numérateurs des valeurs des inconnues s'annuleront aussi, et les équations (4) rentreront les unes dans les autres, et l'on pourra ainsi prendre ψ avec un terme de moins.

Donc on peut déterminer une fonction ψ qui prenne les valeurs $f_1 f_2 \ldots f_\rho$, lorsqu'au lieu des variables on substitue les solutions communes (2). Or, il est évident que $f-\psi$ s'annulera aussi pour les ρ systèmes (2); mais ce sera une fonction syzygétique de φ_1, φ_2, $\ldots \varphi_\lambda$, et l'on aura

$$f = Q_1 \varphi_1 + Q_2 \varphi_2 + \ldots + Q_\lambda \varphi_\lambda + \psi.$$

Si maintenant nous remplaçons les variables par un système de solutions communes, il viendra

$$f = \psi$$

et, par conséquent, il sera toujours possible de former une fonction telle que le veut le théorème énoncé. Remarquons, en passant, que l'on pourra prendre évidemment pour ψ une fonction qui contienne tous les termes que l'on peut former avec des puissances de $x_1 < m_1$, de $x_2 < m_2$, $\ldots$ de $x_\lambda < x_m$, dont le nombre sera précisément $m_1 m_2 \ldots m_\lambda$.

Il est facile de se rendre compte de ce théorème lorsque $m_1 = m_2 = \ldots = m_\lambda = m$. En effet, en mettant les équations (1) sous la forme

$$a_{11} x_1{}^m + a_{12} x_2{}^m + \ldots + a_{1\lambda} x_\lambda{}^m + E_1 = 0$$
$$a_{21} x_1{}^m + a_{22} x_2{}^m + \ldots + a_{2\lambda} x_\lambda{}^m + E_2 = 0$$
$$\cdot \quad \cdot \quad \cdot \quad \cdot \quad \cdot \quad \cdot \quad \cdot \quad \cdot$$
$$a_{\lambda 1} x_1{}^m + a_{\lambda 2} x_2{}^m + \ldots + a_{\lambda\lambda} x_\lambda{}^m + E_\lambda = 0$$

où $E_1 E_2 \ldots E_\lambda$ sont des fonctions au plus de degré $m-1$, on voit qu'on peut tirer les valeurs de $x_1{}^m$, $x_2{}^m$, $\ldots x_\lambda{}^m$, en fonction linéaire de E_1, E_2, $\ldots E_\lambda$, et les exprimer par conséquent en fonctions de degré $m-1$ seulement. Il en sera de même évidemment pour des puissances supérieures à m. D'ailleurs, le terme le plus haut $x_1{}^{m-1} x_2{}^{m-1} \ldots x_\lambda{}^{m-1}$ sera bien l'unique.

Ce théorème nous amène naturellement à cet autre.

Une fonction quelconque rationnelle d'un seul système de solutions communes est équivalente à une fonction rationnelle et entière des quantités de ce système, et ne contient qu'un seul terme de degré $m_1 + m_2 + \ldots + m_\lambda - \lambda$, *les autres étant tous inférieurs*, lequel découle naturellement du précédent, en ayant seulement égard au lemme suivant.

LEMME. *Une fonction rationnelle et entière ω des $\rho-1$ derniers systèmes (2) est équivalente à une fonction rationnelle et entière du premier système.*

Soit en effet $R(x_i) = 0$ l'équation finale en x_i qui résulte de l'élimination des variables $x_1, x_{i-1}, x_{i+1}, \ldots x_\lambda$ des équations (1). Les racines de cette équation seront $\alpha_{1i}, \alpha_{2i}, \ldots \alpha_{\rho i}$. Ainsi les racines de $\dfrac{R(x_i)}{x_i - \alpha_{1i}}$ seront $\alpha_{2i}, \alpha_{3i}, \ldots \alpha_{\rho i}$.

Or, en considérant pour le moment ω comme une fonction des quantités $\alpha_{2i}, \alpha_{3i}, \ldots \alpha_{\rho i}$, on sait, par un théorème connu, qu'on pourra la réduire à être une fonction rationnelle et entière des coefficients de $\dfrac{(Rx_i)}{x_i - \alpha_{1i}}$. En répétant la même opération pour toutes les valeurs de i, ω deviendra une fonction rationnelle et entière des quantités du premier système.

Il sera encore facile de prouver, à l'aide de la dernière formule du paragraphe III, chapitre II, deuxième partie, que

Toute fonction rationnelle des quantités des systèmes (2) est équivalente à une fonction rationnelle et entière de degré ρ d'une seule de ces quantités.

FIN.

FIN DE LA TABLE.

www.ingramcontent.com/pod-product-compliance
Ingram Content Group UK Ltd.
Pitfield, Milton Keynes, MK11 3LW, UK
UKHW021514090726
13657UKWH00001B/231